U0903889

马克思国家观及其当代价值研究

左乐平◎著

中国社会科学出版社

图书在版编目（CIP）数据

马克思国家观及其当代价值研究 / 左乐平著 . —北京：中国社会科学出版社，2024. 5

ISBN 978-7-5227-2988-6

Ⅰ. ①马… Ⅱ. ①左… Ⅲ. ①马克思主义—国家理论—研究 Ⅳ. ①A811. 64

中国国家版本馆 CIP 数据核字(2024)第 033905 号

出 版 人　赵剑英
责任编辑　刘　艳
责任校对　陈　晨
责任印制　戴　宽

出　　版　中国社会科学出版社
社　　址　北京鼓楼西大街甲 158 号
邮　　编　100720
网　　址　http://www.csspw.cn
发 行 部　010-84083685
门 市 部　010-84029450
经　　销　新华书店及其他书店

印刷装订　北京明恒达印务有限公司
版　　次　2024 年 5 月第 1 版
印　　次　2024 年 5 月第 1 次印刷

开　　本　710×1000　1/16
印　　张　21. 25
字　　数　290 千字
定　　价　119. 00 元

目　　录

前　　言

本书旨在通过考察马克思开辟的国家观道路，把马克思国家观、马克思主义国家学说与当代中国实践相结合，从规范的层面探究当代中国马克思主义国家理论体系是如何建构起来的，力图为指导和推进我国的国家治理体系和治理能力现代化建设做有意义的理论工作。本书开篇详尽探讨了在马克思国家观形成过程中对其影响深刻的西方古典城邦国家思想、中世纪国家思想和近代国家思想，这些思想传统和理论资源是马克思国家观的重要思想酵素。紧接着本书从总体上探讨了马克思开辟的国家观道路的独特内涵和价值。从研究主题来看，政治国家和市民社会的关系问题构成了马克思国家观的主题，但是，马克思运用唯物史观彻底实现了这一主题的革命性变革；从具体内容来看，国家神话的祛魅、国家性质及其职能、国家与意识形态、国家形式与无产阶级革命专政、国家与人的解放五个方面构成了马克思国家观的内涵；从基本价值来看，事实性和规范性的统一、理想性和现实性的统一、批判性和建设性的统一、哲学性和科学性的统一四个方面构成了马克思国家观的基本价值。本书从历时态和共时态两个层面考察了马克思国家观的历史推演。从历时态来看，本书考察了马克思国家观在马克思主义发展史上是如何继承和发展的问题。在马克思主义发展史上，不同历史条件下的马克思主义者形成了各具个性的国家观，这些国家观对马克思开辟的国家观道路既有坚持和发展，也有一定程度的背离；从共时态来看，本书考察了马克思国家观与时代变迁的内在逻辑关系问题。在时代主题转换为和平与发展之后，马克思国家观的重心也实现了迁移，即从以革命为主题的国家观转变为以建设为主题的国家观。考察马克思国家观的意义在于解答当代中国实践面临的理论问题，即如何运用马克思国家观和马克思主义国家学说与中国实践和时代特征相结合来构建马克思主义国家理论的当代形态。为此，本书考察了当代中国马克思主义国家理论的内容、特征和意义。从内容来看，它包含国家基础论、国家价值论、国家本质论、国家职能论、国家治理论、国家制度论、国家发展论和国家动力论八个方面，这“八论”具有内在的逻辑关系，分别阐明了“为什么”“是什么”和“怎么样”三个问题；从特征来看，它在理论视域、理论主题、理论内容、理论资源和理论方法五个方面呈现出自己的独特性；从意义来看，它是马克思主义国家理论发展的新境界、实现中华民族伟大复兴的科学理论和发展中大国走向现代化国家的中国经验。总之，本书通过对马克思国家观的研究，力图本着马克思的精神继续发展马克思的基本观点而超越马克思，以促使我们更加重视马克思国家观和马克思主义国家学说的中国化，建构中国特色的国家理论。

导　论

一　选题的缘起与价值

马克思曾经指出："问题就是时代的口号，是它表现自己精神状态的最实际的呼声。"① 习近平总书记也指出："时代是思想之母，实践是理论之源。"② 当今时代，新时代中国特色社会主义的发展和完善向我们提出了许多重大的理论和现实问题，其中最迫切的重大问题之一就是着力坚持和完善中国特色社会主义制度、推进国家治理体系和治理能力现代化建设，深入探索"建设什么样的社会主义现代化强国、怎样建设社会主义现代化强国"这一重大时代课题。

从国家观来看待国家治理体系和治理能力现代化问题这一要求，向我们提出了一系列重大的理论问题：国家治理体系和治理能力为什么必须现代化？中国社会主义国家现代化是否必须走西方国家现代化的道路？中国为何能够创造中国特色社会主义国家现代化建设的新道路？中国社会主义国家治理是否要遵循西方资本主义国家治理模式？等等。

在这些重大理论问题中，深层地蕴含着关涉世界历史发展和中国特色社会主义国家的重大理论问题：国家是抽象的普遍性还是具体的

---

① 《马克思恩格斯全集》第40卷，人民出版社1982版，第290页。

② 习近平：《坚持用马克思主义及其中国化创新理论武装全党》，《求是》2021年第22期。

普遍性？国家存在的历史条件和发展趋势是什么？国家与社会的关系是什么？如何看待国家的本质和职能？如何看待国家的社会主义文明和资本主义文明？等等。要回答这些重大理论问题，我们必然需要从国家观维度去反思和审查，而最首要的就是要从马克思主义国家学说去反思，其中特别是要从马克思国家观开辟的道路去反思，这样才能够澄清关于国家理论的前提性问题。只有研究和回答了这些重大理论问题，才可以更好地回答一些重大的现实问题：推进国家治理体系和治理能力现代化为什么必须要坚持和完善中国特色社会主义制度？国家治理能力现代化建设为什么必须坚持中国共产党的领导？依法治国、党的领导和人民当家作主为什么是统一的？社会主义核心价值观为什么是极为重要的？中国社会主义现代化强国建设为什么必须走中国式现代化道路？中国社会主义现代化强国建设为什么一定会形成人类文明新形态？等等。

因此，为了深入探索“建设什么样的社会主义现代化强国、怎样建设社会主义现代化强国”这一重大时代课题，着力推进国家治理能力现代化建设，我们需要深入挖掘马克思主义国家学说发展史中的思想资源，努力分析中国特色社会主义国家治理的新情况、新经验和新论断，从而形成当代中国马克思主义国家理论新形态。而要实现这一理论任务，首先必须科学、准确、完整地理解马克思国家观，因为马克思国家观是马克思主义国家学说的思想源头，发掘马克思国家观思想资源是建构当代中国马克思主义国家理论的基础。为此，我们需要对马克思开辟的国家观道路在其基本内涵、逻辑演变、主题变迁以及当代价值等方面进行探讨。

选题意义具体而言，表现为以下三点：

第一，有益于深化马克思主义国家理论研究。爬梳马克思国家观开辟的道路，结合新的时代际遇和当代中国的社会现实，可以深刻认识国家的性质、国家职能的新变化、国家形式的多样性、国家消亡的可能与条件、无产阶级专政的新形式和无产阶级民主的实质等。其中特别重要的是，可以在深刻认识和研究中国特色社会主义国家的实践形态的基础上，建构一种适应中国特色社会主义实际的马克思主义国家理论形态，形成一种具有中国特色的新的国家理论话语体系。

第二，有益于推进国家治理现代化建设实践。国家治理现代化的有效推进，需要科学的理论指导。这个理论总的来说是马克思主义，具体地说，是以马克思国家观奠基的马克思主义国家学说，是结合中国实际的马克思主义国家学说，其中包括国家治理现代化理论。因此，我们研究马克思国家观，就有助于理解整体性的马克思主义国家学说，我们深入研讨马克思国家观对于国家治理现代化就具有重要意义。国家治理现代化至少涉及两个层面的问题：一是政治哲学层面的问题，即国家治理现代化应该是什么；二是政治科学层面的问题，即国家治理现代化实然是什么。前一问题显然需要包括马克思国家观在内的马克思主义国家学说来指导和回答，因为这涉及价值观、历史观和社会观等层面。没有包括马克思国家观在内的马克思主义国家学说的指导，就难以保证国家治理现代化正确的前进方向。同样，对于后一问题——国家治理现代化的"实然"问题，涉及操作技术和治理技术等工具理性。开展包括马克思国家观在内的马克思主义国家学说研究也有助于规范工具理性，避免国家治理现代化中各种工具理性的欠缺和非理性。所以，该选题研究的展开在一定意义上是有利于国家治理现代化明确方向和能为国家治理现代化提供帮助的。

第三，有益于纠正和澄清人们对国家认知的各种偏差和误解。部分人对国家的认知存在以下问题：其一，误解马克思国家观和马克思主义国家学说。如否认马克思有国家理论，甚至说马克思缺乏真正的政治理论，说马克思国家观就是阶级斗争理论。还有观点认为，马克思国家观和马克思主义国家学缺乏当代解释力了、过时了，依据是战后资本主义社会阶级矛盾缓和，使得西方资本主义国家的国家形式和国家功能发生了较大变化。其二，在全球化背景下对国家理解上的偏差，如国家虚无主义和国家“永恒论”两个极端理论倾向。国家虚无主义认为，国家的存在是不应该的，主张无政府和无国家，主张消除民族、国家界线和否认国家利益、国家主权。国家“永恒论”则认为，国家不可能消亡，社会不可能脱离国家，主张国家是永世存在的。上述关于国家的种种错误认识不利于推进国家治理现代化建设，因此，开展澄清的理论工作是有必要的。

二 国内外研究述评

关于本课题，国内外学术界进行了广泛的研究，并取得了丰厚的成果。

（一）国外研究现状

国外对马克思国家观研究涉及方面较多，内容庞杂。概括而言，主要表现在两个方面：一是对马克思国家观本身内容的关注和研究；二是对马克思国家观在当代新发展的关注和研究。

1. 关于马克思国家观本身的研究

“马克思国家观本身”是指在国家的起源、本质、形式、职能等问题上马克思的理论与观点。国外学者对马克思国家观的认识和研究涉及面广，主要从以下几个方面展开：一是关于马克思国家观存在与否的问题。第一种观点认为，马克思不存在系统的国家理论。持此论的学者较多，如杰索普认为，马克思没有留下系统的国家理论，而只是“一系列松散和相互对立”的观点和论文等。亨利希·库诺认为，马克思没有写出像《资本论》一样条理性的具有内在联系的国家社会学说，所以需要进一步“剥离”和“整理”，从而形成“系统”表述的理论体系。① 第二种观点认为马克思有系统

① 参见［德］亨利希·库诺《马克思的历史、社会和国家学说——马克思的社会学的基本要点》，袁志英译，上海译文出版社 2014 年版，第 2—3 页。

的国家理论。这主要体现在马克思主义者的研究中，列宁是其主要代表。[①] 第三种观点认为，马克思国家观不是科学意义上的纯理论，而是有缺陷的不够严谨的“描述性理论”。阿尔都塞是其主要代表。二是关于马克思国家观的起源问题。这个问题是国外学者激烈争论的问题。有学者认为，马克思国家观起源于卢梭的人民主权学说和平等主义思想。[②] 有学者认为，马克思国家观超越了黑格尔，但是带有黑格尔主义特征。[③] 但同时有学者认为虽然马克思国家观起源于黑格尔的国家观，却认为马克思国家观存在着政治学和社会学两个维度的否定性批判，从而导致了“政治学家马克思”和“社会学家马克思”的对立和矛盾。[④] 三是关于马克思国家本质的理论问题。有学者认为阶级性是马克思关于国家的根本性质，由此得出无产阶级专政是马克思国家观的实质的结论，这种认识也是马克思主义国家理论与机会主义国家理论的区别点。如卢森堡就认为无产阶级革命专政本质上是民主的阶级专政，这是一种“阶级的事业，而不是极少数领导人以阶级的名义实行的事业”[⑤]。还有学者认为，马克思国家观虽然具有阶级性，但其却强调民主对马克思国家观的重大意义，否认暴力革命。如考茨基把无产阶级专政区分为“状态的专政”和“政体的专政”两种含义。[⑥] 四是关于马克思国家职能的理论问题。传统马克思主义者认为，阶级统治是马克思国家职能的非

① 参见列宁《国家与革命》，转引自《列宁选集》第 3 卷，人民出版社 2012 年版，第 109—221 页。

② 参见［意］德拉-沃尔佩《卢梭和马克思》，赵培杰译，重庆出版社 1993 年版，第 135 页。

③ 李忠伟：《霍布斯鲍姆国家观探析——基于霍布斯鲍姆对马克思国家观的意见与增补》，《江苏师范大学学报》（哲学社会科学版）2015 年第 2 期。

④ 参见［德］亨利希·库诺《马克思的历史、社会和国家学说——马克思的社会学的基本要点》，袁志英译，上海译文出版社 2014 年版，第 298—305 页。

⑤ ［德］罗莎·卢森堡：《卢森堡文选》，李宗禹编，人民出版社 2012 年版，第 404 页。

⑥ ［奥］卡尔·考茨基：《考茨基文选》，王学东编，人民出版社 2008 年版，第 346—347 页。

常重要的职能，甚至是唯一的职能。但是，随着理论和实践的发展，特别是社会主义的实践开展以及资本主义国家的发展，西方学界对马克思的国家职能问题出现了新的认识。西方马克思主义学者认为，马克思的国家职能既包括阶级统治职能，又具有“变革管理国家”的新职能以及公共社会管理职能等。五是关于马克思国家消亡的理论问题。国家消亡问题是马克思国家观的重要组成部分。但是在这个问题上存在着各种观点。一种观点认为，国家是不会消亡的，国家消亡是一个神话。另一种观点认为，国家一定会消亡。持这种观点的主要是马克思主义者，如列宁和斯大林等。列宁和斯大林在建设社会主义国家的时候，分别提出了“半国家”概念（列宁语）和“苏维埃俄国的国家主义”概念（斯大林语）。还有一种观点认为，全球化背景下的国家主权将会进一步削弱，从而形成一种全球化的无国界的世界。哈贝马斯提出“超越民族国家”问题①，德国学者吕迪格·福格特在《国家的新外衣——现代国家的发展》一书中就指出：“在20世纪终结的门槛，传统民族国家的主权已经所剩不多了。”② 日本学者大前研一更是提出了“无国界的世界”概念，他预言全球化将使得民族国家走向终结。③ 也有学者从民族国家权力的衰弱来验证“权力流散”观点，从而得出民族国家也将趋于消亡。④ 实际上，有学者认为，马克思的国家消亡论本身是具有内在的矛盾和冲突的。西方马克思主义者亨利希·库诺就指出，马克思认为社会的弊病是占据统治权的阶级所造成的，也就是国家

---

① 参见［德］哈贝马斯等《全球化与政治》，王学东等译，中央编译局2000年版，第71页。

② 转引自［德］乌尔利希·贝克等《全球政治与全球治理——政治领域的全球化》，张世鹏等译，中国国际广播出版社2004年版，第89页。

③ 参见［日］大前研一《无国界的世界》，黄柏琪译，中信出版社2007年版，第15页。

④ 参见［英］苏珊·斯特兰奇《权力流散——世界经济中的国家与非国家权威》，肖宏宇、耿协峰译，北京大学出版社2005年版，第6页。

社会弊病的负责人。但是，马克思却认为社会决定国家，那么，由此推论，国家不是社会弊病的负责人。所以，这导致了“马克思反对马克思”。[①] 但是也存在另外一种质疑，那就是马克思认为国家消亡就是国家真正成为社会的代表，那么，国家和社会就会获得统一，对物的管理和对生产过程的领导将代替对人的统治。这有可能导致国家代表的公共领域与市民社会代表的私人领域相混淆，从而有可能使得私人领域受到侵害，而公共权力将会膨胀，甚至形成一种暴政。[②]

2. 关于马克思国家观的新发展问题研究

“新发展问题研究”是指西方马克思主义者运用马克思国家观对当代资本主义国家进行研究和讨论的各种观点和理论。杰索普认为，马克思国家观在战后的发展有三个高潮：第一次是20世纪60年代中期到70年代初，主要关注资本主义国家的国家形式和国家功能的总体性，形成了结构主义和功能主义之争；第二次是20世纪70年代后期到80年代初，主要是以“使国家回到注意的中心”为宗旨的运动；第三次是20世纪80年代以后，主要表现为一种综合主义的倾向。[③]依据杰索普的研究成果，本书把马克思国家观的新发展问题研究成果归结为以下几个方面：一是社会中心主义研究思路。所谓社会中心主义，是指社会决定国家，国家的性质、形式和职能等凸显了社会性。这一研究思路表现为工具主义国家理论和结构主义国家理论，这两大理论形成的历史背景是西方资本主义福利国家的发展对马克思国家观形成了影响。工具主义国家理论的代表是英国马克思主义者拉尔夫·密里本德，其代表性的著作是《资本主义社会的国家》（1969）。工

① 参见［德］亨利希·库诺《马克思的历史、社会和国家学说——马克思的社会学的基本要点》，袁志英译，上海译文出版社2014年版，第291—297页。

② 参见郁建兴《马克思国家观与现时代》，东方出版社2007年版，第78页。

③ 参见［英］B. 杰索普《国家理论的新进展——各种探讨、争论点和议程》，艾彦译，《世界哲学》2002年第1—2期。

具主义国家理论是从谁控制国家的意义上来强调国家的阶级性，从而凸显国家是统治阶级的工具功能。[①] 结构主义国家理论认为，要从资产阶级结构对国家行动施加的影响上来研究国家的阶级性。资产阶级结构的分析研究必然要关注到资本主义的生产方式和经济社会关系，国家行为也表现在政治方面、经济方面和文化方面。加拿大马克思主义者拉朱·达斯在《资本主义国家理论：批判性分析》一文中指出：结构主义理论可以分为三种形式：政治结构主义，主要是早期的普兰查斯等；经济结构主义，主要是阿尔特瓦特等；文化结构主义，主要是法兰克福批判学派。[②] 二是国家中心主义研究思路。这一研究思路认为，国家是具有自身独立权利的制度集合体，可以独立于社会而存在。“使国家回到注意中心”成为20世纪80年代国家理论研究的一个新的理论倾向，这一倾向对以社会为中心的研究思路进行批判，强调国家具有自主性，主要理论代表有斯科波尔等。如斯科波尔认为：“马克思主义在国家作用的理论方面的缺陷是，不承认国家组织和精英可能会在某种情况下反对统治阶级的长远经济利益或者创造新的生产方式。”[③] 三是综合性国家理论研究思路。在全球化深入发展的背景下，民族国家的发展出现了许多新的动态，西方资本主义国家的福利制度面临崩溃，如何看待和研究后福利国家以及全球化的国家形式和功能成为西方马克思主义者关注的中心问题。这导致了西方马克思主义者对国家理论出现了综合性研究的趋势，也即对结构主义和工具主义、社会中心主义和国家中心主义等国家理论进行综合创新性研究，从而解释当代资本主义国家出现的复杂现象的趋势。综合性研究

① 参见［英］拉尔夫·密里本德《资本主义社会的国家》，沈汉、陈祖洲、蔡玲译，商务印书馆1997年版。

② ［加］拉朱·达斯：《资本主义国家理论：批判性分析》，刘娜娜译，《天府新论》2015年第4期。

③ Theda Skocpol, *States and Social Revolutions: A Comparative Analysis of France, Russia, and China*, Cambridge: Cambridge University Press, 1979, p. 28.

思路的主要代表理论有杰索普的“策略关系”国家理论。杰索普在《资本主义国家的未来》(2002)中引入“策略”概念，形成自己独特的“策略关系”国家理论。约翰·基恩提出“社会主义市民社会”概念，他在《民主和市民社会》一书中讨论了这一概念[①]，还在《公共生活与晚期资本主义》一书中进一步讨论了民主社会主义的建立关键在于建构一个自治的公共空间。[②]

3. 国外研究的简要评析

对于马克思国家观研究，西方马克思主义者取得了可喜的成绩。他们的研究成果深刻反映了当代资本主义社会的新变化与国家形式和功能的新变化，也在一定程度上深刻反映了当代资本主义国家的实质，因而，这在一定程度上丰富和发展了马克思国家观，使得马克思国家观的当代解释力获得了较充分的呈现。但是，西方马克思主义者对马克思国家观的研究也存在一些自身难以避免的内在矛盾。

第一，基本观点上的内在矛盾。西方马克思主义者对马克思的经济基础决定上层建筑、市民社会决定国家、国家具有阶级性等基本观点是认同的，并在运用这些基本观点去分析和解释当代资本主义的国家形式和国家功能等新变化时，强调了资本主义国家的阶级统治性，指出了资本积累对资本主义的国家性质和形式的影响，揭示了资本主义国家的民主政治制度的虚伪性。但是，西方马克思主义者却又认为经济基础和上层建筑的关系、政治和经济的关系、国家和社会的关系以及国家和阶级的关系是极为复杂的，不是一种简单的线性决定论，他们认为国家具有一定程度的超越阶级性的形式和功能，甚至否认资本主义的国家阶级性的根本性质。比如说，西方马克思主义者过度强调国家的自主性，而没有看到国家的自主性依然要受到资本主义国家

① 罗燕明：《约翰·基恩论“市民社会”》，《国外理论动态》1993年第21期。

② 参见［英］约翰·基恩《公共生活与晚期资本主义》，马昔、刘利圭、丁耀琳译，社会科学文献出版社1999年版。

的阶级性的制约和支配。另外，西方马克思主义者往往把马克思国家观与西方各种差异极大的政治哲学思潮和观点结合在一起，这也必然会导致他们阐释的关于马克思国家观的具体观点之间发生矛盾和冲突。西方马克思主义者所受的社会思潮影响以及对马克思国家观的认知偏差导致西方马克思主义者对马克思国家观的理解出现了各种差异。

第二，方法论上的内在矛盾。无论是以社会为中心的研究方法、以国家为中心的研究方法，还是综合性研究方法，西方马克思主义者的研究实质上是以社会与国家二元分立观念为其理论前提的。因此，这必然导致西方马克思主义者在研究马克思国家观时在一定程度上会走向极端化，普兰查斯的结构主义国家观和密里本德的工具主义国家观的对立就是鲜明的实例。杰索普的“策略-关系”国家观虽然试图综合以社会为中心与以国家为中心的研究方法，但是在其理论建构方面依然存在着社会与国家二元分立的前提，因而，他并没有超越这种二元分立，当然也不可能唯物辩证地处理好社会和国家的关系。

第三，价值取向的内在矛盾。西方马克思主义者都具有很强的批判精神，反对教条主义地理解马克思国家观。他们承认马克思主义的价值目标，认为资本主义国家的发展必然会走向社会主义和共产主义。但是，在结合当代资本主义的国家形式和功能新变化的基础上，西方马克思主义者显然又强调了这种发展过程的复杂性和特殊性，承认和强调一种奠基于抽象人性论之上的国家社会性，从而导致对马克思国家观的阶级性和革命性的有意或无意地忽视。这实际上就在一定意义上违背了马克思国家观的实质，当然也就无法实现马克思主义的价值目标。所以，西方马克思主义者在对马克思国家观的价值理解上存在着两种相反的倾向：一方面趋向于社会主义和共产主义，另一方面又与社会主义和共产主义背道而驰。

（二）国内研究现状

国内学者对马克思国家观的研究主要在改革开放之后取得了大量

成果。从研究文献调查来看，国内学者的研究成果依据研究方法而言，主要可分为三个方面：一是从思想史角度来研究马克思国家观；二是从比较方法来研究马克思国家观；三是从时代价值来研究马克思国家观。

1. 从思想史角度来研究马克思国家观

该角度主要涉及马克思国家观的起源研究、各时期马克思著作中的国家观研究以及马克思国家观的内在逻辑嬗变研究三个方面，这些研究成果凸显了“重读马克思”或者“回到马克思”的理论倾向。一是马克思国家观的起源研究。学者刘军认为，马克思国家观的创新之一就是在起源本质上实现了“冲突论和融合论的统一”[①]。有学者也从古希腊政治思想传统、近代政治哲学思想、德国古典哲学和空想社会主义等角度来挖掘和探析马克思国家的起源思想，试图把马克思置于原初语境中来澄明其国家起源的本真含义。这些论者都强调马克思国家观是对以往政治哲学传统的继承和超越，并实现了革命性变革。[②] 二是各时期马克思著作中的国家观研究。王东提出了马克思国家观的十六大文本群，而且认为这十六大文本群是一以贯之的，但是，王东对这十六大文本群仅进行了简略的叙述，而没有详细讨论。[③] 从现有的文献研究来看，对马克思原著的研究主要侧重于马克思1845年之前所写的著作，而从马克思晚期的著作来研究其国家观的文献相对来说较少。三是马克思国家观的内在逻辑嬗变研究。最早研究的是邹永贤所著的《马克思主义国家学说概论》，这一著作主要从马克思主义国家学说的创立、基本内容以及列宁和毛泽东的发展三个

---

① 刘军：《马克思国家观的三大理论创新》，《河北学刊》2006年第6期。

② 参见刘军《马克思国家观的古希腊政治思想来源》，《马克思主义哲学研究》2012年第1期；王刚《马克思国家学说的德国古典哲学渊源》，《信阳师范学院学报》（哲学社会科学版）2015年第1期；王刚《马克思国家公共性思想的空想社会主义渊源》，《宝鸡文理学院学报》（社会科学版）2015年第1期。

③ 参见黄楠森、王东《哲学创新论——马克思哲学观与当代新问题》，吉林人民出版社2015年版，第514—539页。

方面展开论述。[①] 王义德将马克思国家观的形成历史分为遗产和起点（主要指西方传统政治思想和马克思博士学位论文时期）、艰难转折（主要指《莱茵报》和克罗茨纳赫时期）、创新和奠基（主要指巴黎和布鲁塞尔时期）、解释和发展（主要是指法国大革命和巴黎公社历史经验总结）、补充和深化（主要是指《资本论》《人类学笔记》等时期）五个阶段，追寻了马克思国家观的历程。上述邹、王二人主要是从历史维度来论述马克思国家观的逻辑嬗变的。还有学者从哲学方法论和哲学思维方式层面来探讨，如王代月[②]和张文喜[③]等。

2. 从比较方法来研究马克思国家观

马克思国家观具有其独特的个性及内涵，而这往往需要通过与其他理论家的国家观相比才能够凸显出来。通过查阅大量的文献发现，学界在用比较方法研究马克思国家观方面取得了大量研究成果，例如马克思与制度经济学和新制度主义政治学的国家观比较研究。“诺思悖论”是制度经济学和新制度主义政治学产生的一个难题，如何看待这一悖论，实际上存在两种主要观点：不可解论和密切联系论。前者认为，马克思关于国家的阶级性和社会性以及国家的建设性和破坏性的双重性决定“诺思悖论”在理论和实践上是无解的。因为政府有公利和自利两方面，两方面的冲突和矛盾可以通过制度变迁和制度创新来均衡，其中意识形态具有重要的“和解”功能。然而，当制度创新与统治阶级利益不一致时，政府能否改变意识形态是一个不确定性问题。所以，诺思关于“国家理论是根本的”的判断就会出现逻辑问题。后者认为，“诺思悖论”其实就是马克思所说的国家的阶级性与社会性的现代经济学表述，其深受马克思国家观的影响，在某种

---

① 参见邹永贤编《马克思主义国家学说概论》，厦门大学出版社 1990 年版。

② 王代月、万林艳：《从共同体到虚幻的共同体：马克思国家观嬗变的原因探究》，《北京行政学院学报》2011 年第 1 期。

③ 张文喜：《论马克思国家概念的遗产》，《华东师范大学学报》（哲学社会科学版）2013 年第 3 期。

程度上是对马克思主义相关论述的一种归纳或展开。但是，新制度经济学的国家观实质上是对马克思国家观的有益补充，但其也存在忽视国家的阶级性等缺点。① 又例如马克思与西方古代和近代政治思想家的国家观比较研究。如刘军对马克思与诺奇克的国家观进行了比较，他认为二者在国家起源、国家职能和国家的未来发展模型上具有相似之处，虽然诺奇克并不承认马克思主义，然而，我们可以在其理论中看到马克思国家观的影响。② 还有学者对马克思和施密特的国家观进行比较研究，其认为二者都有具有相似的批判性，但是在国家与社会关系问题以及国家消亡问题上二者存在截然相反的观点。③

3. 从时代价值来研究马克思国家观

"重读马克思"或"回到马克思"的目的是让马克思与我们同行。所以，学界对马克思国家观进行了大量"开新"研究，并取得了不少成果。根据文献调查研究，学界主要在以下几个方面展开了探索：一是马克思关于国家性质和职能的问题。学界在研究马克思关于国家性质和职能的问题时，把其与当代中国实际和全球化时代条件联系起来探究。南丽军认为，马克思具有双重国家性质即阶级统治的工具性和平衡社会矛盾的工具性，国家职能表现为多重性，既具有阶级统治性，又具有社会工程和社会功能作用。④ 王刚认为，在国家二重性基础上，要进一步强调在全球化背景下充分张扬国家的社会性，以

① 参见杨光斌《新制度主义政治学在中国的发展》，《教学与研究》2005 年第 1 期；陈文申《试论国家在制度创新中的基本功能："诺思悖论"的理论逻辑解析》，《北京大学学报》（哲学社会科学版）2000 年第 1 期；罗峰《马克思主义与诺思的国家理论之比较》，《政治学研究》2001 年第 3 期；杨光斌《新国家理论评述》，《教学与研究》2004 年第 7 期；冯新舟、何自力《马克思国家观与新制度经济学国家学说——一个比较分析的视角》，《社会科学》2010 年第 9 期。

② 参见刘军《马克思与诺奇克国家理论之比较研究》，《北京行政学院学报》2006 年第 4 期。

③ 参见庄国雄、严明《全球化视域中的国家理论——马克思与施密特国家观之比较》，《吉首大学学报》（社会科学版）2006 年第 5 期。

④ 南丽军：《论马克思的两种国家观》，《学术交流》2005 年第 8 期。

适应时代的要求，特别要创新马克思国家观的话语体系。二是马克思关于国家自主性的问题。国家自主性问题研究是当前研究的热点，这一热点起因在于西方马克思主义国家理论对于国家自主性的关注。国内还缺乏对马克思国家自主性思想研究的专著，但是对于西方马克思主义国家自主性思想研究的专著则已经出现，如张勇所著的《新马克思主义国家自主性理论研究》[①]。郁建兴和周俊谈论了马克思的国家自主性理论，并强调我们应该结合各种理论资源来“建构”适合中国国情的国家自主性理论。[②] 三是关于国家与社会的关系问题。国家与社会的关系是马克思国家观的重要内容，学界对此进行了大量讨论，出版了一些专著。[③] 四是关于无产阶级专政和阶级问题。无产阶级专政和阶级理论构成了马克思国家观非常重要的组成部分，但是，如何结合中国实际进行理解、解释和发展这一理论是一个难点。依据文献调查研究来看，学界对这一问题谈论得不是很多。郁建兴对无产阶级专政进行了较为详细的阐述，试图澄清各种附着于马克思的无产阶级专政身上的各种错误观点和看法。郁建兴有以下四个主要观点：（1）作为过渡时期国家的无产阶级专政，马克思把无产阶级作为过渡时期的国家形态来论述，也即从国家的阶级统治本质意义上来论述无产阶级专政的历史必然性；（2）无产阶级专政即无产阶级统治，它不是与民主相对的，更绝非个人专政，而是最多数人的阶级专政；（3）无产阶级专政即无产阶级民主。这一观点是从前一观点推演而来的，强调无产阶级专政是整个世界民主运动的一个重要组成部分；

---

① 张勇：《新马克思主义国家自主性理论研究》，中共中央党校出版社 2014 年版。

② 郁建兴、周俊：《马克思的国家自主性概念及其当代发展》，《社会科学战线》2002 年第 4 期。

③ 如时和兴《关系、限度、制度：政治发展过程中的国家与社会》，北京大学出版社 1996 年版；唐士其《国家与社会的关系——社会主义国家的理论与实践比较研究》，北京大学出版社 1998 年版；曹沛霖《政府和市场》，浙江人民出版社 1998 年版；孙晓莉《中国现代化进程中的国家与社会》，中国社会科学出版社 2001 年版；马长山《国家、市民社会和法治》，商务印书馆 2002 年版；等等。

(4) 无产阶级专政与自由主义民主具有根本性差别。无产阶级专政不是与民主不相容的，而是一种新型民主，是超越自由主义的民主。[①] 郁建兴由此阐明无产阶级专政在新时期的重要意义。近几年在一些高级别刊物上出现了一种“阶级分析回归”现象，涉及社会学和法学等学科，这是特别值得注意的动态。[②] 李风华教授认为，不应该“悬置”“阶级分析”，阶级向度是马克思主义政治哲学的重要向度。[③] 五是学界关于国家治理现代化问题的研究凸显了马克思国家观的时代价值。学界达成的共识是国家治理现代化是马克思国家观和马克思主义国家理论发展的新境界和新成果，如李紫娟专著《国家治理理论的马克思主义源流》[④]，辛向阳主编的《马克思主义视野下的国家治理》[⑤] 等。

4. 国内马克思国家观研究的简要评析

从上述国内关于马克思国家观的研究现状来看，总体而言，学界取得了不少成绩，特别是结合当代中国实践和全球化的背景对马克思国家观进行了重要的创新和发展。但是，学界对马克思国家观的研究也存在诸多的问题和不足，这些问题和不足实际上也是我们需要进一步改进的方向。

第一，就“返本”研究而言，学界对马克思原著开掘的力度还是不完全够的。首先，大部分研究成果侧重于马克思部分经典著作，如

① 郁建兴：《马克思无产阶级专政和民主学说新论》，《毛泽东邓小平理论研究》2002年第1期；《马克思国家观与现时代》，东方出版社2007年版，第116—153页。

② 参见冯仁政《重返阶级分析？——论中国社会不平等研究的范式转换》，《社会学研究》2008年第5期；陈跃、熊洁、何玲玲《关于马克思主义阶级分析方法理论与现实的研究报告》，《马克思主义研究》2011年第9期；李路路、陈建伟、秦广强《当代社会学中的阶级分析：理论视角和分析范式》，《社会》2012年第5期；喻中《阶级分析：一种法学方法的死亡与再生》，《南京社会科学》2010年第3期；杜建明《认真对待阶级——转型时期中国法学一个不可或缺的维度》，《法制与社会发展》2010年第4期。

③ 李风华：《阶级分析与中国马克思主义政治哲学的进路》，《马克思主义研究》2016年第2期。

④ 李紫娟：《国家治理理论的马克思主义源流》，浙江人民出版社2015年版。

⑤ 辛向阳：《马克思主义视野下的国家治理》，广西师范大学出版社2014年版。

《黑格尔法哲学批判》《〈黑格尔法哲学批判〉导言》《德意志意识形态》《哥达纲领批判》等，而对《资本论》及其手稿文本群和马克思晚年的《人类学笔记》和《历史学笔记》等则涉及较少，没有深入挖掘马克思中晚年的原著中的国家思想。王东虽然认为国家是《资本论》的副主题，但也是粗略谈及，没有详细论述。实际上，《资本论》是马克思一生思想的集大成之作，在一定意义上讲，它是对马克思早期批判黑格尔法哲学思想的继续和完成。《资本论》及其手稿文本群以资本主义生产方式为研究对象，这种生产方式不仅仅是一种人与物的技术关系，实质上还是一种人与人的社会关系。所以，这种生产方式是“历史性”的，也是“剥削性和压迫性”的，必然要反映法的和政治的关系。马克思揭示了资本主义生产方式的特殊发展规律，这种特殊规律必然与人类社会发展的普遍规律是相联系的，也就是与社会主义和共产主义相关联的。因此，《资本论》及其手稿文本群以政治经济学的方式深刻反映了马克思国家观。同样，马克思晚年笔记中的国家思想，在一定程度上也落在了学界视野之外。马克思晚年放下《资本论》的后续写作，转向于人类学和历史学研究，很显然不是“无意之举”，而是有其深刻动因的。这个动因似乎应该理解为对《资本论》主题的完善和发展更为恰当，也就是说是与国家这一主题具有直接相关性的。其次，论者对马克思国家观形成的内在逻辑理路的研究更多依据时间性向度来纵向展开，这种向度研究当然是必要的，也是重要的，但是，也存在无法有效地揭示马克思国家观的“截面”现象。最后，论者对马克思国家观出场的思想境遇和出场方式等探讨不多，学界主要论述的是马克思国家观与西方传统思想之间的关联，对马克思国家观以何种方式以及以何种面目呈现也探讨不多。但这是一个非常重要的问题，因为这决定了马克思国家观的独特个性。

第二，就“开新”而言，学界借鉴西方马克思主义国家理论成果较多，依据中国现实逻辑所揭示的马克思国家观的当代价值则相对较少。例如我们现在学界谈论很热的国家自主性理论，这一理论本身就是源于西方马克思主义者分析当代资本主义国家现实的重要结论，它可以在一定意义上说是对马克思国家观的发展。还有杰索普的“策略-关系”国家理论，这一理论也是针对西方福利国家危机而提出的，我们学界也运用这些理论来分析和研究中国特色社会主义国家。这些理论还包括对西方马克思主义者关于马克思的国家性质和职能的新认识等。西方马克思主义的国家理论是有其积极意义和重要的借鉴价值的。但是，西方马克思主义国家理论是植根于西方文化传统和西方资本主义国家现实的，我们不可以简单照搬照抄。中国特色社会主义国家建设具有自身独特的思想基础、文化传统和具体国情等，这些都要求我们在借鉴西方马克思主义国家理论时，必须持有批判性眼光和世界性视野。所以，在马克思国家观的“开新”方面依然需要我们下更大功夫，特别是需要我们结合中国现实逻辑来继承和发展马克思国家观开辟的道路。

第三，就“研究方法”而言，学界对马克思国家观的研究大部分是从单一学科出发来研究，如马克思主义哲学、科学社会主义和政治经济学等学科，但缺乏一种马克思主义整体性观点来观照和考察。这种整体性的马克思主义研究方法就是总体性方法。单一学科的研究方法对于深化和细化马克思国家观研究具有非常重要的意义，学界所取得的成果就已经证明了这一研究方法的有效性。但是，单一学科研究方法也可能遗漏马克思国家观的相关内容，从而使得我们不能够认识和把握马克思国家观的总体性意义。比如说我们往往关注马克思政治哲学和政治思想的原著，却对马克思的政治经济学原著关注较少，这有可能使得我们不能够全面地理解马克思国家观的精神实质。总体性研究方法既可以对马克思不同时期不同领域的原著进行观照，也可以从马克思主义整体性意义来把握马克思国家观和马克思主义国家理论，所以，这种研究方法具有优越性。

（三）关于马克思国家观研究的展望

从上述国内外马克思国家观研究现状来看，学界的研究取得了极为重要的成效，这一成效的取得源于马克思国家观与时代主题和各国具体实际的结合。这表明马克思国家观在当代依然具有强大的解释力和时代魅力。那么，我们把马克思国家观置于中国和世界的双重语境中来研究，这些研究成果就可以给予我们诸多启示。

第一，回归文本。马克思虽然没有“小写”的国家理论，但是有“大写”的国家理论。马克思没有形成系统的或者专门的国家理论专著，其国家思想散见于马克思各个历史时期的著作之中。所以，我们需要深入挖掘马克思原著中的国家思想，厘清其思想发展脉络，澄清附着于马克思国家观上的各种错误认识。笔者觉得以下三个方面需要进一步深入研究：首先，国家何以会从社会中产生出来及其产生的机制是什么？这里需要研究马克思国家观实现革命性变革的依据是什么，马克思国家观与其他国家观相比有何差异等问题；还要研究社会产生国家的内在机制及其内在逻辑中的关键性环节。其次，国家何以从社会中异化出来及其异化机制是什么？国家产生于社会，但是最后国家高居于社会之上，成为抑制社会中的个人的自由全面发展的存在，甚至成为一种“累赘”和“毒瘤”，导致这种现象出现的原因是什么？最后，国家何以回归社会及其回归的形式、阶段和条件等是什么？我们应该如何正确理解无产阶级专政和无产阶级民主的真实含义，如何理解中国特色社会主义国家建设与人类解放之间的内存逻辑联系？等等。这些问题的解读需要精研马克思原著，回到原初语境中去考察和分析马克思国家观。

第二，立足中国。马克思国家观研究是在当代中国语境中展开的，必须植根于中国现实逻辑。只有基于中国现实逻辑的马克思国家观研究，才对当代中国马克思主义国家理论建构具有积极意义。所以，我们需要深入分析中国现实逻辑的实质及其变迁与演变规律。这要求我们研究中国国家建设的历史经验及其基本规律，研究中国国家建设的历史文化传统、特殊国情及其独特道路等。实际上，我们观察和分析西方马克思主义国家理论取得成绩的原因会发现，很重要的一个原因就是他们立足于自己的具体现实来研究，而不是抽象地谈论马克思国家观和马克思主义国家学说。西方马克思主义者的研究经验对我们具有重要启示。

第三，关注世界。马克思国家观所关注的问题是全球性的、世界性的、普遍性的问题，因此马克思国家观具有开放性。为此，我们需要把马克思国家观置于世界历史中来考察。一方面，我们要研究西方马克思主义国家理论是如何形成的，其理论成果是如何解释资本主义国家，又是如何在一定程度上改变了资本主义国家的，从而在一定程度上实现了对马克思国家观和马克思主义国家学说的继承和发展。西方马克思主义国家理论的内在逻辑、展开路径及其经验教训等对于建构当代中国马克思主义国家理论具有积极意义。另一方面，我们要研究社会主义国家建设的成功和失败的经验教训，并善于从理论上去挖掘深层次原因，其中特别是要总结苏东社会主义国家失败的教训。研究马克思国家观只有具备世界眼光，才可以真正彰显其时代价值，也才能够展示其普遍性意义。

三 研究方法和主要观点

本书主要围绕“马克思开辟的国家观道路”这个中心展开，从理论和实践相结合、文献梳理和理论阐释相结合、历史发展和逻辑演变相结合的角度展开研究。具体而言，研究方法主要有：

第一，文献研究法。本书的研究需要参考大量和详细的文献资料，并进行梳理。这主要基于三个方面的需要：一是关于马克思开辟的国家观道路究竟是什么，这需要我们从文献资料上来“回溯”。只有详细分析和研究马克思的文本才可以获得马克思国家观的“道路”的本真含义。二是关于马克思国家观的继承和发展，这也需要我们梳理恩格斯、列宁、斯大林、毛泽东、第二国际马克思主义者、西方马克思主义者和东欧新马克思主义者等的文献资料。只有充分研究马克思之后的马克思主义者的国家思想，才可能真正搞清楚马克思开辟的国家观道路的逻辑演变和发展经验。三是关于改革开放以来我们党对马克思国家观和马克思主义国家学说的探索，这也需要我们梳理邓小平、江泽民、胡锦涛和习近平等的国家思想。所以，从上述三个方面而言，文献研究方法对于本课题的开展是最基本的方法，也是非常重要的方法。

第二，总体性研究法。马克思国家观不仅仅是一个政治科学问题，它更是一个政治哲学问题，所以马克思国家观研究要求从政治和哲学学科综合性来考量。马克思国家观不是单一马克思主义哲学或者科学社会主义问题，而是马克思主义整体性问题，所以，我们需要用整体性马克思主义观点来看待马克思国家观和马克思主义国家理论，即总体性方法论。另外，该选题的研究思路和内容所构成的也是一个有机体，也需要总体性方法。

第三，比较研究法。这主要基于以下几个方面的需要：一是关于马克思国家观的独特性。这需要把马克思国家观置于西方国家观的整体视域中来考量，在这种比较中来彰显马克思国家观的独特性。二是关于马克思国家观继承和发展的历史实践。马克思与后继者的各种国家观的联系和区别，需要比较研究才可以获得。三是关于当代中国国家理论与传统国家理论的差异，这也需要通过比较来阐明。

依据上述方法围绕主题展开研究，我们发现：马克思开辟的国家观道路，本质上是唯物史观在国家问题上的革命性变革。马克思开辟的国家观道路在其基本内涵、逻辑演变、主题变迁以及当代价值等方面都呈现出现实历史性。具体而言，本书主要观点概述如下：

第一，马克思开辟的国家观道路在前提、范式、内容和主题等方面的革命性变革，根本原因在于其哲学观革命，这为解决市民社会和政治国家之间的矛盾提供了新思路和新方案。

第二，马克思开辟的国家观道路的独特内涵表现为：从基本问题看，政治国家和市民社会的关系问题构成了马克思国家观的焦点，但是，马克思运用唯物史观彻底实现了这一问题的革命性变革；从具体内容看，国家神话的祛魅、国家性质及其职能、国家与意识形态、国家形式与无产阶级革命及专政、国家与人的解放五个方面构成了马克思国家观的内涵；从基本价值看，科学性和价值性的辩证统一构成了马克思国家观的基本价值。

第三，马克思开辟的国家观道路的逻辑演变表现为普遍性和特殊性相统一的路径。一方面它形成了恩格斯国家观、列宁国家观、斯大林国家观、第二国际马克思主义者国家观、西方马克思主义者国家观、东欧新马克思主义者国家观、毛泽东思想、中国特色社会主义理论体系和习近平新时代中国特色社会主义思想等现实历史性的具体国家观；另一方面这些现实历史性的国家观实质上是对马克思国家观、马克思主义国家学说的本质和精神的继承和发展。

第四，马克思开辟的国家观道路在时代变迁条件下实现了从革命性逻辑为主题到建设性逻辑为主题的演变，但这两个主题本质都是马克思国家观内在的。建设性逻辑为主题的国家观突出体现为邓小平国家观和习近平新时代中国特色社会主义思想国家观。

第五，马克思国家观和马克思主义国家学说与中国具体实际、中国优秀传统文化相结合，实现了马克思主义国家学说中国化。对于这种中国化的马克思主义国家学说，本书尝试性地建构为当代中国马克思主义国家理论。这一理论形态表现为国家基础论、国家价值论、国家性质论、国家职能论、国家治理论、国家制度论、国家发展论和国家动力论八个方面内容，这八个方面是一个系统整体。

第六，当代中国马克思主义国家理论是对中国实践的一种理论表达和理论阐释，也是对马克思国家观、马克思主义国家学说基本价值和基本精神的继承和发展。

四　创新点与不足之处

笔者认为在本书研究中存在的可能创新之处在于：

第一，概括和总结了马克思国家观的基本价值，其主要表现为事实性和规范性、理想性和现实性、批判性和建设性以及哲学性和科学性相统一的基本价值。

第二，概括和总结了马克思国家观开辟的道路上各具特色的国家思想，并明确指出马克思国家观蕴含了革命性逻辑和建设性逻辑，而建设性逻辑是社会主义国家建设的主题。

第三，依据马克思国家观开辟的道路的基本价值和精神，试图结合中国具体实际和中国优秀传统文化，尝试构建当代中国马克思主义国家理论，并阐释了当代中国马克思主义国家理论的内涵、特征和意义。

但是，由于受限于笔者学力和知识水平，因此本书研究还存在需要进一步深化的地方。一是需要对马克思国家观的继承和发展的历史和逻辑研究进一步深化，深入挖掘马克思国家观与众多马克思主义者国家观的区别和联系。二是需要深入界定马克思国家观的科学内涵和实质，界定区别马克思国家观与马克思主义国家学说的内在逻辑关系。三是尝试构建的当代中国马克思主义国家理论的理论内容需要进一步完善。四是对习近平新时代中国特色社会主义思想的国家思想需要进一步阐释和论证等。这些问题都需要进一步深化研究。当然，本书研究还存在其他需要进一步完善之处。所有这些不完善之处，有待笔者在今后的学习和研究中进一步弥补。

第一章
马克思国家观的思想渊源

任何一种理论都有其思想渊源，不可能是悬空之物。马克思国家观作为一种理论，“它必须首先从已有的思想材料出发，虽然它的根子深深扎在物质的经济的事实中”①。这里的“已有的思想材料”，实质上就是马克思国家观的思想资源，这些思想资源对马克思国家观的形成和发展产生了重要影响。那么，在“已有的思想材料”中，哪些思想材料对马克思国家观有直接影响？哪些思想材料对马克思国家观有间接影响？只有弄清楚了“已有的思想材料”与马克思国家观的内在思想脉络、理论承继和逻辑关联等，我们才可以真正把握住马克思国家观的精神实质。所以，我们探究马克思的思想传统，精研“已有的思想材料”，这对理解马克思国家观的思想渊源是极为必要的，也是我们理解马克思国家观的前提条件。恩斯特·卡西尔指出：“历史是政治的线索。”② 根据思想史的研究，马克思国家观或者政治哲学思想传统至少存在着西方古典国家思想传统、中世纪基督教国家思想传统和近代国家思想传统三个方面。

① 《马克思恩格斯选集》第3卷，人民出版社2012年版，第775页。

② ［德］恩斯特·卡西尔：《国家的神话》，范进、杨君游、柯锦华译，华夏出版社1999年版，第186页。

第一节 西方古典国家思想传统

西方古典时期，主要是指古希腊罗马时期。古希腊罗马时期是欧洲文明的轴心时期，孕育了最初的政治哲学思想。据施特劳斯和克罗波西研究，政治哲学不等同于与政治生活同步的政治思想，而是在人类历史发展中有文字记载的一种特殊的政治生活，这就是“古希腊的政治生活”①。国家是政治哲学的核心主题，因此，国家问题也就成为了古希腊罗马人民关注的中心问题，他们极为“迷恋于对国家的起源、目的、发展规律的思想”②。国家思想的最初构成即城邦思想是“古希腊政治思想的特定主题”③。但是，在这里我们需要弄清楚，西方古典时期的国家是指古希腊的“polis”（城邦）和古罗马的“res publica”（共和国，公共事物），而非指现代意义上的国家（state）。西方古典国家思想主要是指城邦国家思想，城邦国家思想是现代国家思想的源头。④ 这种西方古典国家思想呈现出道德性、朴素性和理想

---

① ［美］列奥·施特劳斯、约瑟夫·克罗波西主编：《政治哲学史》上册，李天然等译，河北人民出版社 1993 年版，第 1 页。

② 徐大同总主编，王乐理主编：《西方政治思想史》第 1 卷，天津人民出版社 2005 年版，第 23 页。

③ 徐大同总主编，王乐理主编：《西方政治思想史》第 1 卷，天津人民出版社 2005 年版，第 151 页。

④ 学界对古典时代的政治形式即城邦是否是国家有分歧。反对城邦是国家的观点，其理由是：欧洲古典时代和中世纪只存在城邦，并不存在国家。主要有以下原因：（1）希腊人缺乏现代的人口和领土观点。（2）城邦生活只是希腊人的生存方式，或者说自足性质的生活方式而已。（3）城邦生活实质上就是希腊人生活的本质。所以，希腊城邦只是具有与国家某些相似特征，城邦可以说是现代国家的起源或者是祖先，但并不能误解其本身就是国家。希腊罗马人的政治生活形式只可以称为城邦、共和国、帝国等，或者一般的称呼即共同体。赞同城邦是国家的观点，德国历史学家 H. 米泰斯认为，国家在获得明确表述之前就已经存在若干世纪了。G. 鲍斯特也认为，独立的主权国家在 12 和 13 世纪时正处在形成之中。（参阅俞可平《当代西方国家理论评析》，第 101—102 页）结合两方面的观点，本书认为，欧洲古典时代的城邦政治形式是国家的一种历史定在，反映了欧洲古典时代人民的政治生活和政治理想，城邦国家思想是现代国家的重要思想传统。我们不可以用国家的现代观念去简单套用希腊罗马等欧洲古典时代的城邦国家等政治形式，因为国家是一个历史概念，并非是一个静态概念，所以，它也就是有一个演变的历程。为此，本书在论述欧洲古典时代的城邦思想时，主要是从国家的视角来阐释的。

性的特征，其对包括国家思想在内的近代政治哲学思想产生了重要影响，也对马克思国家观的形成具有重要影响。

西方古典国家思想的主要代表是苏格拉底、柏拉图、亚里士多德和西塞罗等人。他们都对国家问题有大量的论述，甚至还有专门的论著，如柏拉图的《理想国》等。仔细梳理西方古典城邦国家思想史，我们会发现：西方古典国家思想的发展，有一个从美德政治哲学思想到道德政治哲学思想流变的过程，这个流变对于西方政治理性的提升具有革命性意义。

一　美德政治哲学的城邦国家思想

著名的政治哲学家施特劳斯曾经对政治哲学下了一个定义：政治哲学是哲学的一个重要分支，主要是以寻根求源、广泛而系统的方式探讨人类政治生活的问题。[①] 法国哲学家保罗·利科也持此种观点，他认为，政治哲学强调的是“对理论根据或基础的问题”进行研究和分析，而政治学则强调“描述性与经验性”论述和研究。[②] 因此，政治哲学实质上是以哲学方式来研究人类政治生活秩序和探究各种政治现象的。但是，对于如何探究政治哲学以及政治哲学的理论基础是什么的观点却存在着差异。一种观点是从构成人类政治生活秩序的主体即个人或公民的优异性即美德来建构，强调政治的目的和本质是为了促进人们的美德，美德是幸福生活的基础，这就是一种美德政治哲学；另外一种不是从政治主体角度，而是从政治客体角度即制度和治理的正义性角度来探究政治的目的和本质，建构人类政治生活的“好秩序”和“最好的政制”，这就是一种道德政治哲学。这两种不同的观察视角得

---

① 参见［美］施特劳斯等主编《政治哲学史》上卷，李天然等译，河北人民出版社1993年版，第1页。

② ［法］保罗·利科主编：《哲学主要趋向》，李友蓁、徐奕春译，商务印书馆2004年版，第302页。

出的国家思想是不一样的。柏拉图和亚里士多德是美德政治哲学的代表，他们建构了一种基于美德的城邦国家思想。斯多葛学派和西塞罗等是道德政治哲学的代表，他们建构了一种基于“世界国家”和“普遍法律”为理念的城邦国家思想。此处试图对柏拉图和亚里士多德为代表的美德政治哲学视域下的城邦国家思想进行阐释，这种城邦国家思想可以表现在城邦国家的起源、本质和建构三个方面：

（一）城邦国家的起源思想

如何定义起源，实质上彰显了定义者的立场和价值。所以，我们梳理城邦国家的起源思想，也可以窥见柏拉图和亚里士多德等关于城邦国家的基本立场和价值。

（1）柏拉图的城邦国家起源思想。在《理想国》《政治家》和《法律篇》这三部著作中，柏拉图从不同角度揭示了城邦国家的起源。《理想国》是从分工和需要来分析国家起源的。柏拉图认为，城邦之所以产生，一个重要原因就是单个人无法满足自己所需要的东西，因此，这就需要由很多“伙伴和助手”来提供满足每个人需要的东西，从而就会形成一个“公共住宅区”即城邦。① 但是，人的需要是复杂的、多样化的，如果对这些多样化的需要进行规整，必然需要提供一种结构论思路，也就是把城邦国家分为工商阶层、护卫阶层和哲学王三个阶层，并分别考察每个阶层的职能以及需要何种优秀品质。那么，这就必然需要深入到人的内在心灵结构来考察和分析。故此，柏拉图在《理想国》中提出了与三个阶层相对应的三种美德：节制、勇敢和智慧，三种美德各司其职，从而实现城邦国家的和谐与正义，城邦国家也要促进三个阶层人们的美德提升。《政治家》从一个神秘故事来说明城邦国家的起源：宇宙和天体是由神所掌控的，是永恒的、有生命的、有智慧的、不朽的，但是，宇宙和天体也是有肉

① ［古希腊］柏拉图：《理想国》，郭斌和、张竹明译，商务印书馆1986年版，第58页。

体的，是会腐朽的、变坏的。因此，宇宙和天体也是变动的。那么，宇宙和天体中的人也是如此。当宇宙和天体脱离神的掌控，那么，宇宙和天体就会发生混乱，自然生长和秩序就会从顺序到逆序，出现各种不公和不义之事。这是因为野兽日渐变得凶猛，但是，人却变得“虚弱而没有防卫能力”，而且还缺乏足够对付凶猛野兽的“智谋或技能”[①]。所以，只有神才能重新恢复宇宙和天体的秩序。但是，对于人类来说，在没有神的指导和确定的秩序条件下，人类只能靠自己指导和管理自己的生活，确定自己生活的秩序，并且能够在不同的时代按照不同的方式生活。[②] 为此，管理着具有肉体生灭变化和有着理性的人类的技艺就是国王统治艺术。柏拉图进一步说明，国王统治就像绘画一样，不是依据法律规则和公式用各种颜料来绘画，相反，并不依靠法律。真正的政治家能够把各种心灵的人组成一个坚定持久的联合体即国家。所以，由于神的关怀舍弃了人，那么，城邦国家也就要促进人类的善，提升人的美德。柏拉图这一关于国家起源的思路，在其所著的《法律篇》中得到进一步说明。柏拉图在《法律篇》中讲述了一个大洪水的故事，以此说明良好政体的起源：一场大洪水淹死了绝大多数的人和动物，只留下一部分待在高山上的人和动物。留下的人都是很质朴的，不会钩心斗角、不会玩阴谋诡计。后来，神差遣了很多天才创造了诸如城邦、制度、科学、法律等各种文艺样式。这时候也就出现了如何管理和统治的问题。柏拉图认为，虽然法律是真正理想国家不需要的，可是法律是解决不正义的有效途径。法律的根本目的是使人们成为有美德的人。[③] 所以，我们从柏拉图的三部著

---

① ［古希腊］柏拉图：《政治家》，黄克剑译，北京广播学院出版社 1994 年版，第 56 页。

② ［古希腊］柏拉图：《政治家》，黄克剑译，北京广播学院出版社 1994 年版，第 57 页。

③ ［古希腊］柏拉图：《柏拉图全集》（第 3 卷），王晓朝译，人民出版社 2003 年版，第 427—460 页。

作中研讨城邦国家的起源思想时，可以发掘出一个鲜明的特点，那就是人的优异性即美德是城邦国家起源的一个基点，虽然这个基点覆盖在各种神话之中，但是正是基于这个基点，柏拉图开始建构自己的城邦国家思想。

（2）亚里士多德的城邦国家起源思想。奥特弗利德·赫费评价亚氏的政治哲学时说："《政治学》首次提出了一种完全意义上的推理性政治理论。在这部著作中，柏拉图的主要论题，即理想城邦的构想，仍保持着它的意义。"① 亚里士多德在《政治学》中阐明了城邦国家的起源思想。在《政治学》首篇中，亚里士多德基于需要的角度分析了城邦国家的起源，他将其概括为"自然起源论"。亚里士多德认为，国家作为社会的共同体，是起源于家庭和村落的，国家发展的动力是人的合群需要的一种自然天性，就如男女生理需要的自然结合一样。最初家庭是由主奴关系、夫妻关系和父子关系等所建构的"满足人们日常生活需要而建立的社会的基本形式"②，亚氏称家庭成员为"食厨伴侣"或"食槽伴侣"。家庭为了比生活必需品更多的东西联合起来就形成了村落，村落最自然的形式就是由一个家庭繁衍而来的。若干个村落联合起来就构成了一个自给自足的社会共同体——"城邦"。这样国家就产生了。所以，亚氏认为，社会达到了城邦，就是达到了事物的本性，也就是达到了一种高级而完备的境界。这就回应了亚里士多德开篇就阐明了的城邦是什么的问题。城邦就是追求至善，是为了某种善业而建构的伦理性城邦，是"所有共同体中最崇高、最有权威，并且包含了一切其他共同体的共同体"③。我们对亚里士多德的国家起源说进行分析可以发现，其基于两个理论基石：一

---

① ［德］奥特弗利德·赫费：《政治的正义性》，庞学铨、李张林译，上海译文出版社1998年版，第224页。

② ［古希腊］亚里士多德：《政治学》，吴寿彭译，商务印书馆1983年版，第6页。

③ ［古希腊］亚里士多德：《亚里士多德选集——政治学卷》，颜一、秦典华译，中国人民大学出版社1999年版，第3页。

是柏拉图的目的论，亚氏强调城邦就是社会发展的目的，就是社会共同体的本性，而且这种本性是国家在逐步发展过程中显现的。这种本性实质上就是善，当然亚氏区分了个人之善和群体之善，前者是伦理学研究对象，而后者则是政治学研究对象。亚氏对群体之善，又分为外物诸善、躯体诸善和灵魂诸善，其中，灵魂诸善是最高的。亚里士多德认为，“最高尚的灵魂”要比外在的财产和身体更为珍贵和重要。[①] 所以，国家就是为了促进道德，国家也就是一种道德的团体。二是人性论。亚氏基于“人生来就有合群的性情”[②] 的论断而得出人类自然是趋向于城邦生活的政治动物。亚氏进一步分析了动物和人的区别，他认为，人类的特性“就在于他对善恶和是否合乎正义以及其他观念的辨认”，而家庭和城邦的形成恰恰就是对这种正义观念的确认，也是建基于这种观念之上的。[③] 因此，人是最优良的，但是也有可能坠入邪恶之渊，成为无德之人。城邦国家就是要提升人的美德，城邦国家实质上也是人的美德的最佳境界。所以，亚氏的国家起源说实质上凸显了人的美德的重要作用和地位。

由上可见，人的优异性实质上是柏拉图和亚里士多德城邦国家起源思想的基石，可以说人的优异性也是贯彻于柏氏和亚氏的城邦国家思想始终的，这也就表明了以柏氏和亚氏为代表的希腊政治哲学的特点，正如马克思所说，它“标志着古典时代的特征”[④]。

（二）城邦国家的本质思想

城邦国家的本质思想实质上揭示了其目的，也就是城邦国家究竟是什么。国家总是与某种目的紧密相连。柏拉图和亚里士多德认为，希腊城邦国家的本质和目的是追求一种至高的善和促进美德。

---

① ［古希腊］亚里士多德：《政治学》，吴寿彭译，商务印书馆 1983 年版，第 341 页。

② ［古希腊］亚里士多德：《政治学》，吴寿彭译，商务印书馆 1983 年版，第 9 页。

③ ［古希腊］亚里士多德：《政治学》，吴寿彭译，商务印书馆 1983 年版，第 8 页。

④ 《马克思恩格斯全集》第 23 卷，人民出版社 1973 年版，第 363 页。

（1）柏拉图追求“优秀善”的价值立场。柏拉图的《理想国》追求的目的就是善，表明了城邦国家的本质就是至善，是“为了全体公民的最大幸福”[①] 的“优秀善”，而不是以获取利益的多少来表明善的多少的“有效善”。在《理想国》中，柏拉图借色拉叙马霍斯之口来表明这种“有效善”的价值立场：好坏善恶的标准取决于是否得利及得利多少。柏拉图批驳了这种观点。所谓“优秀善”，不是指得利多少，而是指人的内在品性和德性，它是人的一种美德，是心灵品质处于优秀、卓越状态的标志。达到“优秀善”，就可以达到一种正义，也可以达到一种“有效善”。“优秀善”是政治生活的本质和美德，而政治生活的主体是人，因此，人的优良美德就与政治行为紧密联系起来了。故此，柏拉图考察城邦国家的本质，实质上就是要考察具备“优秀善”的人的心灵的德性。正是因为如此，柏拉图主张“优秀善”要优先于“有效善”。当然，我们也依然需要追问麦金太尔所提的问题，即“人的优秀实际何在”以及“为什么按照这一理论使有效善服从于优秀善永远是合理的”[②]。然而，我们不得不承认，柏拉图城邦国家的目的和本质就是实践最高的善，这实质上也是与柏拉图的“理念论”思想相一致的。

（2）亚里士多德主张城邦国家就是追求政治上的善德。亚氏与柏氏关于城邦国家本质思想的思路是一致的，他们都要求极力关注“德性问题”[③]。在《政治学》这部著作中，亚里士多德写的第一句话就是，所有城邦就是一个社会共同体，所有共同体都是为追求某种善业而建构的，而且存在一个所有共同体都蕴含的共同体，这种共同体的

---

① ［古希腊］柏拉图：《理想国》，郭斌和、张竹明译，商务印书馆1986年版，第133页。

② ［美］阿拉斯戴尔·麦金太尔：《谁之正义？何种合理性？》，万俊人等译，当代中国出版社1996年版，第98页。

③ 苗力田主编：《亚里士多德全集》第8卷，中国人民大学出版社1994年版，第91页。

追求就是“至善”，就是所谓的“城邦或政治共同体”①。亚里士多德在《尼各马可伦理学》中进一步指出，人类所做的一切技术、规划、实践、抉择等都是以善为目的的，因为人类有一个非常美好的想法，那就是宇宙万物都是趋向于善的。个人的善与城邦的善是同一的，但是，保持城邦的善则更为根本，个人增加城邦的善“更加荣耀和更为神圣”②。亚里士多德评价那种脱离城邦的人“要么是超人，要么是鄙人”③。所以，人本质上就是城邦动物或政治动物，城邦的本质就是追求个人和城邦生活的至善，很显然，城邦至善的实现离不开个人美德的培育和完善。因为城邦生活与个人生活是同一的，城邦生活是以至善为目的的，所以，“关心德性（aretee）问题”④，必然成为城邦的内在要求。据此，我们可以判断亚里士多德的城邦国家的本质就是至善，就是以美德为根本。

（三）城邦国家的建构思想

所谓城邦国家建构，是指某种理念在政治生活中的实践，并以某种政体形式展开。城邦国家建构表明了某种理念从隐到显、从思想到行动的实践。以柏拉图和亚里士多德为代表的美德政治哲学视域下的城邦国家思想实质上紧紧以美德为核心展开，他们的城邦国家建构思想也充分彰显了美德的价值立场。柏拉图和亚里士多德关于城邦国家建构思想的具体论述如下：

（1）柏拉图城邦国家建构思想：以美德为基础和鹄的。在《理想国》中，柏拉图假设心灵与国家是异体同构的，而城邦国家建构是以心灵的德性为基础的。所以，依据城邦国家建构的需要，城邦成员被分为三个阶层：工商业阶层、护卫者阶层和统治者阶层，这三个阶

① 苗力田主编：《亚里士多德全集》第9卷，中国人民大学出版社1994年版，第4页。
② 苗力田主编：《亚里士多德全集》第8卷，中国人民大学出版社1994年版，第4页。
③ 苗力田主编：《亚里士多德全集》第9卷，中国人民大学出版社1994年版，第6页。
④ 苗力田主编：《亚里士多德全集》第9卷，中国人民大学出版社1994年版，第91页。

层又与他们相应的德性对应，即节制的美德、勇敢的美德、智慧的美德。各个阶层都必须努力实践自己阶层的美德，各自发展自己的政治美德，这样和谐的幸福的城邦生活才可以实现。如果其中存在某个阶层不实践自己的美德，那么，和谐的城邦生活就不可能实现，城邦也就达不到其本质和目的即至善之境。故此，城邦国家是以美德为基础来建构的，也就是说其始于美德，也终于美德。我们在理解柏拉图理想国建构的节制美德、勇敢美德和智慧美德之外，还要注意的是柏拉图不是从某个单一阶层所具备的美德来论述的。柏拉图还强调三个阶层美德的相互协调和和谐，要求三个阶层各尽其职、各司其能、各尽其分。所以，理想国所追求的至善是一个整体。因此，我们在理解三个阶层美德时是从整体角度来理解的，柏拉图将其称为正义美德。所以，柏拉图的城邦国家建构就是以节制美德、勇敢美德、智慧美德和正义美德四德来阐明政治生活的，也是以此四德来展开德政之治的。柏拉图在其中年所著的《政治家》和晚年所著的《法律篇》都以促进美德和落实美德为鹄的。《政治家》揭示了统治的艺术即国王的技艺就是为了促进人类善的发展，明确国王要善于把各种美德融合起来，把各种美德编织进国家之中。为此，柏拉图反对“过”与“不及”，主张“中”的标准，这样“它们的所有成果才会又美又好”①。柏拉图在《法律篇》中论述的虽然是“次级理想国家”，但是他认为法律与美德是紧密相关的，法律的目的是促进美德，不能有其他目的。所以，柏拉图主张人类立法的最高希望就在于：“哪里掌握最高权力的一个人把明智的判断和自制力结合起来，哪里你就看到出现了与法律相配合的最好的政治制度。”② 因此，柏拉图城邦国家建构实

---

① ［古希腊］柏拉图：《政治家》，黄克剑译，北京广播学院出版社 1994 年版，第 74 页。

② ［古希腊］柏拉图：《法律篇》，张智仁、何勤华译，上海人民出版社 2001 年版，第 117 页。

质上就是以美德为基础，以美德为鹄的的。

（2）亚里士多德的城邦国家建构思想：合乎美德的生活。美国著名的政治哲学家乔治·萨拜因说道，道德向度是亚里士多德国家思想的最重要方面，因为在任何一个国家中起决定作用的因素都是公民联合起来旨在实现的伦理价值，因此，道德目的共同愿望实质上就构成了一种“国家命脉”①。亚里士多德实际上直接指明了这一点，政治学就是研究最高善的科学，就是要研究“人自身的善”②。亚里士多德认为，国家是人们为了实现最好的道德生活而联合起来的群体，国家是什么样实质上取决于国家的成员是什么样的人以及这些人要达到的目的是什么，反之，国家的目的也决定谁可以成为它的成员以及这些成员过何种生活方式。为此，亚里士多德视野中的国家就是伦理性国家，其根本目的就是增进善和美德。亚里士多德把公民美德与城邦政体联系起来，以此来辨明何为最优秀政体。亚里士多德区分了“好人”与“好公民”，他认为“好人”与“好公民”是不一致的，但是，他认为一个最优秀的政体必须所有人都是善良的公民。如果说在最优秀的政体中，所有人不必然是善良的公民，那么，也就不会使得所有人都具有“善良之人的德性”③。由此，亚里士多德分析了现实中的政体，把僭主制、寡头制和民主制归结为坏的政体，而把君主制、贵族制和共和制归结为好的政体，其中，共和制又是最好的政体，体现了良好的公民美德。美德的实现，还需要法治。亚里士多德认为，法律是不受主观影响的理性，是一种公共秩序，其目的是促进人的美德和城邦“正义”及“善业”的实现。公民德性还与财产紧密相关，亚里士多德认为，适中和适度的财产能培育人的美德，这样

---

① ［美］乔治·萨拜因著，托马斯·索尔森修订：《政治学说史》第四版上卷，邓正来译，世纪出版集团、上海人民出版社 2008 年版，第 146 页。

② ［古希腊］亚里士多德：《尼各马科伦理学》，苗力田译，中国社会科学出版社 1990 年版，第 2 页。

③ 苗力田主编：《亚里士多德全集》第 9 卷，中国人民大学出版社 1994 年版，第 79 页。

的人具有“节制或温厚、正义（公平或正直）、勇毅和端谨或贤明等四种品德”①。所以，中产阶级相比于富有阶级和贫穷阶级更能彰显城邦的目的。亚里士多德还从政体的立法、司法和行政三要素，政体变革的形式、动机和保全方略等角度论述了政体与美德的关系。那么，最优秀的政体是什么呢？亚里士多德认为，能够实现和产生“最善良的行为和最快乐的生活”② 的政体就是最优良的政体。个人的德性与城邦的德性是相一致的，城邦的生活就是合乎美德的生活。

二　道德政治哲学的城邦国家思想

道德政治哲学实质上是对美德政治哲学的一种变革和超越，其变革的社会存在根源就是古希腊城邦的衰落。以柏拉图和亚里士多德为代表的美德政治哲学是适应城邦生活，且只适应城邦生活的政治哲学理论，他们的整个国家理论所依据的假定就是“善的生活意指参与国家的生活”③。所以，依据此假定，参与国家生活被视作一个道德上最重要的观点，远胜于义务和权利的重要性。所以，作为国家成员的公民身份和公民资格就是人类价值的顶点，追求美德和至善也就是城邦国家的本质和目的。但是，随着城邦的衰落，作为一种政治动物的人终结了；可是作为一个个人的人出现了，这就意味着这种个人有两种关系要处理：要自己安排自己的生活和要处理与他人的关系。前者产生了一种“隐私或退隐的善”以及一种内在自我意识的崛起，这是希腊城邦成员所没有的；后者产生了需要一种更具普遍性意义的共同体概念即“社会”概念，这种“社会”意识不再仅仅是城邦成员

---

①　张桂林：《西方政治哲学：从古希腊到当代》，中国政法大学出版社 1999 年版，第 35—36 页。

②　［古希腊］亚里士多德：《政治学》，颜一、秦典华译，载《亚里士多德选集——政治学卷》，中国人民大学出版社 1999 年版，第 238 页。

③　［美］乔治·萨拜因著，托马斯·索尔森修订：《政治学说史》第四版上卷，邓正来译，世纪出版集团、上海人民出版社 2008 年版，第 165 页。

所构成的共同体，它是基于“普世性或普遍性（universality）的理念”[①]构成的整个世界范围内的人类。正是在这种新的价值框架内，以柏拉图和亚里士多德为代表的美德政治哲学终结了，形成了以斯多葛学派为代表的道德政治哲学，并以“世界城邦”和“自然法”的新理念来建构对政治本质的新理解。由此，斯多葛学派虽然承继了城邦政治哲学对“至善”的追求，但是却对政治本质提出了一种完全新的意义上的道德性理解，即从制度和治理的正义性角度去理解政治本质。所以，道德政治哲学是对美德政治哲学的一种变革和超越，这也就意味着一种新的国家思想产生了。这种国家思想主要表现如下：

（一）世界城邦思想

世界城邦思想是对希腊城邦思想的替换，以适应希腊化与罗马帝国大世界集权统治的需要，并为帝国统治提供理论支柱。世界城邦思想最早由芝诺提出，他认为，我们这个世界不应该按照不同的正义和原则来划分为不同的独立的城邦国家和群体，而是主张“所有人”都应该处于“一个社群”“一个政制”，并且过着由“共同的秩序”建构的“共同的生活”[②]。芝诺举牧群羊的例子说，对于一群羊而言，也是需要共同喂养和在共同的牧场放牧的。芝诺的哲学构想最后被亚历山大变为了现实。那么，这种世界城邦思想何以能形成呢？首先，我们可以从国家思想的起源来看。斯多葛学派主张国家自然生成说。斯多葛学派的代表人物克律西普在他的著作《论美德》中就认为，“正义和法、正确理性”不是约定性质的，而是自然性质的。[③]所以，斯多葛学派认为，自然的正义就是自然赋予人的群体性，就像父母对

---

① ［美］乔治·萨拜因著，托马斯·索尔森修订：《政治学说史》第四版上卷，邓正来译，世纪出版集团、上海人民出版社 2008 年版，第 185 页。

② 普卢塔克：《论亚历山大的幸福或美德》，329B，载于普卢塔克《道德论集》第 4 卷，转引自叶秀山、王树人总主编，姚介厚著《西方哲学史》第 2 卷下册，凤凰出版社、江苏人民出版社 2005 年版，第 962 页。

③ 转引自叶秀山、王树人总主编，姚介厚著《西方哲学史》第 2 卷下册，凤凰出版社、江苏人民出版社 2005 年版，第 964 页。

子女的爱一样是自然的，爱连接人类的共同社会并使得其发展。所以，自然的爱使得我们去爱我们相处之人。因此，人与人之间本质上就具有一种共同的和自然的亲似性。故此，这种特性也就决定了人们适宜于群居、结成集团与国家。斯多葛学派的另一代表西塞罗也说，“国家乃人民之事业”，但是，这种人民并非是一种简单相加的集合体，而是奠基于“法的一致和利益的共同”之上的集合体，当然，这种集合体根源于“人的某种天生的聚合性”①。这种天性实质上就是西塞罗所说的自然理性，也即正义。故此，我们可以发现斯多葛学派的关于国家起源说表明，自然性是国家的本质，也是克服分立城邦并建构和谐世界的本质。其次，从世界城邦思想的理论基础来看。斯多葛学派认为，人性与自然是一致的。因为人个体的自然是自然全体的部分，个体的自然是人性之所在，表现在逻各斯支配的人的灵魂中。合乎逻各斯，即理性的，实质上就是自然的，这也就表现为一种德性。斯多葛学派强调德性与善是内在联系的，善的目的就是道德上高尚的生活，而这也是自然的恩惠。所以，德性是自然的，那么，也就是具有和谐品性的，当然这种德性本质上由灵魂理性所支配，故而，过德性的生活实质上就是要过自然和谐的生活。因此，德性或善的生活实质上就是合乎自然的生活。正是基于这种自然的理性，斯多葛学派反对亚里士多德和柏拉图等所作出的希腊人和野蛮人的等级区别，他们认为人与人之间是平等的，都是理性的，所以，世界城邦是向所有人开放的。所以，自然主义伦理学也就成了世界城邦思想的理论基础。最后，从政制来看。斯多葛学派主张贤人政制说。斯多葛学派认为，世界城邦的统治者是贤人，贤人是集智慧和道德为一体的典范，他能够依据理性过一种完善的德性生活，他也是独立的、自主的、真正的自由之人。虽然斯多葛学派的贤人与柏拉图的哲学王有相

---

① ［古罗马］西塞罗：《论共和国　论法律》，王焕生译，中国政法大学出版社 1997 年版，第 39 页。

似之处，但是，斯多葛学派的贤人是新世界中的从政者和道德家的典范，是以自然的德性联结希腊化的大世界的人。斯多葛学派的芝诺和克莱安塞等认为，最好的政制是民主制、君主制和贤人制的结合，要避免滑向暴君制、寡头制和无政府状态或暴民制。西塞罗在《论共和国》一书中从自然人性论与德性论方面论述了罗马政制问题。西塞罗认为，历史上存在着三种政制：君主制、贵族制和民主制，但是这三种政制都有缺陷并会蜕变为恶性的变异形式，所以，他认为最好的政制是对这三种政制的综合，而罗马共和国的政制就是最好的政制，因为其具有公平性和稳定性，其体现了德性的治理。西塞罗的共和主义的国家政制具有重大历史影响，它对法国大革命以及孟德斯鸠国家思想等都产生了深远影响。总之，斯多葛学派的世界城邦思想体现了一种世界主义视野，表明和反映了希腊化世界和罗马世界的帝国政治现实。后来，这种世界城邦思想变成了基督教思想所主张的上帝之城观念。

（二）自然法理论

斯多葛学派认为，世界城邦还有一部宪法，那就是正当理性。而“正当理性”既是“自然法（the law of nature）”，又是“神法（the law of God）”，这是因为它对所有人都有约束力，无论他是统治者还是臣民，故此，它是关于正义的普世性标准，它规定了“人们必须做什么和不得做什么”①。所以，自然法实质上就是全体事物之法，是区分正义和非正义的尺度，是一个主宰者、一个原则和一种统制权力。对人而言，自然法首要的就是自我保存，人们之间相互吸引，从而联结成为社会和国家，如果不是这样的话，那么正义和仁慈就缺乏了。除了自然法之外，实际上现实政治生活中还存在着习惯法，习惯法是各个地方城邦或地区所具有的法律。但是，自然法相对于习惯法而言是

① ［美］乔治·萨拜因著，托马斯·索尔森修订：《政治学说史》第四版上卷，邓正来译，世纪出版集团、上海人民出版社 2008 年版，第 193 页。

更高级的法，是神法。斯多葛学派在罗马的实践者西塞罗“第一次明确地阐述了自然法理论”①。西塞罗在《法律篇》中指出，自然法就是正确的理性，其规定何谓正义与非正义，何谓善与不善。自然法实质上就是正义，只有合乎自然法，才是正义的和善的社会共同体。所以，自然法实质上是合乎人性和理性的法律，具有永恒性和理想性的特点。斯多葛学派的自然法揭示了世界城邦的正义标准，或者说是指明了政治本质就是正义。自然法在罗马政治生活的实践就是相对于“市民法”的“万民法”，“万民法”是一个法律概念，自然法则是一个哲学概念。另外，我们还需要认识到自然法实质上是“一种合理和公平的理想”“为人们提供了一部道德法典和一项普遍的正当规则”②。施特劳斯认为，自然法运用于实际政治生活时会具有内在局限性，因为自然法在实际政治生活中会受到约定的影响。③ 然而，我们可以发现自然法实质上就是正义和善，所以，国家的本质就是正义。

第二节 中世纪国家思想传统

中世纪哲学思想主要是指以基督教文化为主流的基督教哲学思想，所以，中世纪哲学思想也可以被称为中世纪基督教哲学思想。④

---

① 叶秀山、王树人总主编，姚介厚著：《西方哲学史》第 2 卷下册，凤凰出版社、江苏人民出版社 2005 年版，第 985 页。

② ［美］乔治·萨拜因著，托马斯·索尔森修订：《政治学说史》第四版上卷，邓正来译，世纪出版集团、上海人民出版社 2008 年版，第 195 页。

③ 参见［美］施特劳斯等主编《政治哲学史》上卷，李天然等译，河北人民出版社 1993 年版，第 191 页。

④ 参见赵敦华《基督教 1500 年》。赵敦华认为，从哲学史来分析中世纪，中世纪是指 2—16 世纪的独立的西方哲学阶段，“即作为基督教文化一部分的中世纪哲学诞生、发展和衰落的过程”。中世纪实质上是作为一个表示基督教文化的概念，中世纪哲学与基督教哲学概念是两个意义基本相同的概念，2—16 世纪中世纪哲学的主流就是基督教哲学。因为中世纪哲学是基督教的意识形态，也是基督教文化的一部分。（赵敦华：《基督教 1500 年》，人民出版社 1994 年版，第 12—16 页。）

包括国家思想在内的政治哲学思想是中世纪基督教哲学思想的重要内容，它构成了西方现代政治哲学思想的直接来源，或者说西方现代政治哲学思想就是对中世纪基督教政治哲学思想的继承和发展，而非如学界所言的与中世纪基督教政治哲学思想的断裂。① 当然，中世纪政治哲学思想也是对古希腊罗马政治哲学思想，特别是对斯多葛主义政治哲学思想的一种承继和发展。如卡西尔谈到中世纪国家学说时就说，中世纪的国家思想是一个系统的整体，它建基于基督教的启示内容和斯多葛主义关于人的自然平等观念的两个理论前提之上。② 包括国家思想在内的中世纪政治哲学思想是从宗教启示或宗教伦理来理解的，而不是像古希腊罗马政治哲学那样从理性来理解，从而使得政治活动具有神性。因此，中世纪政治哲学思想本质上是一种道德政治哲学的变异。由此，中世纪政治哲学思想从一个新的维度认识了国家，对国家的理论基础、性质、职能和权力等的认知揭示了一个新的国家认知模式。

一 基督教的二元性观念

中世纪国家思想是深植于中世纪基督教社会存在之中的。所

---

① 持此观点的有：A. 卡莱尔认为，中世纪与现代之间在政治文明方面存在鸿沟的看法和观念是错误的。理由在于他认为，任何政治原则和政治制度都是历史性的连续体，而非是突然出现的，那种认为文艺复兴是现代政治观念和形式的开端是值得怀疑的，认为其是真正意义上的哲学和科学的开端也是值得怀疑的。（参阅 R. W. Carlyle，A. J. Carlyle，A History of Medieval Political Theory，Vol. V，p. 2。）W. 乌尔曼也认为，中世纪政治思想是现代意义上的政治思想的学徒期、青春期和少年期，也就是说现代政治思想本质上已经蕴含在中世纪中了，因此，二者之间虽然存在各种形式上的差别，但是二者之间是存在遗传关系的。（参阅 W. Ullmann，Medieval Political Thought，pp. 7-8。）J. 加宁也认为，从 13 世纪到 17 世纪中期的政治思想本质上构成了一个具有内在逻辑关系的整体。（参阅 Joseph Canning，A History of Medieval Political Thought，pp. 300-1250，Introduction，X。）这些学者的观点实质上都揭示了中世纪政治哲学思想与现代政治哲学思想的承继关系，而非断裂关系。从思想史来看，任何思想都不可能是与前史毫无关系的，而是存在着相互承继关系，思想演变总是基于一系列中介环节而来。所以，作者也持承继观点，而非断裂观点。

② ［德］恩斯特·卡西尔：《国家的神话》，范进、杨君游、柯锦华译，华夏出版社 1998 年版，第 126 页。

以，基督教社会的本质也就决定了中世纪的国家性质。那么，中世纪基督教社会的特点是什么呢？罗素对此有非常精辟的阐释和论断，他认为，中世纪基督教社会表现为僧侣和俗人的对立，上帝之城和尘世之国的对立，拉丁与条顿的对立，灵魂与肉体的对立，教皇和皇帝的对立等。所以，他认为中世纪基督教社会是“具有不同形式的二元对立的特征的”①。黑格尔也分析了基督教的命运表现为“教会与国家、崇拜与生活、虔诚与道德、精神活动与世间活动决不能融合为一”②，这实质上揭示了以国家与教会分立所导致的人类意识的二元性和分裂性。这种二元对立实质上是由古希腊城邦衰落导致的“作为一个人的人”③ 面临的困境（即个人与社会以及特殊性与普遍性的矛盾）在中世纪社会的反映。所以，基督教社会的这些二元对立观念，本质上就是人的二元性观念的反映。基督教把人分离为灵与肉，叫人活着的乃是灵,肉体是无益的”。由此，也就造成了两个对立的世界：精神世界与世俗世界、内在世界与外在世界、天国世界与尘世世界等，基督教把前者从后者剥离出来并高扬前者，赋予前者一种神性和超越性价值并直接与上帝相关联。因此，人的精神生活（灵域）被赋予了一种超越性的神圣意义。基督教对人的灵性的高扬表现出了一种独立的价值，特别是其与上帝相连更打下了扎实的精神基础，为此，人的灵性也就可以摆脱世俗的羁绊而以超越性价值来反观世俗世界和国家（人的肉域），从而把世俗世界和国家视为一种实现人的灵性的工具。确如黑格尔所言，基督教社会的二元性观念创造了一种新的社会和精神观念，即揭示了人的精神自由，并可以通过神的无限性结成社会共同体来追求和

---

① ［英］罗素：《西方哲学史》上卷，何兆武、李约瑟译，商务印书馆2004年版，第377页。

② ［德］黑格尔：《黑格尔早期神学著作》，贺麟译，商务印书馆1988年版，第383页。

③ ［美］乔治·萨拜因著，托马斯·索尔森修订：《政治学说史》第四版上卷，邓正来译，世纪出版集团、上海人民出版社2008年版，第399页。

恢复堕落世界的人与人之间的精神联系。所以，中世纪政治生活是奠基于基督教社会的二元性观念基础上的。

二　神意的工具

基督教国家思想是基督教社会二元性观念的反映，实质也就是人的二元性观念的反映。基督教认为，国家是一种工具且是不值得信赖的工具，它仅是神意的工具，但这种工具却兼具神性和俗性。第一，从国家起源来看。基督教关于国家起源的思想主要表现在《旧约》中记载的关于犹太人设立国王的故事。但是，上帝和先知并不情愿授予犹太人设立国王的权力。基督教是一神教，上帝是唯一的、绝对的神。犹太人有王，则会背弃或者对上帝有二心。王的设立也就意味着教权和王权的分裂，这对政教合一的先知来说是不利的。所以，王权既具有上帝所允诺的神性，也具有上帝视野中的贬斥地位。第二，从国家职能来看。基督教国家职能表现在补救人的原罪和成为维护正义的工具。就前者而言，基督教认为，人的原初状态是天真和纯洁的，就如亚当和夏娃的伊甸园一样美好，但是随着人的堕落，欲望和野心侵蚀了人之初的本性。所以，也就需要政治权力来强制消除和抑制堕落人的行为，实质上也是要使之回复到人之初的本性。就后者而言，基督教认为，信徒应该服从在上有权柄的人”，因为“有权柄的人”可以维护社会正义，“有权柄的人”实际上是代表上帝的旨意行使统治，意在扬善惩恶和匡扶正义。所以，在基督教视野中，国家实际上只具有工具性价值，因为“有权柄的人”是“神的用人”和“神的差役”。第三，就臣民对国家的态度来看。由于人被分为灵与肉对立的两方面，肉是累赘和无用的，而灵是高尚和具有神性的，人的灵是要优先于人的肉的，人的终极目的是上帝之城，追求的是精神世界。所以，尘世国家只是肉身栖身之处，但由于尘世国家也是上帝赋予的，人也就必须接受尘世国家的统治，可是尘世国家仅仅是人奔向上帝之城的短暂瞬间而已。正如耶稣对审讯他的罗马总督彼拉多说，我的国不属于这世界。所以，尘世国家对于信徒而言，仅是消极之物，信徒也就对国家只是消极服从（当然信徒服从的不是国家而是上帝）而不是像城邦成员一样积极参与城邦政治活动，并把积极参与城邦政治活动作为人的德性的完满的前提条件。第四，就理想的国家来看。基督教最具影响的国家模式就是奥古斯丁所描述的基督教共和国。著名政治哲学家萨拜因说，奥古斯丁提出的最重要观点就是“基督教共和国的观念（the conception of a Christian commonwealth）”，而且这种共和国观念是奠基于一种历史哲学之上的，也就是说奥古斯丁所提出的共和国理想实质上就是人类历史发展的终点和顶峰。萨拜因还认为，奥古斯丁的这种思想影响深远，一直波及现代，也深刻影响到新教和天主教的思想家。[①] 奥古斯丁在《上帝之城》中提出了“双城论”（上帝之城与地上之城）。上帝之城源于上帝，是“最优秀的权威，并在其他一切善行方面都是完美无缺的”，这里栖息着正义的灵魂并展示着对上帝之爱；而地上之城则源于人的原罪，展示的是对自我之爱，所以往往是自私和邪恶的。实现和平和拯救人类的只能是上帝之城。奥古斯丁认为，人类历史将永远被这两类社会之间的斗争所支配，但是，人类社会历史发展出现了一个重要的历史转折点，那就是基督教社会的出现，这标志着人类社会发展将进入一个新的时代，人类最终将在上帝的指引下抵达上帝之城。总之，基督教的国家只是上帝的工具。

三 教权与王权的二元对立

基督教社会的二元性观念，不但造成了“国家性质是神意的工具”，而且也限制了国家活动的范围。这主要通过政教分离形式表

① ［美］乔治·萨拜因著，托马斯·索尔森修订：《政治学说史》第四版上卷，邓正来译，世纪出版集团、上海人民出版社 2008 年版，第 237 页。

现出来，集中体现在耶稣申明的一句话中，恺撒的物当归恺撒，上帝的物当归上帝。“恺撒的物”和“上帝的物”相分离，所以，这导致精神权力和世俗权力、教权和王权的二元对立。这实质上“表达了基督教首要的政治原则”①。第一，教权与王权的二元化对立是基督教社会内部的对立，并非教会与国家的分裂对立。教会与国家的关系在基督教之前并不存在。实际上，在古典时代，城邦国家就是教会，城邦和教会是重合的。“古代国家是教会与国家的统一，这实际上是人类终极生活追求的，也是人的目的。”② 基督教形成之后，教会与国家分化了，但是，这是基于一个共同体的内部分化，也即一个共同体内部两种职能的分化和对立，如精神权力与世俗权力、教权与王权、属灵等级与属世等级等的对立。吉尔克指出，教会与国家在中世纪是统一的。③ 上帝是最高目的，也是唯一根源，是世界多样性的“一”。所以，人类整体上被上帝所主宰，具有同一个共同体，这个共同体就是基督教社会共同体。只是在人类生活共同体中存在着两种组织的分裂，即精神的与世俗的分裂，从而导致两种生活方式的分裂，这集中体现为代表宗教职能的教权与代表世俗职能的王权的对立。第二，教权与王权竞争的跷跷板现象。教权和王权之间相互竞争，它们之间的势力也是此消彼长，形成了权力场上的跷跷板现象。王权是以教权为前提条件的，王权的合法性即神性是受到上帝支持的，王权不能侵蚀教权所表示的宗教职能，王权以受上帝支配下的政治活动来统治世俗生活。所以，人需服从王权，最终服从上帝。教权是主教等沟通上帝来支配和支持信徒的

---

① Alexander Passerin d'Entrèves, *The Medieval Contribution to Political Thought*, Cambridge: Cambridge University Press, 1995, p. 11.

② Alexander Passerin d'Entrèves, *The Medieval Contribution to Political Thought*, Cambridge: Cambridge University Press, 1995, p. 11.

③ Otto Gierke, *Political Theories of the MiddleAge*, Cambridge: Cambridge University Press, 1987, pp. 9-11.

信仰生活的职能，它是协调上帝和信徒之间关系的权能。所以，教权最重要的就是支配精神生活，它也可以把整个基督教社会作为支配的对象。为此，由于各种历史条件的出现教权和王权之势的转换是常态化的。第三，一仆二主，强调上帝的道德权威和世俗的道德权威并重。由于教权和王权二元对立，导致作为上帝子民的人也就具有两个主人即上帝和恺撒，但是当服从的两种权力之间有冲突时，仆人一定是服从上帝，也就是在一个超越性世界中来实现人的最终价值和目的。有人形象地表述为，基督徒只对君主跪一条腿，只有对上帝才跪两条腿。实际上，从基督教社会共同体而言，上帝和恺撒是合一的，神只不过把王权作为拯救堕落人的一种工具，从而最终导向上帝启示的天国。所以，教权和王权的二元分立观念恰恰反映了基督教社会共同体追求同一的价值标的，也反映了人的自我精神发展以及依靠全体来提升个人精神的意义。

第三节 近代国家思想传统

西方近代政治哲学思想是其社会存在的深刻反映。民族国家的兴起，资本主义代替封建主义成为支配性力量，教会威信的衰落，科学权威的上升，此岸世界的二元观念替换中世纪基督教世界的二元观念，个人理性的张扬等，所有这些事实都造成了西方近代政治哲学思想的特殊性。罗素认为，近代这段时间的人的思想见解与中古时代的人的思想见解有“许多不同”①。萨拜因谈到近代政治哲学特点时说，人们把政治现象和政治问题视为自然现象，并运用科学方法来加以分析和研究。一般认为，近代政治哲学思想强调自然法和社会契约论，

① ［英］罗素：《西方哲学史》下卷，何兆武、李约瑟译，商务印书馆2004年版，第3页。

并且把其视为在实践领域确立正义性、正当性和规范性的理论根基，也即理性形而上学。为此，黑格尔在《论自然法的科学探讨方式》一文中对近代政治哲学思想归结为经验主义和形式主义两种假的科学方式研究，并对它们进行了富有洞察力和深刻性的批判，他确立了一种科学的“绝对伦理性”① 政治的理解。所谓经验主义的研究范式，黑格尔主要是指“思想把规定性放入这形式的统一性，这形式的统一性同时给予科学所寻找的必然性的外貌，因为对立物的统一性在与科学的联系中被看作实在的统一性，是科学的必然性”②，但是这种“形式的统一性”仅仅是对立物之一的规定性，仅是一种形式的分析的必然性，是窃取了内容的决定性。以此来构建法则和原则，其可以被称为“无形式的内容”。所谓形式主义的研究范式，黑格尔指出“对立是绝对的，并且纯粹的统一性或无限性，否定的绝对物，纯粹地与内容相分离，并且独立地被设置，这种形式的科学是纯粹形式的科学”③，其可以被称为“无内容的形式”。黑格尔关于近代政治哲学的分析和批判是富有成效的。因此，依据黑格尔的划分思想，西方近代国家思想也可以划分为三个层面来探讨，即：一是“无形式的内容”之国家，二是“无内容的形式”之国家，三是绝对伦理性之国家。

一　“无形式的内容”之国家

“无形式的内容”之国家思想是一种典型的经验主义思维方式，它强调一种抽象人性论。由于各项规定性之间没有必然性，也就是缺乏

---

① 邓安庆：《论黑格尔法哲学与自然法的关系》，《复旦学报》（社会科学版）2016 年第 6 期。

② ［德］黑格尔：《论自然法的科学探讨方式》，程志民译，《哲学译丛》1999 年第 1 期。

③ ［德］黑格尔：《论自然法的科学探讨方式》，程志民译，《哲学译丛》1999 年第 1 期。

对偶然和必然的区分，从而无法实现混沌的自然状态或者人的抽象中本质和非本质的界分，当然也就达不到一种有机联系的内在的统一性，所以，这种“无形式的内容”之国家只能获致形式的分析的必然性。这必然会导致一种循环论证，仅仅把起点取回置于“自然状态”中。同时，这种经验的研讨方式也是与个人原子主义紧密相关的，社会整体或社会多样性基于一种经验知识中的总体性，但却是虚构的。为此，为了解释现实社会政治活动必然需要某种设计，以把新规定性置于其中。所以，“无形式的内容”之国家实质上是注重个体的“自然权利”，但却是一种“抽象的权利”。这种“无形式的内容”之国家思想主要表现为马基雅维利、霍布斯、洛克和休谟等的政治哲学思想。

（一）马基雅维利：非道德之国家

马基雅维利是现代政治哲学的奠基人，他宣示了与古典政治哲学认为的政治从属于道德和中世纪认为的神学政治哲学不一样的“美德从属于政治（仅仅作为在政治上有用的美德）”① 的政治哲学观点，使得“政治的理论观念摆脱了道德”，从而“独立地研究政治的主张”，认为“权力都是作为法的基础”②，要求人们追求与“应该怎样生活”有巨大差异的“实际上怎样生活”③。马基雅维利的政治哲学突出特点是基于一种萨拜因所说的常识经验主义来研究独立的政治活动，摒弃了道德判断式的纯粹理想性和思辨性。第一，马基雅维利把国家视为一种应对人性恶的政治策略。他认为，人的本性在本质上是自私的，政治家所依凭的动机是利己主义。人性自私表现为民众对生命财产安全的欲求和统治者对权力的贪欲。由于人本质上是自私的和有贪欲的，必然导致无限的争夺和战争，但又因为个人力量的软弱，

---

① 参见［美］施特劳斯等主编《政治哲学史》下卷，李天然等译，河北人民出版社1993年版，第1083页。

② 《马克思恩格斯全集》第3卷，人民出版社1956年版，第368页。

③ ［意］尼科洛·马基雅维利：《君主论》，潘汉典译，商务印书馆1985年版，第73页。

所以，也就无法保护自己的已得物，这就需要一个强力政府的出现来避免产生无政府状态的危险。所以，国家就是为了解决危及社会和谐稳定的各种恶的规定性。第二，法律的立法者决定了国家和臣民的性质。马基雅维利认为，既然人性是“人各为己”的，那么，君主也就居于重要地位。美德都出于法律，民族特性也出于法律，而法律则是出于“国家的建筑师”和“社会（其中包括了道德的、宗教的和经济的制度）的建筑师”[①] 即君主或法律制定者。君主在法律和道德之外，不受道德约束，君主的目的是扩大和保持其国家的力量。第三，治国思想是共和和专制的矛盾统一。马基雅维利认为，立国需要专制君主，人们应该崇拜足智多谋的暴君，而不应该讲求所谓的空洞道德，但是，对于治国，却需要一种理想的罗马共和国的民治模式，强调自由之治和依法之治，因为维护国家取决于法律的完善以及公民的美德。这种民治和君主专制都是依据偶然性，所以，马基雅维利在论述了君主政体、贵族政体和共和政体等形式之后，主张最好的形式是混合政体，即三种因素的结合。马基雅维利对现代国家思想的贡献是巨大的，正如萨拜因说，国家作为一个主权性政治实体，这个术语也是因马基雅维利的论著而扩展开来。国家成了现代典型的政治制度，以国家利益出发来制定和规范所有其他社会制度和结构的权力和义务。从总体上来说，虽然马基雅维利的国家思想背负着不道德的恶名，但实际上他仅是把政治从各种非政治因素中剥离出来，把政治说成了其本身的目的。因此，我们认为马基雅维利的国家思想并非是不道德的，而应该是非道德的。

（二）布丹：主权之国家

法国著名政治哲学家布丹 1576 年所著的《国家论六卷》深刻论述了主权国家思想，他采用了经验研究法。他关于国家思想的主要观

---

① ［美］乔治·霍兰·萨拜因著，托马斯·索尔森修订：《政治学说史》下册，邓正来译，商务印书馆 2010 年版，第 18 页。

点：第一，主权与国家的关联性。布丹把主权与国家相联系，而不是与某个具体的统治者相关联。他认为，主权对于一个国家生活而言，它是“绝对的、永恒的权力”，它是超乎一切民众的权力，而且它作为最高权力是“不受法律限制的”①。因此，永恒性、绝对性和无限性就是主权的重要特点，然而，主权并没有超出上帝之法和自然法的范围。主权是国家的特有之物，不是政府之物，政府只是实施主权的机构。主权本质上是主权者对臣民制定法律的权力。第二，主权与国体制度。布丹区分了国家形式（form of state）和国家管理形式（form of government），这是布丹对政治哲学的一大贡献。前者是指国家主权的归属问题，主权掌握在谁手里，国家形式就是什么。主权可以掌握在国王、少数人或者所有人手里，相应的就是君主制、贵族制和民主制；后者是指运用主权的形式，也即政府管理形式，在所有政体中布丹认为君主政体是最好的政体。布丹还认为，国家形式即主权归属变换就是革命，而国家管理形式变换则仅是变革而已。第三，主权与国家目的。布丹认为国家起源于家庭。家庭的家长制逐步扩大为社团和社区，最后到国家。因此，国家本质上只是家庭的家长制的延展而已。布丹认为，所谓国家就是指拥有最高主权的合法政府，而这种主权奠基在许多家庭及其共同的财产之上。布丹的主权国家思想实质上是要构建一个“秩序良好的国家”，因为只有一个主权完整且集主权于一人的国家才是秩序良好的国家。萨拜因评价布丹主权国家思想时说，布丹留下了权力的主权理论以及自然法的现代化和世俗化问题没有解决，而且这两个问题吸引着布丹之后一百多年的政治哲学家的注意力，最后是格劳秀斯和洛克完成了解决。②

---

① 转引自徐大同总主编《西方政治思想史》第3卷，天津人民出版社2005年版，第73—74页。

② ［美］乔治·霍兰·萨拜因著，托马斯·索尔森修订：《政治学说史》下册，邓正来译，商务印书馆2010年版，第90页。

（三）霍布斯："人造的人"之国家

霍布斯是"真正的政治哲学奠基者"①，也是第一次把如几何学方法式的科学方法运用于政治哲学研究之中从而成为近代政治科学之父。萨拜因认为，欧洲政治思想传统和倾向实质上都在霍布斯的政治哲学中交汇起来。② 霍布斯把马基雅维利的政治非道德化观念进一步推进为道德的非道德化和把布丹的权力主权理论系统化基础上运用人性论、自然法论和契约论建构了独特的国家理论。霍布斯把这种国家称为利维坦，他认为，这个"国民的整体"或"国家"（拉丁语为civitas）是艺术造就的，是一个"人造的人"，就如人制造钟表运行的"自动机械结构"一样，其根本目的是保护自然人。③ 霍布斯也把利维坦国家称为活着的上帝。第一，"人造的人"的国家的基质是人，探究人性，也就是探究必然。霍布斯认为，为了探究构成政治原则和法律的最终要素，就必然从考察人性出发。为此，霍布斯在《利维坦》中"论国家"之前首先"论人类"。霍布斯认为，自然人在身心方面，每个人在能力方面是相似的，自然人追求自己的利益也就是平等的，但是，人不是为理性支配而是为激情所主导的，这种激情是"自觉运动的开端"④，具体表现为获得某些事物的意向和避开另外一些事物的意向即趋利避害。霍布斯认为人性有欲望和理性两项原则，前者导致人的贪欲，后者导致构思一种反自然法的解决办法并寻求自我保存和和平。所以，霍布斯实质上是把自然人简化之后，把其认作原子式的利己个人主义。第二，正是基于自然法的人性论，霍布斯指出，自然人构成的自然状态是人对人的战争状态之下，实质上就是一

---

① 参见［美］列奥·施特劳斯、约瑟夫·克罗波西主编《政治哲学史》上卷，李天然等译，河北人民出版社1993年版，第335页。

② ［美］乔治·霍兰·萨拜因著，托马斯·索尔森修订：《政治学说史》下册，邓正来译，商务印书馆2010年版，第136页。

③ ［英］霍布斯：《利维坦》，黎思复、黎廷弼译，商务印书馆1985年版，第1页。

④ ［英］霍布斯：《利维坦》，黎思复、黎廷弼译，商务印书馆1985年版，第35页。

切事物属于一切人。所以，处于自然状态中的人都无法实现自保。为此，人的理性为了和平和自保推论出基于契约论的公共权力即国家或称之为“活着的上帝”，因为只有在第三方的权威下，人受“恐惧感”的驱动才可求得人类和平。但是，订立契约是自然人之间的合约，并非是自然人与第三方立约，其内容是把除生命权之外的一切一致同意交付给第三方人格即国家，承担这一人格的人就是主权者。所以，国家本质上就是人，而且是比喻意义上的自然人，并非仅是虚拟的人或者虚构出来的概念。第三，“人造的人”的国家宣示了绝对主权理论。霍布斯说，没有强力支撑的契约只是一张废纸，从而也就无法保护人的安全。所以，就需要一个强力政府存在，并使政府拥有维护安全的各种制裁手段。这种强力政府是绝对的，且具有不可分割和不可转让的绝对权力，其超越于一切世俗社会和教会之上。被授予权力的人或者会议就是主权者，主权者拥有主权，其他都是臣服于主权者的臣民。所以，主权者实质上是不受约束的人，臣民对主权者的反抗是不正当的。霍布斯对比分析了民主政体、贵族政体和君主政体之后，他认为，高度集权的君主政体是最优良的，因为其充分体现了绝对主权意蕴，有利于维护和平。总之，霍布斯的国家理论是建基于人性论、自然法论和社会契约论之上的，把人的多样性化约为某种规定性，并进而把此种规定性上升为绝对否定性的统一性即国家。但是这种形式的统一性是外在的和虚拟的，所以，国家也就仅仅具有外在形式意义和一种逻辑推理意义，在本质上是“思想实验的产物”①。

（四）洛克：守夜人之国家

萨拜因评论洛克政治哲学思想时说，洛克凭借“无与伦比的常识”把以往从经验中产生的关于哲学、政治、伦理等信念“集合起来了”，并且把这些信念传续下去，从而成为“英国和欧洲大陆此后

---

① J. H. Burns, *The Cambridge History of Political Thought*, 1450-1700, Cambridge: Cambridge University Press, 1991, p. 538.

政治哲学赖以发展的渊源”①。简而言之，洛克政治思想就是：一切政府就其权力而言都是有限的，而且只有在得到被统治者的认同的情况下才得以存在，所有的人都生来就是自由的。洛克政治哲学思想的根本目的是为英国光荣革命提供合法性论据。我们可由洛克政治哲学思想推论出其国家思想本质上就是一种守夜人，守夜人的政治权力核心就是维护人的自由，使人的自由免受侵犯。第一，自然法和自然权利是守夜人的形而上学基础。洛克认为，探究人类的原初状态是理解政治权力及其起源的前提条件。② 而要理解人类原初状态，就要把握自然法及其孕育的自然权力。洛克认为，自然法规定了“何者可为何者不可为，而这正是法则的功能”③，其原因在于“至高的意志”④。所以，自然法实质上是人与上帝之间的义务。为此，自然法是上帝赋予个人权利不可让渡的神圣性，也赋予了个人义务不可抗拒的神圣性。洛克把自然法孕育的自然权利归结为自由、生命和财产权利，其中自由权利是核心，财产权利先于政治社会而存在，因为“政治权力是人们拥有自己可以处置的财产时才会产生的”⑤。所以，洛克的自然法和自然权利实质上就规定了自然状态的性质。第二，社会契约论是守夜人的合法性逻辑。洛克的自然状态不是霍布斯的战争状态中的自然状态，而是一种完全自由的状态并且也是平等的状态，自然的自由得自于自然的平等。这种自由状态是受自然法约束的并且是不存在公共权力的，可是这种自然状态存在着“种种不便”，这种“不便”会导致社会“混乱和无序”⑥。这导致了“公民政府”即国家的产生。洛克区分了社会与政府，社会建立是基于自愿同意原则，而政府是从

① ［美］乔治·霍兰·萨拜因著，托马斯·索尔森修订：《政治学说史》下册，邓正来译，商务印书馆2010年版，第209页。

② ［英］洛克：《政府论》，杨思派译，中国社会科学出版社2009年版，第148页。

③ ［英］洛克：《自然法论文集》，刘时工译，上海三联书店2012年版，第116页。

④ ［英］洛克：《自然法论文集》，刘时工译，上海三联书店2012年版，第116页。

⑤ ［英］洛克：《政府论》，杨思派译，中国社会科学出版社2009年版，第256页。

⑥ ［英］洛克：《政府论》，杨思派译，中国社会科学出版社2009年版，第153页。

社会中产生的，政府解体，那么政治权力就回归社会，如果无法建立政府，那么社会就有可能退回至自然状态。为此，洛克主张政治社会形成有两次同意：第一次每个人同意构建社会，也即相互放弃自然法的执行权而订立契约建立社会；第二次是人民的整体同意与统治者组建政府，以建立具有权威的政治权力，但是这不是契约关系，而是信托关系，即人民的信任才产生某一政府。所以，政府权力最终是来源于人民的。洛克的契约论是一种基于自由同意的意愿主义社会契约论，他反对霍布斯的绝对主义契约论，因其会导致一种绝对权力的君主和专制主义，这是洛克决不许同意的。第三，守夜人的合法性统治。洛克认为，为了克服自然状态中的“不便”，政府就需要立法权、执行权和对外权的分立来构建分权的有限政府形式，这种有限政府“最重大、最主要的目的就是保护他们的财产”①，因为财产权是实现个人的自由的先决条件。洛克也认为政府的目的是“为人类谋福利”②，其实保护公众的财产就是为人民谋福利。但是，洛克认为政府不应该干涉人民的信仰，这是权力必须回避的对象，信仰是私人的精神领地。洛克谈到，守夜人如果不能为人民谋福利，如果“一个人利用他手中的权力”是“为了他自己个人的特殊利益”③，那就构成暴政，此政府就是非合法的，如此，人民“可以非议，必要时还可以反抗”④。反抗权实质上就是自然状态中战争权的一种逻辑推演结果，是源于自然法的自然权利。总之，洛克所阐释的国家是一个守夜人的角色。但是，洛克在《人类理智论》中阐释的经验主义认识论路线与《政府论》中宣示的不证自明的自然权利是相矛盾的，《人类理智论》中并没有为自然法留下空地。同样，洛克的政治社会基于人性论

① ［英］洛克：《政府论》，杨思派译，中国社会科学出版社2009年版，第222页。

② ［英］洛克：《政府论》，杨思派译，中国社会科学出版社2009年版，第288页。

③ ［英］洛克：《政府论》，杨思派译，中国社会科学出版社2009年版，第271页。

④ ［英］詹姆斯·塔利：《语境中的洛克》，梅雪芹、石楠、张炜等译，华东师范大学出版社2005年版，第261页。

哲学预设的一种假设，是一种对自然状态否定的一种形式统一性。为此，洛克的国家实质上是经验主义意义的。

我们总结以马基雅维利、布丹、霍布斯和洛克等为代表的政治哲学家关于国家思想的哲学基础就是经验主义自然法，建构的是“无形式的内容”之国家。他们都从人的自然状态推论出人的自然法状态，也就是使得私人意志从属于自然法的普遍意志，从而使得人类获得通往和平的规律。但是，经验主义所设立的自然法状态是建基于经验之上的，是无效的，其根本原因就是自然状态的虚构性。所以，自然法所赋予自然人具有的各种权力能力以及自保能力等就只能是依据经验的任一规定性脱离有机关系而任意和随意推理的，其建构的国家也就只能有虚构的普遍性。经验主义者们本质上陷入一种抽象推理怪圈之中，也就是说从各个国家的经验总结中归纳出各种抽象规定性，然后运用一种纯粹的逻辑推理把经验有序排列起来，而完全忽视了经验的内在本质关系。因此，这种经验的逻辑排列，其目的只是使人获得一种逻辑上的认同。故而，其本质就是以经验主义为基础的国家思想。

二　“无内容的形式”之国家

“无内容的形式”之国家思想本质上是一种形式主义自然法国家理论。形式主义自然法为了避免经验主义的虚构性，采用了先验的纯粹理性原则来作为自然权利的理由和根据，而不是经验主义在经验地基上从自然状态推演出的自然法状态。为此，形式主义自然法国家的核心就是提出了康德所谓的“自由意志的理性立法能力”，但是，这种形式主义与质料和对象是无关的，它是抽象掉了一切特殊性和一切内容来寻求纯粹的普遍性原则。这种国家思想的主要代表是卢梭、康德和费希特等。

（一）卢梭：尘世的上帝之国家

卢梭是施特劳斯誉为反抗现代的第一人，是霍布斯和洛克的反对者。他在《社会契约论》中构建了一个理想契约，关注“政府在理想中应该是如何建立，而不是它事实上是如何建立”[①]，重建了近代道德政治。由此，卢梭建基于道德普遍性的公意的国家是一个完美的具有意志力的道德主体，是最具有普遍意志的最公正的意志，而人民的呼声就是上帝的声音。国家实质上就是尘世的上帝。第一，重建政治合法性的道德基础。卢梭严厉批评霍布斯和洛克等刻意简化政治问题，将政治问题中的道德因素剔除，选取人性中的自私、守法、理智和勤奋等一部分内容冒充人性整体，从而忽视了人性中更高层次的渴望，即“对德行的热爱”[②]。所以，卢梭认为，霍布斯和洛克描述的自然人实质上是文明人，现代人是人性的堕落和德行的沦丧，而真正的自然人却是自由和纯真。但是这种自由而纯真的自然状态不可持久，就需要一种合法的社会状态，可是它不是建基于自然权利而是建基于高于自然的道德和理性的原则，并且尽力去除自然化。自然化去除越彻底，“制度也就越巩固、越完美”[③]，也就是抽象掉特殊性和个性等自然化之后的道德理性普遍性。所以，政治的根基是道德理性。第二，“公意”成为政治的道德基础。卢梭认为，个人把一切转让给集体，从而人与人之间连接为一个集体，那么，个人的保护实质上是被置于整个集体之中的。这里很重要的一步就是要把各个特殊意志提升为共同体的共同意志即“公意”，也就是每个人的意志实质上是“公意”中的意志，以此来对抗现代的私人原则。卢梭区分了“公意”与“众意”，前者是“只着眼于公共利益”[④] 的，是特殊意志的普遍化，只关注公共善，或者说是纯粹的善良意志；而后者是特殊意志的加和。卢梭认为，只有“公意”才能够依据国家的目的即公共

① ［英］迈克尔·莱斯诺夫：《社会契约论》，刘训练、李丽红、张红梅译，江苏人民出版社 2009 年版，第 90 页。

② ［法］卢梭：《社会契约论》，何兆武译，商务印书馆 1987 年版，第 188 页。

③ ［法］卢梭：《社会契约论》，何兆武译，商务印书馆 1987 年版，第 51 页。

④ ［法］卢梭：《社会契约论》，何兆武译，商务印书馆 1987 年版，第 35 页。

幸福来实现或者说是指导“国家的各种力量”①。所以，“公意”实质上就是国家，就是道德理性，国家是完美的道德主体，当然，这种国家是卢梭设计的高绝的理想且具有纯形式化原则。第三，国家与社会的分离。卢梭突出了政治权利的“社会”含义，重新发现了社会的伦理意义。有学者认为，卢梭代表了政治哲学的一个转向，理由就是在于卢梭把社会置于首要位置，从而实现了从政治民主到社会民主的转变。社会是先于政府而存在的，政府是从属于社会的，政府的解体不意味着社会的溃散，因为社会是源于契约的，而政府意义的国家是依据公意批准建立的。所以，国家与社会的分离，表明国家实质上是基于社会之普遍的道德意志即公意的体现，代表着公共善。为此，卢梭说，从自然状态进入到社会状态产生了“一场最堪瞩目的变化”，也就是“正义感”取代了“本能”，从而赋予行动以道德性，这使得人类按照道德理性的原则行事。② 总之，卢梭建构的国家是一个道德整体，且是一个完美的道德主体，但在现实中却并不存在。正如卢梭所说，建立纯然正义的政治共同体是天使的事业，“那样一种十全十美的政府是不适合于人类的”③。所以，这种国家也就只能是尘世的上帝。

（二）康德：“形而上学的巴别塔”之国家

就德国政治思想现代化而言，康德无疑是一个奠基者，其积极的民主或是共和思想深受卢梭的影响④，其紧随卢梭之后去自然化的严苛道德建立了一个更为深刻和确定的和谐⑤，其政治哲学思想根本目的是“回应卢梭对现代性的激烈批判”⑥，并对启蒙的普遍性辩护。

---

① ［法］卢梭：《社会契约论》，何兆武译，商务印书馆 1987 年版，第 31 页。

② ［法］卢梭：《社会契约论》，何兆武译，商务印书馆 1987 年版，第 25 页。

③ ［法］卢梭：《社会契约论》，何兆武译，商务印书馆 1987 年版，第 86 页。

④ 徐大同总主编：《西方政治思想史》第 3 卷，天津人民出版社 2005 年版，第 572 页。

⑤ ［美］阿兰·布鲁姆：《巨人与侏儒：布鲁姆文集》，秦露译，华夏出版社 2007 年版，第 326 页。

⑥ 张盾等：《黑格尔与马克思政治哲学六论》，学习出版社 2014 年版，第 145 页。

康德从形式主义伦理学中发掘了纯粹实践理性来构建一座从尘世抵达天国的道德王国，这个道德王国只是用形而上学语言表述的空洞现实性，也即并没有终结尘世私利的纷争而建构“永久和平”。康德的国家可以被喻为《圣经·创世纪》中所说的巴别塔神话。第一，政治的道德本质。自由是康德哲学体系的“拱顶石”，“自由是现实的这个命题证明了它们的可能性；因为这个理念通过道德法则将自己展示出来”①。实际上，自由与道德法则同一，道德法则成为设立自由的前提性条件。为此，康德把作为政治问题的自由提升为道德形而上学问题。他把卢梭意义上的“自我立法”和“公意”分别改造为个人道德的自律和“善良意志”，进而认为“自律”是一切道德本身的“唯一原则”，且超然于一切自然法则，只为自身的纯粹理性所主宰。由此，康德把基于个体之私和社会之善的政治问题纯然提升为“感性与理性、质料与形式之间的先验问题”②。所以，康德实质上就把自然权利的自由问题纯化为先验的道德自由问题。第二，由此建构的政治共同体实质上是一个伦理共同体，其表现为至善。康德提出的“人能够希望什么？”包含关乎政治的此世希望和关乎道德的来世希望两个方面，但是后一方面是前一方面的依据。人只有在至善境界才可以获得真正的幸福，那在“灵魂不死”的假设下才是可能的。所以，康德的政治共同体实质上是高冷的且脱离感性原则的绝对善良意志的道德王国。虽然，康德在晚年政治哲学论著中降低了道德高度，重新界分了道德的内在自由和基于法律的外在自由，凸显了政治制度对道德的保障作用，但这些思想仅是对伦理共同体的微调而已，并非其脱离“道德政治”的论据。所以，康德所建构的政治共同体，道德形而上学性是主色。第三，康德道德王国的空洞性和形式性。正如第一和第二点所述的，道德王国由于太过高冷，也就必然导致空洞性和形

---

① ［德］康德：《实践理性批判》，韩水法译，商务印书馆1960年版，第132页。

② 张盾等：《黑格尔与马克思政治哲学六论》，学习出版社2014年版，第204页。

式性。康德主张，人的行动始终是与普遍的立法原则相联系的，也就是说人的行动是从普遍性出发的。康德的道德命令只涉及实践形式，而不涉及实践的质料，只是一种爱弥儿式自由。黑格尔对此有深刻的洞见。黑格尔认为，康德认为“意志只有作为思维的意志才是自由的”[①]，实质上就是“为义务而义务”的纯粹理性，因此，道德政治本质上是“形式上自我一致的抽象无规定性”，其是无法把特殊性蕴含于其中的。[②] 康德研究专家李普斯坦也认为，“康德不仅否认政治哲学就是把绝对命令应用于具体处境，而且否认政治制度是从不幸状况中生长出来的”[③]。所以，康德的国家思想是一个缺乏现实性的道德形而上学天国，其命运注定是如巴别塔一样。

（三）费希特：绝对主体之国家

费希特寻找到的架起康德理论理性和实践理性鸿沟的桥梁是绝对自我观念，从这种观念中发展出社会和国家形式。费希特的国家理论考察的是“人的道德生活在其中得以发展的社会关系和社会结构。其理论前提是自我的多数性和不同自我之间的相互关系”[④]。费希特认为，自我意识的形成必须有赖于众多个人自我构成的共同体，个人自我的自由只有在诸自由的理性存在所构成的共同体中存在和表达并受到其余自我意志的限制，也就是说每个人的自由发展是以所有人的自由发展为条件。这种条件就是费希特所言的法。法实质上就是社会性。但是，个人自我意志并非全然受到法的支配，所以，也就需要一种强制力量来尊重法的神圣和权威，这种力量是通过契约并被自由建立起来的。所以，国家实质上就是这种契约的结果。国家存在的前提

① ［德］黑格尔：《哲学史讲演录》第4卷，贺麟、王太庆译，商务印书馆1978年版，第234页。

② ［德］黑格尔：《法哲学原理》，张企泰译，商务印书馆1961年版，第137页。

③ ［加］李普斯坦：《强力与自由——康德的法哲学与政治哲学》，毛安翼译，知识产权出版社2016年版，第2页。

④ 程志民：《绝对主体的建构：费希特的哲学》，湖南教育出版社1990年版，第112页。

是当人的道德还没有发展到每个社会成员从纯粹的道德动机来尊重人时的自由。如果人的自由意志发展到“理性技艺时代”，那么，“国家才是主管自由的自明的技艺的机构”[①]，也就是国家消亡了。为此，国家是手段，而非目的。

三 绝对伦理性之国家

绝对伦理性之国家是黑格尔的国家思想，它是对以上两种国家思想的综合。“无形式的内容”之国家思想把国家视为个体自由之外的一种强制性力量，往往从人类多样性中抽出并放大某一规定性为普遍性，所以，这种普遍性即国家呈现出的外在性，也就必然表现为虚构性，国家停留于实然状态；而“无内容的形式”之国家思想则把单个人抽象为至善的道德主体，国家建构是脱离感性内容的道德主体的觉悟的形式，所以，这种国家呈现为纯粹形式性和空洞性，国家停留于应然状态。为此，这两种国家思想本质上就是黑格尔所说的“原子式地进行探讨，即以单个的人为基础而逐渐提高”[②]，其表现为个体原则和社会原则、特殊性与普遍性、私利和公共善之间的分离。所以，黑格尔试图建构一种包容此两种国家思想的伦理性国家，实现特殊性与普遍性的同一性。他把国家称为“伦理理念的现实”[③]“地上的精神”[④]“神自身在地上的行进”[⑤]等不同称呼。关于黑格尔国家观，马克思认为其具有“高明的地方”和“深刻之处”，但也充满着“逻辑的、泛神论的神秘主义”[⑥]。

---

① ［德］费希特：《现时代的根本特点》，沈真、梁志学译，辽宁教育出版社 1998 年版，第 129 页。

② ［德］黑格尔：《法哲学原理》，张企泰译，商务印书馆 1961 年版，第 173 页。

③ ［德］黑格尔：《法哲学原理》，张企泰译，商务印书馆 1961 年版，第 253 页。

④ ［德］黑格尔：《法哲学原理》，张企泰译，商务印书馆 1961 年版，第 258 页。

⑤ ［德］黑格尔：《法哲学原理》，张企泰译，商务印书馆 1961 年版，第 259 页。

⑥ 《马克思恩格斯全集》第 3 卷，人民出版社 2002 年版，第 10 页。

（一）自由与伦理

黑格尔在批判自由主义的基础上重建了新的自由理论，他认为，“伦理是自由的理念”，自由的现实性只有在伦理实体中才能够实现。黑格尔所申述的自由与形式自由、抽象自由、自在自由或者“否定的或知性所了解的自由”等不同，而是扬弃前者在内的一种伦理实体的自由。第一，自由是自我意识的本质和理念，也可以称之为自由意识。这种自由意识是蕴含了自我与他者间对立统一的意识形式，而非“单一性、单一的自我意识”。第二，自由是社会性的自由。黑格尔反对从抽象个人角度来理解自由，而主张从蕴含“他者”的自我意识来理解自由，也就是从主体间性来理解自由。所以，黑格尔实质上是拒绝绝对个人主义立场，反对脱离具体社会性来谈论自由的。第三，自由是伦理实体的自由。黑格尔区分了道德与伦理，他认为，道德是“以人的内心、意向和良心为出发点的行为标准”，而伦理是“人类群体生活中的规范、价值观念和制度安排”①，它是一位自在自为的神。但是，伦理是道德的理念，伦理扬弃了道德，伦理是趋向于消除特殊与普遍或个体与公共善相分裂的伦理性实体自由即与古希腊的城邦社会相似的国家。因此，伦理与自由是紧密相关的，伦理实质上表现为“现存世界和自我意识本性的那种自由的概念”②。

（二）国家是伦理理念的现实

黑格尔认为，国家是“作为显示出来的、自知的实体性意志的伦理精神，这种伦理精神思考自身和知道自身，并完成一切它所知道的，而且只是完成它所知道的”③。因此，国家的本质是伦理性的，而且是先于国家之前的社会存在的。黑格尔从两个圆圈来申明此点。第一个大圆圈就是从抽象法、道德再到伦理，说明自由的逻辑推演之

---

① 徐大同总主编：《西方政治思想史》第4卷，天津人民出版社2005年版，第115页。

② ［德］黑格尔：《法哲学原理》，张企泰译，商务印书馆1961年版，第164页。

③ ［德］黑格尔：《法哲学原理》，张企泰译，商务印书馆1961年版，第253页。

伦理阶段，实质上就是实现了具体性的自由。第二个圆圈就是从家庭、市民社会再到国家，说明伦理性的自由经过前两个相互对立的环节最后达致主观性和客观性、特殊性和普遍性的具体同一的国家，但是国家的伦理性最终指向世界历史，也就是永远在地上行进中的上帝。所以，这两个圆圈申明了黑格尔国家的具体性。其中，黑格尔区分了市民社会与国家的关系是其对政治哲学的一大贡献。黑格尔的国家观点不是抽象的，而是具体的，突出表现为他在批判康德纯粹形式主义伦理的基础上，深入研讨了斯密和李嘉图等古典经济学家的思想，深刻把握了市民社会的政治经济基础，强调了市民社会涉及个人特殊利益领域而国家则涉及社会公共价值领域。黑格尔认为，市民社会是伦理精神的丧失和异化，而国家则是伦理精神的实现。在扬弃市民社会的过程中，需要的体系、司法、警察和同业公会等都是重要环节，以此逐步过渡到国家。黑格尔得出结论：是国家决定市民社会，而不是市民社会决定国家。

黑格尔的国家实质上就是一个国家神话，正如其自己所言的“国家是神自身在地上的行进”，其根本目标是要寻找解决现代社会“灵肉分裂”的和谐社会秩序，也就是达致一个绝对精神自由的共同体。黑格尔的国家思想是建立在纯然的思辨逻辑论证之上的，表现出马克思所说的“逻辑神秘主义”和“粗鄙的经验主义”。

上述西方国家思想仅是概论性和粗略性的，难以总括西方国家思想的丰富内容。总体而言，西方国家思想经过了塑魅和祛魅的发展历史，其中，主张国家魅性即国家的道德性，如柏拉图、亚里士多德、西塞罗、康德和黑格尔等人；而主张国家祛魅即国家的非道德性，如马基雅维利、霍布斯、洛克等人。不过，无论是塑魅，还是祛魅，都是对人类现实社会生活的反映，这种反映可以表现为直接性的、间接性的，或者总体性的。西方国家思想对马克思国家观造成了诸多影响，具体而言，至少有以下几个方面：一是国家与社会之间的矛盾。

从西方国家思想的逻辑发展来看，其揭示了社会与国家的内在矛盾，这一矛盾的提出、克服和解决就展现了西方国家思想的不同流派。国家与社会的矛盾亦构成了马克思国家观的核心问题。二是古希腊城邦思想，其本质上是国家与社会的直接性同一，这种城邦生活对马克思所认为的国家消亡本质上是有一致性的，当然，马克思所言的国家消亡是在更高水平上回归一种“城邦生活”，是以“人类社会”为基础的，是人的自由而全面的发展。三是马克思国家观是在批判国家与社会之间各种矛盾解决思路的基础上，形成了自己的问题意识和理论基础。其中，唯物史观的确立是马克思国家观超越以往国家观的根本原因所在。四是黑格尔国家观对马克思国家观的影响是极为深远的，当然，黑格尔国家观本质上是“资本逻辑”支配下的国家思想，但是，它依然对马克思解决社会与国家之间的矛盾提供了重要借鉴和思路。当然，西方国家思想中这些“已有的思想材料”对马克思国家观的影响是多方面的，有些是价值性的，有些是思路性的，有些是材料性的，上述几点影响仅仅是粗略的。总的来看，马克思国家观是植根于西方国家思想传统的，它既“消解”了西方国家思想，也最终“完成”了西方国家思想。

第二章

马克思国家观及其基本价值

马克思国家观批判性地承继了以往的国家思想传统，但是，马克思又在哲学观革命的前提下实现了对以往国家思想的革命性变革。马克思国家观实质上是历史唯物主义在国家问题上的理论表达，深刻而科学地阐释了国家的本质及其发展规律。因此，从本质上而言，马克思开辟了国家观的新道路，这条新道路有其自身的哲学基础、理论内涵及其基本价值。

第一节　马克思国家观革命的问题意识与理论前提

如何看待马克思开辟的国家观道路？有一种观点认为，马克思是在对黑格尔哲学的批判，其中特别是在对《法哲学原理》的批判基础上，实现了政治国家与市民社会的关系问题上的颠倒，强调是市民社会决定政治国家，由此，马克思洞察了国家问题的本质。这种观点表明，对黑格尔国家观的批判在马克思国家观思想发展中起着“转折点”的意义，这是非常正确的。但是，如果只从对“黑格尔颠倒”的思路去探究马克思国家观就有可能遮蔽其哲学观上的根本性变革所造成的革命意义，忽视其理论逻辑和问题意识。因为，马克思国家观的理论前提并非全部是黑格尔，我们应该“承认马克思有着更深远的眼光和更宽阔的视野”①。因此，我们应该深层地去追问马克思实现“黑格尔颠倒”的哲学世界观前提，也就是要反思马克思国家观与其哲学世界观的内在逻辑关系。那么，这实质上就是要追问，马克思国家观的问题意识是什么？马克思国家观与西方国家思想传统，特别是与黑格尔国家观的关系到底是什么？马克思是在什么意义上、在什么哲学前提下来考察国家问题的？我们只有首先界定清楚马克思探究国家问题的理论前提、理论逻辑和理论问题，才可以去除附加于马克思国家观上的错误见解和观点，也才可以澄清马克思国家观的本质精神。

一　问题的提出与传统理论阐释路线

从思想史来看，任何一个理论体系本质上总是通过问题这种存在方式来建构自身的，也就是说，总是具有问题意识的。理论是围绕问题展开和建构的，问题的提问方式和解答方式的差异性导致理论阐释路线的差异性。同样，国家思想发展也是具有问题意识的，这种问题意识植根于近代国家的内在矛盾性之中，它表现为政治国家与市民社会之间的矛盾。对于这一矛盾，回应和解读方式的差异就呈现为在近代政治哲学思想发展史上的不同的政治哲学思想流派，由此形成了不同的国家观。契约主义国家观、康德道德国家观和黑格尔国家观是其中主要的思想流派。

（一）问题的提出

市民社会与政治国家的分离是近代社会的鲜明特点，表现为公共生活与私人生活、公民与私人、个人与社会、个人权利与国家（政

① 张学鹏：《理论逻辑与问题意识：马克思国家观革命》，《哲学动态》2017 年第 4 期。本书的第二章第一节的研究借鉴了该文的部分研究思路，但是，对该文的研究思路进行了深化和拓展。

府）权力之间的二元分离与对立，这种二元化实质上根源于人的二重性。第一，在古典时代，市民社会与政治国家是相统一的，没有发生分离与对立。在城邦国家中，市民社会成员即政治国家成员，个人意识没有凸显，人是作为总体概念而出现的。但是，这种总体性的人随着城邦的衰落而分化了，随着亚里士多德的逝世而终结了。第二，在中世纪时代，市民社会与政治国家发生了分离，但是是以一种宗教方式来表现的，它间接地表现为灵与肉、此岸与彼岸、世俗社会与精神社会、教权与王权等的二元分离形式。这种分离和对立形式根源于人的二元化。城邦瓦解导致了总体性意义的人的终结，然而自亚历山大始，“作为一个个人的人”① 出现了，也就是个人意识的崛起，这产生了个人与他人之间以及个人与社会之间的矛盾和冲突。这种矛盾和冲突深刻反映了人的灵与肉的二元对立，也深刻反映了主观和客观的二元对立。历史发展还没有提供解决人的二重性的实践和途径，所以，中世纪只能以一种宗教方式来解决。第三，在近代社会中，市民社会与政治国家的分离和对立以一种真正世俗的方式充分表达出来了，实质上也就是“作为一个个人的人”与“作为一种政治动物的人”的矛盾与冲突，以哲学方式表达就是特殊性和普遍性之间的矛盾。市民社会与政治国家的分离与对立在近代社会获得充分展现，主要原因就在于资本主义商品经济的发展。商品经济的发展促进了市民社会“需要体系”的发展，个人私欲得到满足，实质上也就促进了人的主体性意识和个人权利的张扬。但人在逐利的同时，也需要建构一种社会秩序和社会原则，否则无法确保“作为一个个人的人”的发展。由此，协调市民社会与政治国家的分离和对立的方式出现差异，也就产生了不同的政治哲学思想流派，表现为不同的国家理论和观念。马克思处于近代政治哲学思想语境中，所以，马克思国家观以

---

① 转引自［美］乔治·萨拜因著，托马斯·索尔森修订《政治学说史》第四版上卷，邓正来译，世纪出版集团、上海人民出版社 2008 年版，第 183 页。

市民社会与政治国家的关系作为其思考的根本问题。但是，马克思对此根本问题的回答却超越了近代政治哲学家们，同时也启示了当代政治哲学家们。

（二）传统理论阐释路线

如何回答市民社会与政治国家关系这一根本性问题，存在从特殊性、个体性和普遍性分别回答的三种阐释思路，主要形成了契约主义国家观、康德国家观和黑格尔国家观三种国家观。

第一，契约主义国家观。主要代表是洛克、霍布斯和卢梭等人。契约主义国家观试图从个体的特殊经验和人的本性来处理市民社会与政治国家之间的矛盾，以及发掘政治国家的起源和功能。契约主义者都认为，政治国家起源于自然状态，而自然状态又是为自然法所支配的，自然法实质上就是人的理性。自然状态在不同政治哲学家眼中呈现出不同性质。但是，这种不同性质的自然状态实质上是个体的特殊性的社会经验，然而在这种特殊性社会经验中却表现出一种普遍性意义，这也就是自然法所显示的人的理性。正是为了克服这种特殊性的缺陷，也为了这种普遍性意义，基于自然法的契约论建构政治国家也就是必然的。国家起源实质上就是基于自然法的自然权力的合法性过渡，这种合法性过渡的程序就表现为一种契约精神，当然这种契约精神也是建基于人性的。国家权力不可超越于自然权力，这种自然权力表现为按照自己的意愿的合适的方式方法处理财产等，具体而言就是生命权、自由权和财产权等。为了保障这些自然权利，就需要对国家权力进行合理性和合法性论证，以免国家权力腐蚀人的天赋权利，或者以致剥夺人的天赋权利。从合法性来看，就是申明主权在民思想；从合理性来看，就是要求权力运行的民主化和程序化，权力的相互制衡等的。所以，契约主义国家观把市民社会与政治国家之间的矛盾充分展示出来了，但是，契约主义者却无法有效调和这种矛盾，他们的解决思路具有根本性缺陷。首先，契约主义国家观的逻辑起点是经验论的。作为契约主义的逻辑起点的自然状态是建基于个体的社会经验之上的，而这种个体社会经验实质上只具有个体特殊性意义，甚至只具有心理学意义，而非从历史的客观性出发的。所以，契约主义的逻辑起点也就具有虚构性或者假设性。其次，契约主义国家观的根本出发点是个人主义，也就是说是建基于资本主义经济的个人私利之上，其核心是为了保护私人财产，所以，公共利益就会淹没在私人利益的汪洋大海之中，政治国家也就必然沦为市民社会的“保护伞”，那么，人就只具有手段意义。最后，自然和约定之间的鸿沟无法跨越。自然法所内在的人的自由是天赋的、自然的，是目的，但是，政治国家的权力却是约定的、可选择的，是手段。那么，如何协调自然和约定之间的矛盾，契约主义国家观却没有很好解决，因为没有找到实现自然和约定沟通的中介和基础。所以，契约主义国家观对市民社会和政治国家之间的矛盾的解决思路虽然反映了资本主义国家的发展现实，但是，现实却造成了这一矛盾的激烈化和极端化，故而，契约主义国家观对市民社会与政治国家这一时代矛盾并没有找到有效解决之路。

第二，康德国家观。康德国家观克服了契约主义国家观的经验论色彩，主张从先验论角度来论证国家何以可能的问题，从应然视角来阐释国家本性。康德把国家的合法性论证转化为国家权利何以可能的问题，即“作为公民的联合体的国家，其国家权利或民族权利是如何可能的”问题。那么，由此，康德从权利向度来论证国家何以可能问题。那么，权利源于哪里呢？康德认为，权利是根据权利的先天原则经过理性存在者自由选择的结果，而这一原则就是“任何人的有意识的行为，按照一条普遍的自由法则，确实能够和其他人的有意识的行为相协调”[①]，国家的存在也是以这一先天原则为前提的。据此，康德批判契约主义者只从权利的外在的经验的事实来论证国家本质。那

① ［德］康德：《法的形而上学原理》，沈叔平译，商务印书馆 1991 年版，第 40 页。

么，康德是如何协调市民社会的私人权利领域和政治国家的公共权利领域之间的矛盾呢？康德认为，个人权利的客观化具有不确定性，而需要公共权利的制约，也就是说需要建基于先天原则的体现分配正义的法律规则集合体即国家来确保个人权利的客观化。所以，国家本质上是依据自由、平等和独立等人权的纯粹理性原则而建构的。故此，国家也就是如“道德律令”似的纯粹目的国家，只需遵循，不可违抗。康德的先验论国家观虽然克服了契约主义国家观的经验论色彩，但是，却使自己变成了一种无内容的形式，而且是纯粹的形式。所以，这也就决定了其局限性。其关键性问题就是如何从经验的实然跃迁至先验的应然，因为理性存在者行为不决然是依据纯粹理性原则，而是基于某种现实利益需要的。所以，脱离了现实的纯粹形式的辩护就遇到很大困难。为此，康德国家观实际上也没有解决好近代社会提出的这一时代性问题。

第三，黑格尔国家观。黑格尔哲学是西方哲学的集大成者，他的思想为解决时代问题提供了新思路。黑格尔深刻洞察到了市民社会与政治国家之间的分离和对立矛盾，试图克服契约主义国家观和康德国家观重“抽象的理智”的缺陷，强调从意志自由概念来论证国家是伦理精神的现实，也就是个别性、特殊性和普遍性的统一。首先是国家与意志的关联。黑格尔认为，意志本质上是自由的，国家本质上就是意志自由概念的实现。黑格尔在《法哲学原理》一书中从两个圆圈加以论证，即抽象法、道德到伦理圆圈和家庭、市民社会和国家圆圈。这两个圆圈实质上表明了客观精神自我否定的发展历程，最终达致伦理精神的现实化即国家阶段。其次是个别性、特殊性和普遍性的关联。黑格尔认为，自由意志实质上是思维着的理性，而非某种特殊的非理性。这种自由意志既具有现实性，也具有普遍性，也就是说是理论理性和实践理性的统一。所以，抽象法的普遍性和道德的特殊性相统一于伦理的个性，也就是意志自由和客观精神的具体性。在这里，普遍性包含特殊性，特殊性趋向于普遍性，二者的统一导致真实的具体的伦理精神，而伦理精神的最高实体就是国家，国家体现着家庭和市民社会的真理。所以，黑格尔论证国家实质上是从意志自由角度切入，把契约主义者重客观和实然和康德重主观和应然二者统一起来了，得出的结论就是国家决定市民社会。然而，这一结论是为其逻辑学作注释的，也就是说，其国家哲学是附属于其逻辑学的。因此，黑格尔国家观对市民社会与政治国家这一时代问题也没有完美解释思路，只是一种概念式的思辨式的思路解答。

总之，市民社会与政治国家之间的分离和对立矛盾是近代社会的时代问题，实质上反映了人自身的二元对立观念。建基于资本主义商品经济基础之上的契约主义国家观、康德国家观和黑格尔国家观并没有对此时代问题提出合理的解答思路，这三种思路都有其缺陷，可以说是在二元对立观念范围中来超越二元对立观念，所以，这注定它们的命运是失败的，另寻他路也就是必然的。

二　马克思早期对黑格尔国家观的批判

马克思国家观亦是围绕市民社会与政治国家的分离和对立矛盾这一时代问题而展开的，但是，马克思解决这一时代问题的思路是有变化和发展阶段的。马克思国家观是与其哲学观革命紧密相关的，而且马克思也是在其发展的哲学观指导下来开展批判的。马克思哲学观革命的标志就是新唯物主义的历史观形成，而这主要是在《关于费尔巴哈的提纲》等之后的著作中形成的。所以，马克思解决市民社会与政治国家的矛盾可以分为早期和晚期两个阶段的思路。早期思路就是指新唯物主义的历史观成熟前时期对国家观的看法和主张，而晚期思路主要是指以新唯物主义的历史观为理论前提来研究国家观。当然，马克思解决市民社会与政治国家之间矛盾的这两个阶段思路并不是分裂的，而是相互联系和发展的。其中，马克思早期在批判黑格尔国家观的基础上，实现了从理性主义国家观转向现实的政治国家观的转变，深刻洞察了市民社会与政治国家之间的内在矛盾，从而把研究的重点转向了政治经济学研究，由此向历史唯物主义迈出了坚实的第一步，从而为实现国家观革命准备了理论前提。马克思早期对黑格尔国家观的批判主要从以下三个方面展开：

（一）市民社会与政治国家的关系

黑格尔在西方政治思想史上一大突出贡献就是从理论上区分了市民社会和政治国家，看到了市民社会和政治国家的分离和矛盾既是现代人生存的基本处境，也是资本主义社会的时代问题。马克思赞成黑格尔对市民社会与政治国家区分的看法，并认为这是黑格尔著作中“比较深刻的地方”①。但是，对于黑格尔的政治国家决定市民社会观点，马克思认为是错误的。第一，马克思认为，黑格尔的国家观是建基于唯心主义历史观之上的，是一种从逻辑和概念来论证现实国家。黑格尔所谓的“国家是伦理理念的现实”，实质上是“国家的理念”在现实中的推演，也就是说，把本来是谓词的“国家的理念”当成了主词，而把本来是主词的现实国家却当成了谓词，所以，这导致的结果就是：国家理念衍生了现实的国家，是以逻辑推理代替了现实历史发展。为此，马克思评价黑格尔的观点是一种“逻辑的、泛神论的神秘主义”②。事实上，市民社会才是政治国家发展的“动力”和“存在方式”③，而政治国家是从市民社会“这种群体中产生的”④。因此，马克思得出的结论是市民社会决定政治国家，而这是对黑格尔所判定结论的一种颠倒。第二，马克思认为，国家制度本质上体现了市民社会与政治国家之间的深刻矛盾。在黑格尔看来，政治国家是

① 《马克思恩格斯全集》第3卷，人民出版社2002年版，第94页。
② 《马克思恩格斯全集》第3卷，人民出版社2002年版，第10页。
③ 《马克思恩格斯全集》第3卷，人民出版社2002年版，第11页。
④ 《马克思恩格斯全集》第3卷，人民出版社2002年版，第12页。

“社会存在的自在自为地存在的最高现实”，实质上也就是说政治国家是一种抽象的普遍性，是脱离了现实历史的“最高现实”。但是，事实上，政治国家是历史发展的，而且是“只有在各私人领域达到独立存在的地方才能发展起来”①，没有足够的私人领域发展不会导致政治国家产生。而其中的重要转折就是法国大革命，理由就在于其“完成了从政治等级到社会等级的转变过程”②，从另一个层面来讲就是市民社会中的社会差别代替了等级差别，这意味着个人意识的崛起。因此，马克思认为，国家制度实质上就是“政治国家和非政治国家之间”的妥协产物，这种国家制度从根本上来看是“两种本质上各异的权力之间的一种契约”③。但是，这种国家制度是以市民社会为基础和前提的，所以，从本质上而言，国家制度体现的是“私有财产本身的权力”④，其为私有财产所左右。为此，马克思认为，要实现黑格尔国家制度的普遍性，必然是一种空谈，要实现也只能是一种虚假性现实，当然也就无法破解近代社会的时代性问题。第三，马克思认为，要解决市民社会与政治国家之间的矛盾，从根本性上而言，就要深入到“政治经济中去”解剖市民社会。黑格尔国家观汲取了亚当·斯密等古典政治经济学的理论成果，如亚当·斯密关于劳动是物质财富的源泉思想，关于劳动分工在社会发展中的重要作用观点，关于个人只有参与社会分工才能够实现个人特殊利益和社会普遍利益的内在统一观点等。这些思想观点后来被黑格尔继承下来并变成了市民社会的需要交换体系思想，劳动概念也成为了黑格尔的一个极为重要的概念。所以，卢卡奇说黑格尔是亚当·斯密的追随者。但是，马克思认为，黑格尔的市民社会研究是建立在唯心主义历史观基础之上

① 《马克思恩格斯全集》第3卷，人民出版社2002年版，第42页。
② 《马克思恩格斯全集》第3卷，人民出版社2002年版，第100页。
③ 《马克思恩格斯全集》第3卷，人民出版社2002年版，第73页。
④ 《马克思恩格斯全集》第3卷，人民出版社2002年版，第124页。

的，是从属于他的逻辑学的，黑格尔并没有真正理解市民社会的核心要义和精神实质。但是，黑格尔关于市民社会的思想观念以及研究思路却对马克思产生了重要启示，马克思由此转向从政治经济学研究来考察市民社会。正是由于此，马克思朝创立唯物史观的方向迈出了关键性的一步。总之，马克思在批判黑格尔国家观基础上对其进行了颠倒。

（二）人民主权论和君主主权论的关系

黑格尔法哲学鲜明地体现了对君主立宪制的崇拜。黑格尔认为，王权比立法权和行政权更重要，作为一个整体，它是“君主立宪制的顶峰和起点”，这是因为王权从本质上而言是作为意识最后决定的主观性的权力。黑格尔这一君主主权论思想，实质上是迎合了德意志君主统治的需要。马克思对此观点进行了抨击，他认为“国家的各种职能和活动”是“人的职能”，而这种人是“它的社会特质”，是“同个人的政治特质发生联系”，却不是黑格尔所言的是以外在性和偶然性的方式来实现同“这种特殊人格本身”的联系。马克思进一步分析并指出，国家实质上是“人的社会特质的存在方式和活动方式”①而已，不是由这个人的肉体和出生决定的。这种人的社会特质是什么呢？马克思在阐明《德法年鉴》办刊方向时已经申明这一点，即“自由”②。所以，马克思主张国家主权不在君主，而在人民，这种人民主权论表现为真正意义上的民主。马克思说：“民主制是一切形式的国家制度的已经解开的谜”③。但是，马克思所言的民主制是有别于代议制的，马克思认为代议制恰恰是市民社会和政治国家相分离和冲突的产物，虽然代议制是历史的进步。从本质上而言，马克思所讲的民主制的性质是人民自我管理和人民自治，因为，马克思认为，国

---

① 《马克思恩格斯全集》第 3 卷，人民出版社 2002 年版，第 29 页。

② 《马克思恩格斯全集》第 47 卷，人民出版社 2004 年版，第 57 页。

③ 《马克思恩格斯全集》第 3 卷，人民出版社 2002 年版，第 39 页。

家制度是“引回”到现实中的人民，并且作为一部作品是为人民自己设定的。[①] 因此，政治国家是人民自己的作品，也就是说国家实质上是人民的自我管理。那么，马克思据此得出结论说，政治国家在“真正的民主制”条件下也就会消失了。[②] 马克思在批判黑格尔君主主权论基础上提出了人民主权论，并第一次阐明了国家消亡思想。由此，市民社会与政治国家的矛盾也得以解决。

（三）行政权与立法权关系

马克思赞成黑格尔关于物质国家和政治国家有差别的观点。所谓物质国家，是指人口、领土和主权等要素构成的国家实体，而所谓政治国家，则是指国家制度及其规定的国家机构等。前者是客观存在的，后者是人们建构的。但是，后者在建构过程之中可能出现人与人之间关系的异化，从而导致一种统治与被统治关系的出现。因此，政治国家的建构必然会涉及国家性质。黑格尔的主张有别于洛克和孟德斯鸠的主张，后者分别主张立法权和执行权的分立以及立法权、行政权和司法权三权分立，由于黑格尔强调君主主权论，所以他主张立法权、行政权和王权的分立，并且黑格尔把掌握行政权的官僚阶级视为普遍阶级，认为其代表着国家的精神。马克思对此进行了批判，他否定了王权，并把王权归结为行政权，而且，他认为，被视作普遍阶级的官僚阶级的普遍性是一种虚幻，只能是一种“国家的幻想”[③]。马克思的这一批判，实际上是与马克思在《莱茵报》时期的政治实践相联系的。如马克思在《关于林木盗窃法的辩论》一文中就指出，国家制度和国家机关的代表者官僚阶级实质上是为普鲁士的林木所有者利益服务的，他们沦为财产私有者的工具，而不可能代表全体人民的利益。黑格尔把等级要素等同于立法权的观念，马克思认为这一观

---

① 《马克思恩格斯全集》第3卷，人民出版社2002年版，第39页。

② 《马克思恩格斯全集》第3卷，人民出版社2002年版，第41页。

③ 《马克思恩格斯全集》第3卷，人民出版社2002年版，第59页。

念是荒谬的，因为等级要素不可能去代表普遍事务。马克思由此判定，“现代国家”实质上是一种虚幻的普遍利益，是“把‘普遍事务’当作一个纯粹的形式而占为己有”①，也就是说只是“形式上的现实性”②。马克思认为，立法权是“代表人民，代表类意志”，是人民主权的实现，而不是与等级要素相关联的。人民参与立法权，实质上就是要成为现实的政治国家成员，但是，这却恰恰是以市民社会与政治国家的分立为前提的。立法权实质上还涉及选举问题。对于这一问题的看法，马克思主张，选举本质上是“现实关系”，也就是“现实的市民社会”与“立法权的市民社会、对代表要素”之间的关系，但是，选举却“构成现实市民社会的最根本的政治利益”③。故此，选举构成了市民社会上升到政治国家的关键性中介。马克思指出，市民社会是人民自己为自己的政治存在设定的真正存在，“选举改革就是在抽象的政治国家的范围内要求这个国家解体，但同时也要求市民社会解体”④。所以，只有扩大和普及选举权和被选举权，才可以达至市民社会成员和政治国家成员一致，也就是说消除市民社会和政治国家的矛盾。这实质上就是说要实行真正的民主制。所以，马克思所言的行政权和立法权是有别于黑格尔的，其是建基于真正的自由、民主和理性之上的。

马克思之所以对黑格尔国家观进行批判，这是因为：一方面是马克思在《莱茵报》时期的实践遇到了“物质利益难题”，现有理论无法解释观念与现实之间的矛盾；另一方面是马克思返回到书房进行理论研究，精研了黑格尔法哲学思想，阅读了大量的关于英法美等国的国家学说和宪政史资料。这些都导致了马克思从理性主义国家观的拥

① 《马克思恩格斯全集》第 3 卷，人民出版社 2002 年版，第 82 页。
② 《马克思恩格斯全集》第 3 卷，人民出版社 2002 年版，第 82 页。
③ 《马克思恩格斯全集》第 3 卷，人民出版社 2002 年版，第 150 页。
④ 《马克思恩格斯全集》第 3 卷，人民出版社 2002 年版，第 150 页。

叕变成了批判者。正是对黑格尔国家观的批判，马克思实现了国家观思想的转折。那么，这种转折的意义应该如何来理解呢？笔者认为马克思通过对黑格尔国家观的批判转向了政治经济学研究，从而向新唯物主义的历史观迈出了坚实的一步，这为马克思创立唯物史观奠定了关键一步。但是，马克思此时批判黑格尔国家观的哲学观还没有实现完全站立在新唯物主义历史观的地基上，他依然还是处于黑格尔的思路之中。马克思借助费尔巴哈的理论资源，对黑格尔国家观的逻辑神秘主义进行了批判，并明确得出了市民社会决定政治国家的结论，但是，这一结论不是基于唯物史观而得出的结论，而是依然受制于黑格尔国家观的深刻影响，仅仅是“直接颠倒黑格尔唯心主义国家观的结果”①。所以，马克思在早期还没有真正找到解决市民社会与政治国家之间矛盾的思路，但是，却在批判黑格尔法哲学基础上发掘了批判市民社会的思想资源，这对马克思国家观革命是至关重要的。

三　马克思哲学观与国家观的革命

马克思解决市民社会和政治国家之间矛盾问题的新思路之所以提出，根本原因在于其实现了哲学观革命，也就是确立了新唯物主义的历史观。正是在新唯物主义的历史观指导下，实现了马克思国家观的革命，科学地阐明了国家的本质问题，从而解决了市民社会与政治国家之间的矛盾，当然也超越了以往政治哲学家们解决这一时代问题的思路和方法。

（一）马克思哲学观的实质

马克思在《关于费尔巴哈的提纲》中指明了其区别于以往旧哲学理论体系的哲学观的新唯物主义世界观，这种新唯物主义世界观是以人的实践活动为根本特质的。新唯物主义世界观是什么？学界主要存

① 李淑珍：《论〈黑格尔法哲学批判〉中“市民社会决定国家”的思想》，《北京大学学报》1987 年第 3 期。

在辩证唯物主义世界观和历史唯物主义两种观点。笔者认为，新唯物主义世界观就是指历史唯物主义。第一，马克思理解的世界与历史是一致的。费尔巴哈所理解的世界是直观中的世界，也就是包括人在内的自然界，是与人的实践活动无关的，他的“感性”用语与实践活动无涉。所以，当费尔巴哈看待人类社会时，就必然会陷入唯心主义。黑格尔所理解的世界是抽象的逻辑的世界，世界之前是逻辑范畴的预先存在，世界只是绝对观念发展的历史环节。但是，黑格尔看到了否定辩证法的推动原则和创造原则，这是其思想的伟大之处。费尔巴哈和黑格尔哲学中的世界都是主客二元分立基础上的世界，二者分别从客观和主观角度来理解世界。但是，马克思“把世界理解为一个过程，理解为一种处在不断的历史发展中的物质”。马克思理解的世界是以人的实践活动为根基的，在人的实践活动中包括了自然界和社会历史，而且马克思是从社会历史的基础出发并以实践为中介来展开思路的。为此，马克思认为，只存在一门科学，那就是包含自然史和人类史的历史科学。① 因此，马克思对世界的理解是采取历史的态度，世界是与历史一致的。第二，马克思对世界的独特理解，这实质上表明了一种历史观革命。恩格斯在《卡尔·马克思》一文中认为，马克思的历史功绩之一就是“他在整个世界史观上实现了变革”②，也就是创造了新的历史观。恩格斯还把马克思在历史观变革中所起的作用与达尔文学说在生物学中的作用进行比较。③ 实际上，关于这种新的历史观，马克思恩格斯后来在《德意志意识形态》一文中进行了详细论述。据此，马克思确立的是一种唯物主义的历史观，这种历史观是世界观和历史观的统一。第三，历史唯物主义可以有不同的表达，如历史科学、实践唯物主义和唯物史观等。这些术语表达只是强

① 《马克思恩格斯选集》第1卷，人民出版社2012年版，第146页。
② 《马克思恩格斯文集》第3卷，人民出版社2009年版，第457页。
③ 《马克思恩格斯选集》第1卷，人民出版社2012年版，第385页。

调马克思哲学世界观的不同特点而已，并不是实质上的差别。历史性、辩证性、唯物性和实践性都是新唯物主义的本质特点，但其理论基石是实践性。在理解马克思哲学实质时，有一种观点值得注意，就是把马克思哲学实质理解为辩证唯物主义世界观，这实质上是一种“正统阐释”（如第二国际的理论家和传统的马克思主义哲学教科书体系等），也就是把与“社会历史”分离的“自然界”作为研究对象，它是从“自然界→社会历史”方向来拓展的。这种观点必然导致马克思哲学与人的实践活动相分离，导致人、价值和自由等问题的退隐，马克思哲学仅沦为一种认识论和方法论。这种马克思哲学理解，实质上依然在以主客二分为底色的近代哲学视野中考察问题。俞吾金对此批评指出，其关注焦点没有落在市民社会、政治国家和解放等问题上；没有抓住马克思唯物主义是以人的实践活动为出发点；没有凸显马克思哲学划时代的哲学革命的理论意义，仅是费尔巴哈的“唯物主义”和黑格尔的“辩证法”的简单相加。[①] 为此，我们要避免把马克思哲学实质理解得近代哲学化。

（二）历史唯物主义的政治哲学向度

马克思哲学实质上是历史唯物主义，那么，历史唯物主义的根本性质又为何呢？也就是说历史唯物主义的根本主题是什么？要回答此问题，我们就要回到历史唯物主义的原初语境，即近代哲学所关注的主题，因为马克思哲学是接着近代哲学主题说的。“哲学是被把握在思想中的它的时代”[②]，妄想哲学越出它所处的时代是狂妄和荒谬的。近代哲学是从商品经济的土壤中生长出来的。近代社会以来，经济紧密关联着政治，也就是说，在市民社会中存在着“权利、自由、民

---

① 参见俞吾金《问题域的转换——对马克思和黑格尔关系的当代解读》，人民出版社2007年版，第475页。

② ［德］黑格尔：《法哲学原理》，范扬、张企泰译，商务印书馆1961年版，第12页。

主、法治”等政治哲学问题。①虽然近代哲学谈论了认识论，但是近代哲学却是以市民社会与政治国家的关系重建为基础而凸显权利与自由的政治伦理秩序的哲学主题，这一主题也可以说是近代哲学的根本理论范式。在一定意义上，近代哲学的集大成者黑格尔哲学的实质就是政治哲学，就是围绕市民社会与政治国家之间的矛盾的主题展开并提交自己的方案。马克思是承接黑格尔等近代哲学家关注的主题来推演的。马克思不仅在早期开展了政治哲学研究，而且在成熟期中以政治经济学研究为基础的经济哲学研究实质上依然是对早期关注主题的进一步拓展和深化，而以生产方式为核心的经济哲学研究恰恰是马克思实现对其早期政治哲学研究思路的超越和对以往政治哲学研究思路的超越。麦卡锡认为，马克思把对传统道德问题的质疑引向了对现代社会制度结构的审查，也就是转向了政治经济学。社会阶级、权力关系、财富所有制以及社会关系等，变成了理解道德问题的整个大背景。②马克思的历史唯物主义主张，从经济基础来说明上层建筑，从经济关系和生产方式出发来理解社会政治的变迁。所以，马克思的历史唯物主义实质上开辟了理解政治哲学的新理路。因此，我们在理解历史唯物主义时，不能仅仅把其视为一种科学性和事实性向度的理论，而应该从根本上视其为一种规范性向度的政治哲学理论。

（三）历史唯物主义与国家观的革命

国家问题是政治哲学的核心问题，而作为政治哲学根本向度的历史唯物主义是一种新历史观。因此，历史唯物主义视野下的国家观必然是迥异于以往的国家观的。实质上而言，这种国家观实现了革命性变革。第一，历史唯物主义实现了国家观的逻辑前提革命。相异的理论体系往往蕴含着不同的逻辑前提和逻辑原点，而不同的

---

① 李佃来：《马克思的政治哲学：理论与现实》，人民出版社2015年版，第2页。

② 参见［美］麦卡锡《马克思与古人》，王文扬译，华东师范大学出版社2011年版，第13页。

逻辑前提和逻辑原点推演出的逻辑结论差异很大。古典城邦国家观、中世纪神权国家观和近代自然法和契约论的国家观从实质上来看，都是以想象为前提来推演国家理论的，它们的根本缺陷就是脱离人的实践活动。所以，这些国家观是不现实的、神秘的、抽象的，而历史唯物主义以“现实的个人”及其创造的“物质生活条件”[①] 作为出发点，也就是说，现实的人的实践活动是理解社会历史的逻辑前提和逻辑起点。这样的逻辑前提和逻辑起点为国家观奠定了坚实基石，以此推演出的国家理论才是科学的。第二，历史唯物主义实现了国家观的范式革命。逻辑前提和起点不同，必然会导致理论框架差异，也即理论范式的差异。马克思之前的国家观实质上是唯心主义历史观在国家问题上的理论表达，其根本态度就是理论哲学态度，也就是说从理论到理论、从概念到概念，构建的是一个抽象的国家理想。如以柏拉图和亚里士多德为代表的古典国家观就是以完美的人为基石建构一个美德国家，而这种国家理想只能成为“理想”。而历史唯物主义主张回归人的生活世界，从人的实践活动来理解国家，关注人的价值、解放、自由等问题，这实质上是一种实践哲学理路。第三，历史唯物主义实现了国家观的内容的革命。既然国家观的逻辑前提和理论范式发生了革命，那么，这必然导致国家观的内容的革命：关于国家的起源、本质、形式、功能、结构和未来等的理解都发生了变革，实现了对以往国家观的超越和革命。当然马克思国家观的具体内容也蕴含了以往国家观的思想酵素和理论资源。第四，历史唯物主义实现了国家观的主题革命。在评价马基雅维利等近代启蒙思想家的国家思想时，马克思明确指出，“启蒙思想家已经用人的眼光来观察国家”，对国家规律的认识依据的不是神学，而是理性和经验。[②]“用人的眼光”比用神的眼光

---

① 《马克思恩格斯选集》第 1 卷，人民出版社 2012 年版，第 146 页。

② 《马克思恩格斯全集》第 1 卷，人民出版社 1995 年版，第 227 页。

来看待国家是一大历史进步，国家理论关注的重点从神转换到了人。但是，近代政治哲学家所看待的人是抽象的人，实质上就是建基于资本主义之上的物化的抽象人，人是手段而非目的。所以，国家也就成了人的手段的延展和推演，从而成为了物化国家或抽象国家，这样的国家性质必然具有异化性和压迫性。而历史唯物主义从现实的人的实践活动出发来探究人类社会发展规律，并指向“人的自由而全面发展”为价值旨归的人类解放。所以，马克思国家观关注的核心是现实的人及其发展，国家也就呈现出价值性，表达出国家的人的发展主题。总之，马克思国家观在逻辑前提、理论范式、具体内容和理论主题方面的变革是相互联系的，而能够实现这种变革，其根本原因在于：马克思哲学观的实质即历史唯物主义提供了政治哲学的新理路，从而也就提供了解决市民社会与政治国家之间矛盾的新思路和新方案。

综上所述，马克思国家观是围绕市民社会与政治国家之间矛盾的这一近代社会的时代问题而展开的，但是，马克思超越于以往政治哲学家的国家观，其根本原因在于其哲学观革命。历史唯物主义的马克思哲学实质上开辟了马克思国家观在西方国家理论史上的新境界和新内容。为此，我们在理解马克思国家观的丰富内涵及其精神实质时，要避免非历史唯物主义观点，其中，特别是要避免对马克思哲学的理解费尔巴哈化，或者黑格尔化。

第二节　马克思国家观的基本内容

马克思国家观实质上是对市民社会与政治国家之间矛盾的这一近代社会时代问题的回答。但是，马克思批判和超越了近代哲学，特别是黑格尔式的回答方式，创立了唯物史观的回答方式，从而实现了国家观的革命。因此，马克思从根本上解答了这一时代性问题，洞察了国家本质及其发展规律。

一 国家神话的祛魅

在西方政治哲学思想发展史上，国家是作为一种设定的普遍性而扬名的，其中，特别是黑格尔把国家称为“在尘世行走的上帝”，这实际上塑造了一个地上的“国家神话”①。这一国家神话虽然遭到了韦伯式的现代理性合理化的强大冲击，但依然保持其神话魅性而具有“唯灵论”性质。马克思以历史唯物主义为矢击穿了国家神话，并揭示了其所遮蔽的国家本质，从而复归了国家“真容”。

（一）市民社会：国家的真正诞生地

国家从何而来？回答这一问题，是破解国家神话的前提。马克思认为，“市民社会是全部历史的真正发源地和舞台”②，因此，要探究国家的诞生秘密就要洞察市民社会实质。第一，马克思提出了一种分析国家现象的科学方法论。马克思主张，我们要扬弃抽象思辨的研究方法，而应该坚持一种与之相对的基于现实的“真正的实证科学”研究，这种科学研究的出发点是“人们的实践活动和实际发展过程”③。这也就是说要从“一定的个人的生活过程”④来理解国家产生，而不是从抽象概念或者思辨逻辑来理解国家产生。当然，这里的“一定的个人”是指“现实的个人”。这是马克思看待国家起源问题的历史唯物主义方法论前提。第二，对社会和国家进行了界分。马克

---

① “国家神话”是指恩斯特·卡西尔从政治思想史角度对国家认识的一个论断。他主要是将一战和二战之间出现的极权主义政权归结为一种神话思想的权力，认为是神话思想战胜了理性思想。为此，他把国家称为神话。（参阅［德］恩斯特·卡西尔《国家神话》，范进、杨君游、柯锦华译，华夏出版社 1990 年版。）

② 《马克思恩格斯选集》第 1 卷，人民出版社 2012 年版，第 167 页。

③ 《马克思恩格斯选集》第 1 卷，人民出版社 2012 年版，第 153 页。

④ 《马克思恩格斯选集》第 1 卷，人民出版社 2012 年版，第 151 页。

思认为，社会是“交互活动的产物”①，其表现为“在过去一切历史阶段上受生产力所制约、同时也制约生产力的交往形式”②，而国家却是社会生产力发展到一定阶段时形成的共同体，这种共同体表现为以权力为核心的政治组织。第三，国家起源是一源多流型的。马克思关于市民社会决定国家的观点，这是学术界的共识。但是，对于市民社会以何种具体条件来决定国家，学界却存在观点分歧。有观点主张，马克思只是把国家视为阶级统治的工具，国家起源于阶级冲突。这种观点的根据是恩格斯在《国家、私有制和国家的起源》中关于国家起源的论述。恩格斯认为，国家并非是人类历史上一直就存在的，而是在生产力发展到一定阶段，从而导致社会分裂为不同阶级的时候，为了协调这种阶级冲突，所以，国家就由于这种分裂而成为必要了。③ 也有观点认为，冲突论是片面的，没有从马克思总体思想来看待马克思关于国家起源思想，其中，特别是没有涵括马克思晚年笔记对史前社会的研究。因此，有学者提出国家起源的二重性理论，因为，马克思认为国家的形成有两个方面的需求：既存在“阶级统治”的需要，也存在“管理社会公共事物”的需要。④ 故此，这种观点强调冲突论和融合论的统一。从马克思思想整体性来考量这两种观点，很显然后者是正确的，其反映了马克思对原始社会和阶级社会的历史事实考察成果。但是，后者没有深刻认识到国家作为一种社会历史现象是人的实践活动中人与自然的关系和人与社会的关系及其相互中介的复合性产物，其建基于马克思实践本体论，这才是马克思国家起源的逻辑起点。因此，马克思实质上揭示了基于实践之上的多种可能性，而马克思所阐明的国家起源的经典模式只是就其已知的历史而言

---

① 《马克思恩格斯选集》第 4 卷，人民出版社 2012 年版，第 408 页。

② 《马克思恩格斯全集》第 3 卷，人民出版社 1960 年版，第 40 页。

③ 《马克思恩格斯选集》第 4 卷，人民出版社 2012 年版，第 187 页。

④ 刘军：《国家起源新论：马克思国家起源理论及当代发展》，中央编译出版社 2008 年版，第 215 页。

的，随着历史认知深度的拓展，国家起源方式的认知也会达到深化。为此，马克思国家起源应该是以实践为源的多流型，但是，其中最核心的部分是生产力发展导致的社会分化和阶级产生。

（二）国家本质是阶级统治的工具

马克思在《德意志意识形态》一书中说："国家是统治阶级的各个个人借以实现其共同利益的形式，是该时代的整个市民社会获得集中表现的形式。"① 这句话阐明了国家的阶级性本质。第一，分工导致了特殊利益和普遍利益的分立以及阶级产生。马克思认为，分工最初是一种自然性分工，但是后来发展成为一种社会性分工，其核心是个人意识的觉醒。分工的结果是私有制产生，这实质上也就导致了"单个人"和"单个家庭"的特殊利益与"所有互相交往的个人的共同利益之间的矛盾"②，但是，这种"共同利益"不是观念性的，而是具有现实性的。然而，这种产生特殊利益和普遍利益的分工不是"出于自愿，而是自然形成的"③，所以，分工所导致的矛盾是外在于人的实践活动，那么，也就必然成为一种异己的、对立的和压迫性的力量。第二，分工、阶级与国家。由于特殊利益和普遍利益的矛盾分立，所以，为了解决这种矛盾，国家也就必然要采取一种独立形式，而且是一种"虚幻的共同体的形式"，以此来达至超然于"实际的单个利益和全体利益"④。分工又与阶级产生紧密相关，那么，这也就导致了国家呈现为一个阶级对另一个阶级的统治。所以，马克思说国家政治活动形式上表现为普遍性，但实质上却具有虚假性，因为虚假的普遍性掩盖的是"各个不同阶级间的真正的斗争"⑤ 的实质。第三，国家作为共同利益的共同体的欺骗性。国家是作为一种独立形式

① 《马克思恩格斯选集》第1卷，人民出版社2012年版，第212页。
② 《马克思恩格斯选集》第1卷，人民出版社2012年版，第163页。
③ 《马克思恩格斯选集》第1卷，人民出版社2012年版，第165页。
④ 《马克思恩格斯选集》第1卷，人民出版社2012年版，第164页。
⑤ 《马克思恩格斯选集》第1卷，人民出版社2012年版，第164页。

出现的，无论是其运作机制，还是呈现面貌都是如此，但是，这种独立形式却是以维护特殊利益为目的的共同利益形式，而不是维护单个利益的全体利益形式。因此，共同利益只具有一种“普遍”的形式，掩盖了资产阶级的特殊利益，然而“普遍”的真正实质却是全体利益，可在这种形式中却是缺乏的。所以，国家实质上只具有普遍之名，而无普遍之实，然而，我们却把形式混淆为内容。所以，国家作为阶级统治工具必然表现出欺骗性和虚假性，让人难以察觉其后的阶级利益实质。为此，马克思洞察了资产阶级国家的阶级本质，他认为，所谓的现代国家，其核心任务是维护资产阶级利益，成为“管理整个资产阶级的共同事务的委员会罢了”①。

（三）国家的消亡

马克思认为，理解国家要从“一定的个人的生活过程”开始，也就是说，“个人”是在一定物质生活的“界限、前提和条件下活动着”，② 这种现实的个人在实践的展开中表现为特殊利益和普遍利益的矛盾，也即市民社会的内在分裂和对立。为了克服分裂和对立，所以，产生的国家必将随着异化条件的消除而消亡，无产阶级“应当推翻国家”，达成一个“自由人的联合体”。第一，国家的“消亡”概念应该理解为扬弃，而非消灭国家本身。国家在现实的个人的实践活动中产生，只是这种实践活动中产生的特殊性和普遍性之间的矛盾是非自愿性所导致的，所以，这才使得国家具有一种异己性和高居于社会之上的特征，这是国家的政治性。因此，随着实践的发展和矛盾的解决，马克思认为，国家作为一种公共权力将会“失去政治性质”，而且社会也将“国家政权重新收回”③，国家最终从社会的异己力量转化为社会本身的活力。但是，国家作为人的实践活动的产物，依然

① 《马克思恩格斯选集》第1卷，人民出版社2012年版，第402页。
② 《马克思恩格斯选集》第1卷，人民出版社2012年版，第151页。
③ 《马克思恩格斯选集》第3卷，人民出版社2012年版，第140页。

起着调节人与自然和人与社会之间的矛盾的作用，呈现出国家非政治性的一面。同时，国家也是人趋向于自由全面发展过程的中介环节。所以，国家虽然在一定历史条件下呈现为“恶”，但是，国家却在“恶”上呈现出“善”，也就是表现出国家对人的积极意义。所以，国家的消亡实质上是国家的扬弃，而非绝对的消灭本身。第二，国家的消亡过程具有阶段性和渐进性。马克思认为，消亡在不同社会发展阶段的国家的任务和目标是不一样的。比如说在封建主义国家里，其目标是要建立资产阶级国家，那么，“废除国家就是要废除封建制度”。但是相对于资产阶级国家而言，马克思却认为，“废除国家就是要把国家的权力降回到北美的国家权力水平”①。由此，马克思在强调国家消亡是以阶级消亡为前提之外，也认为国家消亡是一个发展过程。这种国家消亡过程在马克思看来，实质上就是从政治解放到人类解放的过程。第三，国家的消亡形式也是发展的。马克思最初认为“真正的民主制”是克服特殊性和普遍性矛盾的国家形式，在“真正的民主制中政治国家就消失了”②。当然，这里也存在向社会主义过渡阶段的无产阶级专政形式。马克思在深入分析市民社会的政治经济学基础之后，认为只有真正着眼于特殊利益，也就是现实的个人的现实利益，才可以真正消除国家这种虚假共同体。因为国家这种共同体最终是要回归到个人的全面发展的社会现实性中去，而不是建基于自然形成的市民社会。

二　国家性质及其职能

国家本质决定了国家性质，国家性质是国家本质的形式化体现。国家性质从根本上决定了国家职能。马克思认为，国家具有政治性、社会性和相对自主性三重性质，这导致国家职能也就呈现出政治职能

① 《马克思恩格斯全集》第10卷，人民出版社1998年版，第351页。
② 《马克思恩格斯全集》第3卷，人民出版社2002年版，第41页。

和社会职能两种根本职能。

（一）国家的三重性质

国家问题本质上是社会问题，而社会本质上是“实践的”，社会实践主体是“现实的个人”，“现实的个人”的现实活动包括人与自然的关系和人与社会的关系两个维度，而这两个维度又是相互中介的，所以，马克思认为，从“一定个人的生活过程”中常常也就产生出了“社会结构和国家”。为此，我们理解国家性质必须从现实的个人的现实活动出发。第一，国家的阶级工具性。这是国家的首要性质。马克思认为，生产力是推动社会发展的根本动力，它决定了我们能够生产什么和怎样生产，而生产关系则是现实的个人在一定生产力状况下结成的最根本的社会关系，它决定了以何种方式生产和分配产品以及人的社会地位。生产关系组成经济基础，而树立于经济基础之上的有政治和思想的上层建筑。国家作为一种权力组织实质上就是树立于经济基础之上的上层建筑的重要组成部分，是为维护经济基础服务的。所以，国家是具有上层建筑性质的。在阶级社会中，国家必然表现为阶级统治的工具性质，以一种暴力专政方式表达。第二，国家的公共社会性。从人的实践来看，国家除了具有一种阶级工具性之外，其实它还有一种公共社会性，这是人的实践活动本身所内在的要求。因为，由人在改造世界过程中所涵括的人与自然的关系以及人与社会的关系等形成了相互交往的社会活动，这其中就蕴含了人与自然之间的矛盾和人与社会之间的矛盾及其相互中介的矛盾，而要达至人的实践目的就必然需要一种社会秩序性，所以，公共社会性也就是人的实践活动所内在的。从国家的起源来看，公共社会性也是国家的内在性质。马克思在 19 世纪 50 年代到 70 年代的著作中从多个方面揭示了国家起源的多流性，指明了国家是起源于解决公共问题，从而获得公共权力。只是在生产力的进一步发展之后，公共权力逐步私人化和阶级化。第三，国家的相对自主性。最先使用“国家相对自主性”

概念的是阿尔都塞，他基于结构主义的分析方法反对在解释资本主义国家问题时持一种经济决定论和阶级还原论。国家相对自主性理论认为，资本主义的国家具有相对独立于资本主义经济体系和阶级体系的性质，而不是绝对的统治阶级工具或者不被资本主义经济基础之外的任何力量所决定。马克思对国家相对自主性讨论不是缺席的，而是有明确意识的。英国学者拉尔夫·密利本德就认为，马克思以不同方式对国家相对自主性进行了很多讨论，构成马克思主义国家理论的一个重要组成部分就是国家相对自主性。① 马克思国家相对自主性何以可能？其主要内容是什么呢？马克思从以下三个层面就国家的相对自主性进行了讨论。首先，就国家与经济基础的关系来看。生产关系的总和构成的经济基础“制约着”和“决定着”上层建筑（法律的和政治的上层建筑以及社会意识），二者之间的矛盾（还包括生产力和生产关系之间的矛盾）发展推动着人类社会的发展，这是马克思强调的一个基本原则。但是，我们不可以把这里的经济基础的“决定性”作用就归结为社会发展的绝对经济决定论，而应该理解为如恩格斯所言的“归根结底”作用，也就是社会历史发展是经济、政治和意识形态等相互作用的产物。那么，作为上层建筑的国家必然具有一定程度的有限的独立性。这种观念实质上是符合马克思哲学唯物辩证法精神的。马克思在对杜林辩证法的批判中就指出，剥去黑格尔辩证法的神秘形式后的辩证法，“恰好就是我的方法的特点”②。马克思的辩证法是唯物辩证法。所以，作为上层建筑的国家与经济基础是相互作用的，国家在经济基础的根本制约前提下会呈现出某种有限的自主性。其次，就国家与统治阶级的关系来看。政治国家的前提是要维护统治阶级的利益。但是，在这个前提之下，政治国家也在一定程度上维护

① ［英］拉尔夫·密利本德：《马克思主义与政治学》，黄子都译，商务印书馆 1984 年版，第 79 页。

② 《马克思恩格斯选集》第 4 卷，人民出版社 2012 年版，第 468 页。

统治阶级和被统治阶级共同生活的社会秩序和有效的生产秩序。马克思认为，剥削阶级国家存在两种职能。一种职能是“包括执行由一切社会的性质产生的公共事物”所产生的职能，另一种职能是“包括由政府同人民大众相对立而产生”的职能。[①] 马克思在分析亚洲国家时就强调了国家举办公共工程的必要性。[②] 马克思举例说，不列颠由于没有做好印度的公共工程建设导致了农业的衰败。所以，马克思实际上赋予了政治国家的统治阶级工具以外一定的独立意义。最后，就国家与官僚阶层来看。政治国家权力的实现最终要依靠一定物质载体，这种物质载体就是掌握和运用政治权力的官僚阶层。黑格尔把官僚阶层视为普遍性。当然，黑格尔视野中的官僚阶层普遍性是虚假的，然而也反映了一定的事实，也就是说官僚阶层具有一定的自主性。马克思的著作中充满了对代表统治阶级行使权力的官僚阶层的虚伪性和邪恶性的揭露和批判。马克思认为，官僚阶层和机构是“虚假的国家”，其具有“社会的唯灵论性质”，而且官僚甚至把国家作为其“升官发财、飞黄腾达的手段”，把国家变为其“私有财产”[③]。官僚阶层并不能够成为政治国家与市民社会的有效的普遍的中介，其实质上是“国家形式主义”。官僚阶层与统治阶级的利益实质上是相融统一的，官僚阶层独立于统治阶级实质上就是背叛统治阶级。但是，马克思也分析了官僚阶层与统治阶级相分离的条件和情况。如马克思在《路易·波拿巴的雾月十八日》一文中就对波拿巴政权独立于统治阶级和社会的性质进行了分析，揭示了国家就是“完全独立的东西”[④]。马克思分析了官僚阶层独立于统治阶级的两种情况：一是社会经济基础尚不稳固，阶级发展不充分的条件下；二是阶级斗争处于

① 《马克思恩格斯全集》第 25 卷，人民出版社 1974 年版，第 432 页。
② 《马克思恩格斯选集》第 1 卷，人民出版社 2012 年版，第 850—851 页。
③ 《马克思恩格斯全集》第 1 卷，人民出版社 1956 年版，第 302 页。
④ 《马克思恩格斯选集》第 1 卷，人民出版社 2012 年版，第 761 页。

复杂的胶着状态，任何一方都不能够战胜另外一方的条件下。在此两种条件下，马克思认为官僚阶层实际上是可以独立于统治阶级的，从而“把国家政权当作凌驾于统治阶级和被统治阶级之上的一种力量来使用”①。马克思在分析落后国家形态中的官僚阶层地位时也指出，在那些“等级还没有完全发展成为阶级”的国家，或者“已被消灭的等级还起着某种作用”的国家，以及“存在着某种混合体”的国家，② 国家也是存在一定自主性的。所以，马克思实际上承认国家具有与统治阶级相差异的独立性。这里还有一个问题就是如何理解这里所谈到的国家的三种性质的关系问题。阶级性是国家的根本性质，是主导和制约国家社会性和国家相对自主性的。马克思在《资本论》中分析了法权，认为创造“这种权利的，是生产关系”③，占主导地位的生产关系影响和制约着其他非主导性的关系。所以，占主导地位的生产关系形成的国家必然要维护占主导地位的生产关系的阶级的利益，而国家的社会性和相对自主性则是在占主导地位的生产关系发展限度内的空间活动。国家社会性和国家相对自主性二者存在分殊和一致性：就二者分殊而言，国家社会性侧重于国家功能，国家本质上是人的一定社会历史实践活动的产物，其本身就是社会性质及其功能的一种反映；国家相对自主性侧重于国家与社会的中介功能，强调其与占主导地位的生产关系的相对独立状态。就二者一致而言，国家社会性和国家相对自主性实质上都反映了人与自然的关系和人与社会的关系及其中介所彰显的社会性质，反映了国家与社会之间的关系。

（二）国家的双重职能

国家职能和国家性质紧密相关，国家性质决定着需要何种国家职能。当然，国家职能本质上是由人的实践活动决定的，也是随着

---

① 《马克思恩格斯选集》第 3 卷，人民出版社 2012 年版，第 165 页。
② 《马克思恩格斯选集》第 1 卷，人民出版社 2012 年版，第 212 页。
③ 《马克思恩格斯全集》第 25 卷，人民出版社 1974 年版，第 874 页。

实践发展而变迁的，其中特别是生产过程中形成的生产关系和社会关系对于国家职能具有极为重要的作用。第一，国家的政治职能。政治职能就是国家作为统治阶级进行阶级统治的工具。恩格斯认为，国家无非是一个阶级镇压另一个阶级的机器。马克思在谈论所谓“原来意义上的政治权力”时，他就认为，这种权力实质上就是阶级性质的“有组织的暴力”①。马克思的论述实质上表明了处于占主导地位的生产关系的阶级对非主导地位的生产关系的阶级的压迫和剥削，因此，国家本质上就是维护统治阶级的经济基础的压迫性的工具。当然，这种政治职能有不同的表现形式，且其实现还需要相应的物质载体。一是就表现形式而言，政治职能可以具体体现为干预经济的职能、调控社会秩序的职能和意识形态生产职能。马克思在《资本论》中指出，国家和法是维护一定的生产方式的，但是，国家和法并不是消极的执行者，而是通过对经济生活的干预来对一定的生产方式进行巩固和保护，并且由此来弥补一定生产方式的不足和缺陷。如关于工厂立法，马克思就认为，这是社会“第一次有意识、有计划”的对“生产过程自发形态”的反作用。② 如关于信用制度，马克思评价说“按性质来说具有弹性的再生产过程”③。马克思认为殖民制度、国债制度和关税制度等实质上也是对资本主义生产方式发展的一种干预和弥补。调控社会秩序的职能是统治阶级巩固和保护其经济基础和上层建筑的必要手段。马克思认为，国家权力是一种“集中的有组织的社会暴力”，因此，国家实质上成为了一种奴役社会的力量，“变成了阶级专政的机器”④。所以，国家政治职能的重要表现就是奴役社会和控制社会秩序。意识

① 《马克思恩格斯选集》第1卷，人民出版社2012年版，第422页。

② 《马克思恩格斯选集》第2卷，人民出版社2012年版，第229—230页。

③ 《马克思恩格斯选集》第2卷，人民出版社2012年版，第572页。

④ 《马克思恩格斯选集》第3卷，人民出版社2012年版，第96页。

形态生产职能也是国家政治职能的重要方面。马克思就谈到，自由和平等等资产阶级法权观念实质上是资本主义生产关系的反映而已。马克思认为，流通领域“占统治地位的只是自由、平等、所有权和边沁”，这里成为了所谓天赋人权的“真正乐园”[①]，但是，在生产领域却深刻揭示了这些法权的虚假性。这些资产阶级法权观念真实地反映和维护着的是私有制。就物质载体而言，国家政治职能体现为司法、警察和监狱等暴力机构，也表现为各种国家制度。马克思把国家机构等同于国家，他说：“现代资产阶级国家体现在议会和政府这两大机构上。”[②] 马克思有时候直接把国家称为“国家政府机器”[③]。这些国家机器“是军队，是警察，是官吏、法官和部长，是教士”[④] “官僚、警察、常备军、僧侣、法官”[⑤]。马克思把政府国家机器定性为“秩序卫士”[⑥]。当然，国家政治职能的实现还体现为国家制度，如三权分立制度、议会制度和宪法制度等。马克思对此是有诸多论述的。总之，国家的政治职能实质上就是“由政府同人民大众相对立而产生的各种特有的职能”[⑦]，其核心是维护统治阶级的阶级利益。第二，国家的社会职能。社会职能也可以称为公共职能，目的是维护全社会的全体利益。马克思实际上也把这种职能叫作“合理职能”，这是由“国家的一般的共同的需要”而产生的。[⑧] “一般的共同的需要”有以下几层含义：一是表现为生产的物质基础的共同需要。马克思在论及东方国家时就指出，水利工程基础建设对国家存在的重要性。马克思说：“计算尼罗河水的涨落

---

① 《马克思恩格斯全集》第23卷，人民出版社1972年版，第199页。
② 《马克思恩格斯选集》第3卷，人民出版社2012年版，第163页。
③ 《马克思恩格斯选集》第3卷，人民出版社2012年版，第152页。
④ 《马克思恩格斯选集》第1卷，人民出版社2012年版，第522页。
⑤ 《马克思恩格斯选集》第3卷，人民出版社2012年版，第164页。
⑥ 《马克思恩格斯选集》第1卷，人民出版社2012年版，第522页。
⑦ 《马克思恩格斯选集》第2卷，人民出版社2012年版，第560页。
⑧ 《马克思恩格斯选集》第3卷，人民出版社2012年版，第167页。

期的需要……使祭司等级作为农业领导者进行统治”，因此，在生产力发展落后的印度，实现“供水的管理”也就成为了国家的重要职能。① 二是表现为协调社会矛盾冲突的共同需要。虽然国家具有阶级性，但是，国家在一定程度上也具有协调社会矛盾和维护社会秩序的共同需要。例如，马克思在《路易·波拿巴的雾月十八日》一文中就分析了国家对于社会矛盾冲突的协调作用。实际上，马克思承认国家的阶级性，也并没有否认国家的公共社会管理职能，因为没有了整个社会的稳定，那么，统治阶级的利益实际上也无法实现。三是表现为文化教育的共同需要。虽然马克思认为，占统治地位的统治阶级的意识形态是占统治地位的，而且这种意识形态是维护统治阶级利益的。但是，这种意识形态和文化教育却满足了社会发展的需要。四是表现为国家安全的共同需要。我们要看到马克思虽然承认国家具有公共社会职能，但是马克思并不承认国家会变成一个超阶级的国家。国家的社会性可以表现出一定的自主性和独立性，但国家的阶级性并没有削弱。只是在国家政治职能削弱后，国家的社会职能才会逐步占据主导地位，也才会把附着于社会职能上的政治性质消除。马克思认为，应该把纯属压迫性的旧政权机关职能消灭，但是，不应该把一些“旧政权的合理职能”也铲除，而是应该把其“归还给社会的负责任的勤务员”②。

马克思对国家职能的论述是从阶级角度来阐释的，他批判了在阶级社会中的国家职能实质上异化了，从而导致了“国家崇拜”和“权力拜物教”。马克思认为，“‘警察’、‘法庭’和‘行政机关’”等国家机器实质上是与市民社会相对立的。③ 实际而言，国家是一个“祸害”。所以，马克思以巴黎公社为例来说明，应该消除国家权力

---

① 《马克思恩格斯全集》第23卷，人民出版社1972年版，第562页。

② 《马克思恩格斯选集》第3卷，人民出版社2012年版，第100页。

③ 《马克思恩格斯全集》第1卷，人民出版社1956年版，第305—306页。

的垄断性和神秘性，公社实行普选制，“通过人民自己实现的人民管理制”①，国家权力行使者“总是处于切实的监督之下”②。

三 国家与意识形态

国家神话的形塑，离不开意识形态的贡献。从一定意义上讲，意识形态就是国家在观念上的实践。马克思意识形态理论与其国家理论是具有内在逻辑关联性的，也可以说，马克思国家观就蕴含了意识形态理论。

（一）马克思意识形态的存在论意义

对于意识形态应该如何理解，实际上存在两种思路：一是存在论思路，二是认识论思路。认识论思路认为，意识形态与科学紧密相关，也就是意识形态是一种虚假和错误意识。其依据是马克思在《德意志意识形态》中认为意识形态是人们对于社会关系的一种颠倒反映，因为它是不真实的和虚假的。马克思遵循的是：意识形态是一种阶级意识，阶级意识是一种只代表特殊利益的意识，而这种阶级意识代表的特殊利益却以一种普遍性表现出来，从而意识形态就是虚假和虚伪的。这种思路实际上是把意识形态作为一种知识论来看待，也就是把意识形态与客观世界或社会存在对举，从而来决断意识形态的科学与否。这种认识论思路关注的焦点在于意识形态的科学性，受制于意识形态，所以，这种思路并没有真正把握意识形态的意义。马克思主张一种意识形态的存在论思路。马克思说要跳出意识形态来看意识形态，那就必须找到新的逻辑起点，也就是需要从现实的个人的真实生活过程来观察现实的有生命的人的意识。马克思认为，意识形态是一定社会存在的产物，“我的普遍意识的活动本身也是我作为社会存

① 《马克思恩格斯全集》第17卷，人民出版社1963年版，第366页。
② 《马克思恩格斯选集》第3卷，人民出版社2012年版，第167页。

在物的理论存在"[①]。所以，不存在脱离人的实践的另外的意识和意识形态，意识和意识形态本身就是现实的个人的现实活动。马克思分析了人的现实活动的本质是劳动，整个世界历史都是人通过人的劳动而诞生的过程。但是，劳动实践活动具有目的性。所以，这实际上表明了意识和意识形态的实践性。因此，意识和意识形态不是一种外在的"纯粹的意识"[②]，其本身就是社会存在的重要组成部分。所以，马克思对意识和意识形态的认识是从存在论意义而非认识论意义来论证的，因此，这就表现为一种否定性和批判性意识形态。这种否定性意识形态是建基于分工异化导致的扭曲的社会物质生产关系上的。故此，意识形态实质上是在阶级社会中所形成的，其基本特征就是"自觉地或不自觉地用幻想的联系来取代并掩蔽现实的联系"[③]。当然，马克思意识形态思想的形成有其内在的逻辑[④]，这种内在逻辑在一定程度上与唯物史观成熟完善紧密相关。要刺穿意识形态坚硬外衣就要从人的实践活动的存在论意义出发，这必然需要坚持历史唯物主义，因为它就是一种意识形态批判理论和对人的实践活动的本真澄明的反映。

（二）意识形态的国家

既然意识形态是一种存在论概念，那么，它就必然表现为现实生活本身。马克思认为，意识形态是一定社会关系的产物。因此，意识形态的虚幻性实际上是存在的，究其原因，马克思认为有两个方面：一是"狭隘的物质活动方式"所导致，二是"狭隘的社会关系"所产生。[⑤] 但是，之所以造成这样，则是因为自然形成的分工，而这种

① 《马克思恩格斯全集》第42卷，人民出版社1979年版，第122页。

② 《马克思恩格斯选集》第1卷，人民出版社2012年版，第161页。

③ 俞吾金：《意识形态论》，人民出版社2009年版，第131页。

④ 俞吾金把马克思意识形态发展史归结为三个阶段：第一阶段（1845—1857）是创立阶段，第二阶段（1857—1870）是深化阶段，第三阶段（1871—1895）是完整的论述阶段。（参见俞吾金《意识形态论》，人民出版社2009年版，第64页。）

⑤ 《马克思恩格斯选集》第1卷，人民出版社2012年版，第151页。

分工是非自愿的。因此，这导致了“人本身的活动”对人自己而言却成为了一种异己的、压迫的力量，而且是不能为人所掌控的力量。①所以，分工所造成的统治阶级就把自己的特殊利益说成了普遍利益以维护这种“狭隘的社会关系”和“狭隘的物质活动方式”的缺陷。而在资本主义社会所形成的“商品拜物教”，实质上“反映成存在于生产者之外的物与物之间的社会关系”②。所以，意识形态实质上就是维护一定社会关系的阶级性质，它“不过是以思想的形式表现出来的占统治地位的物质关系”而已，但是统治阶级的意识形态却又掩盖这种占统治地位的物质关系的异化性和压迫性而力图表达出人民的共同利益和普遍利益，从而意识形态就把自己说成为“普遍性的形式”和“唯一合乎理性的、有普遍意义的思想”③。所以，政治国家实质上就如恩格斯所言变成了一种“第一个支配人的意识形态力量出现在我们面前”④，也就是成为了一种意识形态的国家，但是，这种国家远离了现实的物质经济联系，也就是远离了一定的“狭隘的社会关系”，从而形成了一种政治国家的意识形态建构性，由此呈现为一种国家神话。很显然，要消除国家的神话外衣，实质上也就是要消除国家的意识形态性，那么，只有消除社会物质生产关系的“狭隘性”，“就要靠改变了的环境而不是靠理论上的演绎”⑤，也就是说需要革命，而不仅是与“影子”作斗争的批判。

（三）社会主义国家与意识形态

马克思关于意识形态国家的认识是基于近代市民社会和资产阶级国家的，可以说是对扭曲的资产主义生产关系意识的集中体现的认识。马克思在《哥达纲领批判》中将资本主义社会之后的共产主义

---

① 《马克思恩格斯选集》第1卷，人民出版社2012年版，第165页。
② 《马克思恩格斯全集》第23卷，人民出版社1972年版，第88—89页。
③ 《马克思恩格斯选集》第1卷，人民出版社2012年版，第180页。
④ 《马克思恩格斯选集》第4卷，人民出版社2012年版，第259页。
⑤ 《马克思恩格斯文集》第1卷，人民出版社2009年版，第545页。

社会分成了初级和高级阶段。那么，马克思又是如何看待共产主义社会两个阶段的国家的意识形态问题的呢？也就是说社会主义国家是否也存在意识形态国家呢？马克思实际上对此是持否认态度的。在《共产党宣言》中，马克思就申明无产阶级是为绝大多数人的并且是为绝大数人谋利益的，因此，无产阶级意识实质上是对“扭曲”和“异化”的资本主义社会生产关系的“修正”。因为，无产阶级意识是在铲除了阶级存在这个条件的基础上，最终达至“消灭了它自己这个阶级的统治”①。所以，无产阶级国家意识就不是建基于一定压迫性和剥削性的社会关系之上，也就不是一种意识形态的国家。但是，马克思在论述共产主义初级阶段时却指出，共产主义初级阶段是从资本主义社会中脱胎而来的，因而在各方面也就必然“还带着它脱胎出来的那个旧社会的痕迹”②。马克思在分析初级阶段的“平等权利”时就指出，这种“平等权利”依然是资产阶级法权，但是其“原则和实践在这里已不再互相矛盾”③。这也就是说社会主义国家还没有完全越过“狭隘的资产阶级法权原则”，依然受到资产阶级意识形态的影响。当然，在共产主义高级阶段由于自由而全面发展的人组建了自由人联合体，所以，国家的意识形态性必然将消除，从而实现了国家社会性的复归。

四　国家形式与无产阶级革命专政

马克思对国家形式的阐明是从国家与社会关系角度来进行论述的，强调国家形式实质上是以生产关系为根本的社会关系的政治形式。国家形式是多样的，但其实质上是渊源于社会的。马克思认为，从资本主义社会发展到共产主义社会有一个过渡期即无产阶级革命专

---

① 《马克思恩格斯选集》第1卷，人民出版社2012年版，第422页。

② 《马克思恩格斯选集》第3卷，人民出版社2012年版，第363页。

③ 《马克思恩格斯选集》第3卷，人民出版社2012年版，第364页。

政的国家形式。

（一）国家形式

马克思对国家形式的内涵、根源、结构及其评价标准等都做了较为详细的论述，但是，马克思论述国家形式主要是从存在论意义也即从社会意义角度来阐释的，而不是把国家形式作为一个认识论角度来看待的。第一，国家形式的内涵。马克思认为，这主要是指国家政治制度。马克思在其著作中反复提出了“国家形式”这一概念，而“政治形式”和“国家类型”则很少提出，而列宁提及“国家类型”概念的次数则较多。我们仔细分析马克思著作中的“国家形式”概念，可以发现马克思的“国家形式”主要是指国家政治制度，他承继了黑格尔国家制度思想。黑格尔认为，自由意识的必然性的“客观的实体性”实质上就是“国家的机体”，但是，在黑格尔看来，这种国家机体也就是“真正的政治国家和国家制度”①。黑格尔的政治制度是一种纯粹理念的自我运动，具有神秘性和虚假普遍性，它表现为脱离内容的形式的纯粹发展。但是，黑格尔把国家视为有机体并把其定性为国家政治制度是有道理的。实际上，马克思赞同黑格尔的观点。② 在马克思看来，共和制和君主制等只是国家形式即国家政治制度而已，国家内容却是处于国家制度即国家形式之外。这里的国家内容实质上就是市民社会。马克思在《德意志意识形态》中认为，国家是一种冒充的共同体，这种共同体是采取国家这种“表现为一个整体的那种形式”，当然这种国家形式是与“社会的各个人”直接对立的。③ 马克思在《哥达纲领批判》中论述民主时就指出，“不同的文明国度中的不同的国家”存在纷繁的各样的国家形式。这里的国家形式实质上是指国家政治制度，如君主制和共和制，贵族制和民主制

① ［德］黑格尔：《法哲学原理》，范扬、张企泰译，商务印书馆 1979 年版，第 266 页。

② 《马克思恩格斯全集》第 1 卷，人民出版社 1960 年版，第 283 页。

③ 《马克思恩格斯选集》第 1 卷，人民出版社 2012 年版，第 201 页。

等。第二，国家形式的根据。由于马克思是从存在论意义上来论述国家形式的，所以，国家形式的根据必然根植于现实的个人的现实活动之中，首先就是社会生产关系。马克思认为，国家的构成基础是“直接从生产和交往中发展起来的社会组织”①，也是从“一定的个人的生活过程中”产生的。② 在分析“现代国家”时，马克思认为，现代国家实质上就是建立于“现代资产阶级社会的基础上”的国家，而差异化的国家形式则“只是这种社会的资本主义发展程度不同罢了”③。另外，马克思还强调，国家形式的多样化实质上是与生产力发展状况及社会自身发育状况紧密相关的。马克思指出，东方社会专制国家形式产生的一个重要原因，就是“由于文明程度太低，幅员太大，不能产生自愿的联合”④。马克思在《路易·波拿巴的雾月十八日》分析了法国专制集权国家则是由于“共同利益”扩大导致“国家不再是社会成员的自主活动，而成为政府活动的对象”⑤。而英国则是由于市场竞争的充分，所以，也就只需要“一个必需的最低限度的行政管理”⑥，因此，英国国家形式与法国有所不同。但是，国家不管形式如何，归根结底是现实的个人的现实实践活动，其中特别是社会生产关系所规定的。第三，国家形式的权力结构。这里的结构是指国家政治制度组织形式。马克思明确指出，国家权力实质上由对生产资料占支配地位的统治阶级所产生，而且“每一次都在相应的国家形式中获得实践的观念的表现”⑦。国家是为了维护资产阶级的利益而采取的“一种组织形式”⑧。这表明国家政治制度实质上是围绕某

---

① 《马克思恩格斯选集》第 1 卷，人民出版社 2012 年版，第 211 页。
② 《马克思恩格斯选集》第 1 卷，人民出版社 2012 年版，第 151 页。
③ 《马克思恩格斯选集》第 3 卷，人民出版社 2012 年版，第 373 页。
④ 《马克思恩格斯文集》第 2 卷，人民出版社 2009 年版，第 679 页。
⑤ 《马克思恩格斯文集》第 2 卷，人民出版社 2009 年版，第 565 页。
⑥ 《马克思恩格斯文集》第 2 卷，人民出版社 2009 年版，第 423 页。
⑦ 《马克思恩格斯选集》第 1 卷，人民出版社 2012 年版，第 170 页。
⑧ 《马克思恩格斯选集》第 1 卷，人民出版社 2012 年版，第 212 页。

个阶级的利益及其产生的社会权力而展开的。其一，马克思反对黑格尔所主张的立法权、行政权和王权的划分，特别是反对黑格尔认为权力落脚于王权的普遍性。马克思主张立法权具有普遍性，国家权力应该集中于立法机关，立法权应该高于行政权，要坚决反对王权。马克思认为，行政权是“国民的他治而不是国民的自治”①，而立法权与之相反。对于议会制度，马克思认为，这是“自由选举出来的选民代表机关”②。虽然马克思批判资产阶级社会的议会制度，但是还是肯定其有人民的“自治”性质。其二，关于权力的集权与分权关系，马克思认为要辩证地看待中央集权和地方自治的关系。马克思在分析德国统一时就指出集权的重要性，他坚决主张要把权力“集中在国家政权手中”③。但是，马克思在分析西班牙国家时指出，地方自治使得“西班牙社会却充满生气，它的每一部分都洋溢着反抗力量”④。实际上，我们看到马克思也认为巴黎公社是一种地方自治。其三，关于选举制度。选举制度是国家政治制度的重要内容。马克思对资产阶级社会的选举制度的弊端深恶痛绝，但是，马克思却认为这一制度能够“模模糊糊地多少”反映一些“社会发展的真实情况”，“互相竞争的政党的候选人代表着选民群众的利益”⑤。马克思在分析革命道路时指出，对于英国的无产阶级的解放来说，选举也是一条现实的道路，这是因为“实行普选权的必然结果就是工人阶级的政治统治”⑥。马克思也承认，普选权在不同国家的不同发展水平中会呈现出不同的性质。马克思在对比英国和法国的革命道路时强调指出，在法国，“普选权是革命的直接内容”，并作为团结的口号提出来，而在英国，

① 《马克思恩格斯文集》第 2 卷，人民出版社 2009 年版，第 563 页。
② 《马克思恩格斯全集》第 11 卷，人民出版社 1962 年版，第 157 页。
③ 《马克思恩格斯文集》第 2 卷，人民出版社 2009 年版，第 197 页。
④ 《马克思恩格斯全集》第 13 卷，人民出版社 1998 年版，第 511 页。
⑤ 《马克思恩格斯全集》第 11 卷，人民出版社 1995 年版，第 435—436 页。
⑥ 《马克思恩格斯全集》第 11 卷，人民出版社 1995 年版，第 411 页。

“革命是普选权的直接内容”，并作为战争的口号提出来。随着无产阶级的发展，“普选权逐渐地摆脱了唯心主义的性质”①。其四，关于政党制度。马克思认为政党是阶级利益的代表，也是开展政治活动的领导者。政党的出现表明了阶级发展到了自觉性阶段。马克思在分析英国的托利党和辉格党时指出，两党实质上分别是土地贵族的利益代表者和“资产阶级即工商业中间阶级的贵族代表”②，但是由于资本主义发展，这两党演化为保守党和自由党。同时，马克思在分析英国政党时也认为，即使是在同一阶级中也存在不同的阶层，从而也建构出不同的政党，这主要表现为“单纯的派系”和“集团”等，如“皮尔派”和“波拿巴派”等。对于政党的性质，马克思认为是存在先进与落后之别的，这关键是看其是否符合社会历史发展潮流。马克思评价英国的“自由贸易派”和“宪章派”等党派具有“政治积极性的部分”，当然最先进的政党是无产阶级政党，因为它“使无产阶级成为阶级”和“自为阶级”，为的是建立一个自由联合共同体。可是，马克思也认为，英国的“平等派”和法国的“巴贝夫的密谋派”等是“能动的共产主义政党”③，但却存在一定落后性，并非具有先进性。第四，国家形式的评价依据。马克思在评价1848年德法革命后建立的国家形式时，回答了革命者的一个疑问：“横在我们面前的深渊是否能把我们民主主义者引入迷途，使我们认为争取国家形式的斗争似乎是空洞的、幻想的和毫无意义的呢?”④ 马克思认为，那种“不掩盖社会矛盾”，用“人为的办法”，并且能够进行公开斗争来解决矛盾的国家形式就是最好的。⑤ 国家形式的最佳取决于是否有利于解决社会矛盾。马克思在《柏林的反革命》一文中就指出，代议民

---

① 《马克思恩格斯全集》第11卷，人民出版社1962年版，第301页。
② 《马克思恩格斯全集》第11卷，人民出版社1995年版，第418页。
③ 《马克思恩格斯全集》第4卷，人民出版社1958年版，第334页。
④ 《马克思恩格斯全集》第5卷，人民出版社1958年版，第157页。
⑤ 《马克思恩格斯全集》第5卷，人民出版社1958年版，第157页。

主制度在当时就是最佳的国家形式，因为“国民议会的会址是在人民群众中”[①]。在《路易波拿巴的雾月十八日》中，马克思认为当时最好的国家形式就是共和国。所以，马克思评价国家形式的依据实质上是与国家形式的产生依据紧密相关的，也就是要着力于社会生产关系和社会矛盾的发展和解决。

（二）无产阶级革命专政

学界对于马克思的无产阶级革命专政思想存在着以下观点：一是认为无产阶级革命专政思想是专制主义和极权主义的思想源头；二是认为无产阶级专政思想是一种政党专政、精英专政和领袖专政；三是认为无产阶级专政思想是与国家消亡思想相矛盾和对立的；四是认为无产阶级专政思想是反对自由民主的。这些观点是否正确反映了马克思无产阶级革命专政思想的精神实质和本真含义呢？笔者认为上述关于马克思无产阶级革命专政思想的观点是偏颇的，并没有反映无产阶级革命专政这一新型国家形式的本真内涵。那么，马克思无产阶级革命专政国家形式是什么呢？第一，无产阶级革命专政是一种并非专制的专政。马克思明确指出，工人阶级革命的首要一步就是要使自己成为统治阶级并取得民主。马克思在《1848 年至 1850 年的法兰西阶级斗争》中首次提出了“工人阶级专政”概念，在 1875 年《哥达纲领批判》中，他明确提出了“无产阶级的革命专政”思想。但是，马克思提出的无产阶级的革命专政并非波兰人科拉科夫斯基所言的“极权主义运动的意识形态”[②]，也非伯恩斯坦所言的“属于较低下的文化，……是政治上的返祖现象”[③]。实际上，马克思“无产阶级的革命专政”中的“专政”并不与专制同义。据学者研究，从词源学来

---

① 《马克思恩格斯全集》第 6 卷，人民出版社 1961 年版，第 25 页。

② 李宗禹：《国外学者论斯大林模式》上，中央编译出版社 1995 年版，第 48 页。

③ ［德］伯恩斯坦：《社会主义的前提和社会民主党的任务》，殷叙彝译，生活·读书·新知三联书店 1965 年版，第 195 页。

看，在古罗马，专政恰恰是与专制相对立的，“‘专政’（dictatorship）或‘独裁者’（dictator）”是在国家受到外在威胁情况下得到批准和授权的最高官员。[①] 这种独裁是宪法规定的独裁者，是在国家危机时期以救世主的身份出现的，这一术语直到拿破仑·波拿巴在法国崛起才成为贬义词。马克思运用“专政”一词主要是用来分析 1848 年法德等国家革命。著名学者德雷珀在《马克思与无产阶级专政》一文中认为，马克思的“专政”含义并非是与民主相对，而是保留了很多世纪以来的含义，是民主的一种形式。实际上，我们从马克思运用“专政”一词来分析 1848 年欧洲革命的含义来看，专政是“工人阶级政治权力、工人国家”，也是指无产阶级统治。[②] 因此，马克思的无产阶级革命专政不是一种反民主的专政，实质上是一种新型民主形式，也就是说无产阶级革命专政实质上是无产阶级民主。我们可从马克思对巴黎公社的经验总结来分析，马克思对无产阶级专政国家的结构问题的分析显示了无产阶级民主特点。其一，马克思主张立法机关和行政机关的统一，反对资产阶级议会制中的三权分立。他认为实行议行合一的巴黎公社是“一个实干的而不是议会式的机构”，这样可以有效保障人民行使管理国家的权力。其二，马克思主张地方自治。他认为，地方自治实质上是政治国家权力回归社会的重要方式。马克思主张，公社可以成为一种基本政治形式，也可以通过“中心城镇的代表会议”来实现自治。其三，马克思还主张，公社管理人员是通过普选选举的，可以撤换的，并且是受到严格监督的，管理人员的工资不高于工人薪资水平。其四，马克思主张实行政教分离，铲除常备军和警察，代之以国民军。这些治理方式实质上是与资产阶级民主性质截然不同的。公社的无产阶级专政实质上就是要让“社会把国家政权

---

① 郁建兴：《马克思国家观与现时代》，东方出版社 2007 年版，第 124 页。

② 郁建兴：《马克思国家观与现时代》，东方出版社 2007 年版，第 126 页。

重新收回”①。故此，马克思的无产阶级革命专政实质就是无产阶级民主，而且是一种超越狭隘的资产阶级民主形式，其代表的是一种绝大多数人和绝大多数人利益的民主。当然，无产阶级革命专政作为一种无产阶级民主，并没有忽视以往政治文明发展取得的成果，特别是资产阶级政治文明发展的成果，而是汲取了以往的文明成果。因此，我们可以说马克思无产阶级革命专政不是一种专制的专政，是一种新型无产阶级民主。第二，无产阶级革命专政是阶级专政，而不是领袖专政，更不是精英专政、政党专政和秘密专政。魏特林主张建立一个由“最有洞察力的人”组成专制的政府。巴枯宁主张，建立一个拥有不受限制的、独裁权力的少数人的秘密专政。布朗基主张，建立一个少数人专政的、不实行民主的“巴黎专政”。后来的伯恩斯坦甚至指责马克思的无产阶级专政就是布朗基主义。这些观点实质上都是对马克思无产阶级革命专政思想的错误理解。马克思始终强调无产阶级革命专政是一种代表绝大多数人利益的阶级专政。马克思这一思想的提出就是针对布朗基主义等的观点。马克思为了区别于布朗基主义的“专政”而提出了“革命的社会主义”就是“无产阶级的阶级专政”，并且在“阶级专政”上打上了着重号。1871 年马克思在纪念第一国际成立 1 周年时指出，无产阶级专政是“一个新的阶级统治形式”。马克思后来批判拉萨尔主义的“自由国家”概念时提出的也是“无产阶级的革命专政”。对无产阶级革命专政是阶级专政的观念之所以发生误解，其原因在于：一是把无产阶级专政的含义与资产阶级专政的含义混淆了，忽视了其专政的前提和性质不同；二是无产阶级专政总是要通过无产阶级政党来实现和执行，这导致把无产阶级政党等同于无产阶级本身，也就是政党利益凌驾于阶级利益之上；三是把无产阶级在革命时期夺取政权的特殊的或者具体制度等上升为无产阶级夺

① 《马克思恩格斯选集》第 3 卷，人民出版社 2012 年版，第 140 页。

取政权之后的普遍性行为，如少数人的领导骨干以及秘密组织。造成对马克思无产阶级专政不是阶级专政这一错误认识的根本原因，在于没有真正理解马克思主义的实质。第三，马克思无产阶级革命专政是革命性的，而不是与国家消亡相矛盾的，其实质上是趋向于国家消亡的。伯恩斯坦批判无产阶级专政是一种“低级文化”和“返祖现象”是错误的，巴枯宁批判马克思重新制造一个新的“无产阶级要从属于这个新的统治”① 观念也是错误的。马克思始终强调无产阶级专政的使命是为了消灭阶级和国家，但是，马克思并不是无条件地废除国家，而是注重消灭国家的历史条件的。其一，马克思强调消灭资产阶级专政的必要性和建立无产阶级专政的必要性。马克思认为，由于阶级存在的条件还存在，因此，对于这些条件只能采用暴力来铲除并且加速这一条件消亡的过程。所以，建立无产阶级暴力专政是极为必要的，也只有暴力才可以推翻资产阶级专政。其二，马克思既强调无产阶级专政的革命性，也强调其暂时性和过渡性。无产阶级的最终目的是消亡阶级，从而消亡国家。从无产阶级统治方式来看，“能够以最合理、最人道的方式经历它的几个不同阶段”来进行生产资料所有制的改造，从而重建个人所有制。实际上，国家和阶级消亡的经济政治条件需要有一个逐步从异化到复归社会性的过程，也就是从政治解放到人类解放有一个漫长的过程。所以，马克思的无产阶级革命专政仅仅是从资本主义社会过渡到共产主义社会的一个暂时性的过渡性的政治形式，其是趋向于国家消亡的，当然，这就不是库诺所说的“社会学家马克思”和“政治学家马克思”两个马克思相矛盾的观点。

五　国家与人的解放

人的解放是马克思思想发展的主线，也是马克思追求的价值归

① 转引自《马克思恩格斯文集》第3卷，人民出版社2009年版，第403页。

宿。国家思想作为马克思思想的重要组成部分，其实质也是揭示了人的解放的价值诉求。人的解放是马克思国家观的价值旨归，作为政治解放形式的国家对人的解放具有双重性作用，人的解放是超越于经济和政治的。

（一）人的解放是马克思国家观的价值前提

第一，从马克思思想的实质来看，毫无疑问，追求人的自由而全面的发展是马克思思想的精神实质，而作为马克思思想重要组成部分的国家思想也是如此。在《〈黑格尔法哲学批判〉导言》中，马克思就指出："德国人的解放就是人的解放。"他还指出了人类解放和无产阶级解放之间的内在关联。① 马克思在《共产党宣言》中直接表明了他所想建立的理想社会是一个自由人联合体，在这个联合体里面"每一个人的自由发展是一切人自由发展的前提"。第二，从马克思对现代社会和现代国家的批判来看，马克思认为，现代社会实质上是一个异化的社会，本质上就是人的异化，充满了人对人的压迫性和剥削性，体现了一种扭曲、异化和压迫的社会关系。那么，建基于现代社会之上的现代国家是"当代政治的普遍障碍"，因为它"只凭虚构的方式满足整个人"，而这种个人还是"现代国家制度的私人"②。"私人"概念表明现代国家中的个人实质上是二元分离的个人，并非完整的现实个人。所以，立足于人的解放是马克思批判的基本价值立场。第三，从马克思对国家的本质认识来看，人的解放是马克思国家观的核心。国家之所以产生，究其根源就是人的二元分离。市民社会与政治国家之间的矛盾本质就是公人与私人的分离的反映。国家的阶级本质深刻反映了人因所处生产地位不同而导致的阶级地位不同所产生的异化的社会关系，它也反映了一部分对另一部分的压迫性和剥削性。故此，要消除这种异化的社会阶级关系，使其回归"人的本质的

① 《马克思恩格斯选集》第1卷，人民出版社2012年版，第16页。
② 《马克思恩格斯全集》第1卷，人民出版社1956年版，第346页。

真正占有”[1]，而要达到这一目的，就必然要消灭剥削性的社会生产关系，消灭由此建立的阶级，从而消亡国家。因此，马克思国家观立论的价值前提是人的解放。

（二）政治国家对人的解放的双重作用

从文献调查来看，马克思对政治国家与人的解放之间的关系实际上表征为两条线索：一是政治国家对人的解放的局限性，这表现为马克思对政治国家的批判性态度；二是政治国家对人的解放的促进性，这表现为马克思对政治国家作为人的发展的中介的肯定性态度。这两条线索是相互交织的，前一线索为明线，而后一线索为暗线。第一，就局限性而言。马克思深刻批判了包括资产阶级国家在内的一切阶级国家对人的社会性的扭曲和压迫，这可以从马克思所有的著作中体现出来。马克思的《资本论》就深刻揭示了资本主义国家的异化性质，因为资本这一核心概念本身就揭示了一种异化的人的社会生产关系和表明了一种剥削性和压迫性的社会关系本质。实际上，马克思在《论犹太人问题》一文中就指出了政治解放形式的局限性。因为这种国家是一种虚假的共同体形式，它是以人与人的各种差别为前提的。在政治国家中，人实际上是过着“天国的生活和尘世的生活”的双重生活，这本质上揭示了人的二元分离性。由此，马克思明确指出，“政治共同体中的生活”是“人把自己看作社会存在物”，但却是一种虚构的和非现实的生活；而“市民社会中的生活”则把人视为工具，人作为一种“私人进行活动”[2]。所以，马克思认为，政治解放的发展必然要走向人类解放，要把人的世界归还给人本身。第二，马克思承认，国家实质上是实现人的解放的必要中介，甚至是重要的一环。从唯物辩证法来看，马克思关于政治国家对人的解放的局限性的批判，实质上从肯定意义上表明了政治国家对人的解放的积极意义。马

① 马克思：《1844 年经济学哲学手稿》，人民出版社 2000 年版，第 81 页。

② 《马克思恩格斯全集》第 3 卷，人民出版社 2002 年版，第 172、173 页。

克思把政治解放视为人类解放的前提和必要阶段，这本身就表明了政治解放对人的解放的积极意义。国家作为政治解放的形式，虽然具有局限性，但是，其在历史发展中却不断深化了人的解放意义。现代资本主义国家在消除封建特权和等级制度的基础上建立了宪法意义上的自由、平等和公正等普遍性理念，这些理念虽然实质上是把人视为手段和工具，贬低为物，但是，不可置疑的是它促进了人的发展，虽然是一种异化的发展。所以，现代国家是以一种异化的普遍性形式而对人的普遍性的一种占有。马克思认为，“人通过国家这个中介得到解放”，本质上就是从某种限制或狭隘中使得自己解放出来，当然，这种解放方式是一种矛盾的方式和“抽象的、有限的、局部的方式”①。因此，马克思承认，这种“中介”对人的解放是“必不可少的”②。另外，国家作为中介还可以体现在占有人的共同社会性上。我们可以通过占有资产阶级国家，从而占有社会性。因为资本主义国家取得了辉煌的物质生产力成果，同时，也取得了与生产力发展相应的政治文明成果，故而，资本主义国家实质上就是通过一种异化方式实现了对社会性的共同占有。因此，在一定意义上，占有资产阶级国家就是占有了某种程度的社会性。我们还可以通过无产阶级专政来共同占有社会性。因为无产阶级专政是通过国家形式而消亡国家，也就是说要把一切政治力量回归到社会中去。马克思在评价巴黎公社时就指出，这是“使劳动在经济上获得解放的政治形式”③。这种政治形式要把国家所夺取的一切权力“归还给社会机体”④。这要求无产阶级上升为统治阶级，实现真正意义上的具有“社会本质”的共和国，以及要求把消除一切公共权力的政治性质与社会管理职能回归社会自身。所

① 《马克思恩格斯文集》第 1 卷，人民出版社 2009 年版，第 28—29 页。
② 《马克思恩格斯文集》第 1 卷，人民出版社 2009 年版，第 29 页。
③ 《马克思恩格斯文集》第 3 卷，人民出版社 2009 年版，第 158 页。
④ 《马克思恩格斯文集》第 3 卷，人民出版社 2009 年版，第 157 页。

以，无产阶级专政实质上就是要通过国家手段实现对国家及其共同社会性的普遍占有。因此，马克思认为，国家实际上就对人的解放起着一种促进作用。政治国家对人的解放的双重作用，我们需要辩证地去看待。它们实质上是一个事物的两面。

（三）人的解放是超越于经济与政治的

马克思说："社会结构和国家总是从一定的个人的生活过程中产生的。"① 这种"一定的个人的生活过程"可以表现为生产关系、社会关系和政治关系，也就是呈现为经济关系和政治关系。因此，人的解放程度总是与人被经济关系和政治关系束缚的解放程度紧密相关。要实现人的解放就必须超越于经济与政治，建构一个"个人才能获得全面发展其才能的手段"的"真正的共同体"②。为此，马克思认为要实现政治解放、社会解放和人类解放的三个发展阶段。第一，就政治解放而言，无产阶级必须获得统治地位，争得民主。在此基础上，无产阶级专政进一步发展生产力，消除阻碍人的自由全面发展的各种障碍，也即消除社会关系的政治性质。实际上，马克思也对资产阶级国家的政治解放进行了辩证分析，一方面其推翻封建特权，实现了资产阶级政治革命，这是一大社会进步；另一方面其具有局限性，在现实生活中并没有解决人的二元分离问题。第二，就社会解放而言，实质上是要实现政治国家的权力向社会本性的回归，消除产生国家的异化的社会生产关系，这实质上是要处理市民社会与政治国家的关系。而要解决这一矛盾关系，必须实现人对自身关系和世界的自觉把握，其关键是要有物质生产力的极大发展，也就是说没有经济关系的解放很难使政治关系去政治性。马克思认为，如果说没有生产力的充分发展，"那就只会有贫穷、极端贫困的普遍化"，这会导致人们为了基

① 《马克思恩格斯选集》第1卷，人民出版社2012年版，第151页。
② 《马克思恩格斯选集》第1卷，人民出版社2012年版，第199页。

本生存而斗争，那么，各种“陈腐污浊的东西又要死灰复燃”①。所以，社会解放的前提是物质生产力的极大发展，同时，在此基础上来消除国家的政治性，从而实现国家与社会的统一，使得社会本身充满生机和力量。第三，就人类解放而言，个人与联合体是完美统一的，个人是自由而全面发展的现实的个人，消除了社会生活中的个人的二元分离矛盾。马克思明确阐释了人的解放的标准，他认为：一是“现实的个人同时也是抽象的公民”，个人在自己的所有社会生活中“成为类存在物”；二是“人认识到自己的原有力量”，并且个人把这种力量看成社会力量与政治力量相统一。② 因此，根据马克思的论述，人类解放实质上就是回归社会生活本身，实现一种真正现实的个人的全面、自由发展。这种人的个性核心就是要解放劳动，使劳动从一种分工强制下的自发状态转化为一种自由联合下的自觉状态。而要实现马克思的人类解放很显然是要经过前述的政治解放和社会解放阶段。总之，马克思认为，人类解放最终要超越于经济和政治，在共产主义社会中实现现实的个人的解放。

以上所述马克思国家观的内容是概略性的，但是却构成了马克思国家观的主要思想。这五个部分的内容是紧密相连的，形塑成一个自洽的逻辑整体，充分体现了马克思的历史唯物主义视角下实现的国家观内容的变革性。国家神话的形塑，实质上就是一种特殊阶级利益的普遍性所导致的，其掩盖了国家的起源和国家的本质。国家本质上就有一种阶级性，是一种异化的社会生产关系的扭曲反映，表现为一种虚假共同体。国家为了与这种异化的社会生产关系的需要相适应，表现出国家的政治和社会职能。国家呈现为了一种虚假共同体的现实性，却同时构建了一个意识形态的国家，也即观念中的国家。为了实现国家所代表的一定社会生产关系的阶级利益必然需要采取相应的国

① 《马克思恩格斯选集》第 1 卷，人民出版社 2012 年版，第 166 页。

② 《马克思恩格斯文集》第 1 卷，人民出版社 2009 年版，第 46 页。

家形式，国家形式可以纷繁复杂多样，但国家形式所体现的一定社会性质却是决定性的。无产阶级革命专政国家形式是一种新型的国家形式，实质上是一种无产阶级统治和无产阶级民主，其使命是要消亡国家。国家神话的祛魅最终就是要使国家回归社会，就是要实现人的解放。因此，马克思国家观逻辑发展的价值归宿是实现人的自由而全面的发展。所以，马克思国家观从根源上解决了市民社会与政治国家这一近代社会时代性问题，也破解了人的二元分离矛盾。所以，马克思的国家问题实质上是人的解放问题。

第三节　马克思国家观的科学与价值

马克思国家观的基本价值是马克思国家观中深层的、相对稳定和起着主导作用的成分，可以说是马克思国家观的核心理念和根本精神，它是解决近代社会时代主题即市民社会与政治国家之间矛盾的核心理念和根本精神。只有掌握了马克思国家观的根本精神和基本价值，我们才可以沿着马克思开辟的国家观道路前进，并进而超越于马克思。马克思国家观的基本价值就是要把握马克思国家观中“不变”的东西。笔者认为，马克思国家观的基本价值是科学理性和价值理性的交汇。

一　国家观的事实性和规范性的统一

马克思视野中的国家问题既是一个政治科学问题，也是一个政治哲学问题。包括国家问题在内的政治哲学问题实际上是对人类社会政治生活的反思，为此，马克思坚持从唯物史观出发来考察国家问题，也就是必须坚持从社会存在和人的实践方式来理解国家问题，而人的实践方式既呈现出事实认知科学性，也呈现出人的价值评价规范性。

由此，马克思视野中的国家是事实性和规范性的统一。

哈贝马斯在评价当代西方政治理论时就指出，目前政治理论研究，在“事实性和有效性”之间的关系是处于“彼此几乎无话可说的境地”。他认为，这导致的严重后果是规范主义研究有“脱离社会现实的危险”，同时，客观主义研究则忽略了“所有规范的方面”①。哈氏这一评价是极为精当的，他这一评价也很适合我们当下对马克思国家观的思考倾向，那就是试图割裂马克思关于国家的事实性和规范性关系。而实际上，马克思国家观是事实性和规范性的统一，不是其中任何一种片面性的国家思想图景。

（一）国家观的事实性向度

所谓国家观的事实性向度，即是以事实性为根据来揭示国家的本质及其发展规律，也就是对国家是什么进行说明和阐述。马克思从社会存在来揭示“国家是什么”的问题，因而不是脱离客观社会现实的。马克思强调，“解释社会结构和政治结构同生产的联系”应当依据经验观察来进行，各种抽象思辨和神秘的东西都应该拒绝。② 国家问题作为一种社会历史现象，必然需要从人类社会经验，其中特别是从生产关系角度出发来研判。对于“国家是什么”问题，马克思从两个方面进行了揭示：一方面，马克思从负面意义来谈论国家问题。我们在马克思著作中可以看到马克思对作为阶级矛盾冲突产物的国家的批判，深刻揭示了阶级国家的残酷性、剥削性和非正义性，反映了阶级国家的否定性意义。这本身表明马克思对“国家不是什么”的一种论述。另一方面，马克思从正面意义来谈论国家问题。马克思深刻揭示了国家的起源、国家的性质、国家的本质、国家的职能以及国家消亡等问题，也就是充分揭示了国家的

① ［德］哈贝马斯：《在事实与规范之间》，童世骏译，生活·读书·新知三联书店 2003 年版，第 8 页。

② 《马克思恩格斯选集》第 1 卷，人民出版社 2012 年版，第 151 页。

本质及其发展规律。马克思还论述了无产阶级革命专政国家的性质及其权力结构。这些都可以说是对“国家是什么”问题的阐述，也就是对国家这一客观社会历史现象的本质规律的认知和揭示。这实际上是一种事实性描述和分析。

（二）国家观的规范性向度

所谓规范性向度，就是指国家观的价值性向度，强调用道义性和价值性准则来评判社会政治生活，探究社会政治生活以及政治制度等。学界对国家观的事实性向度一般异议较少，但是，对马克思国家观是否具有规范性向度则持不同态度。持否认态度的观点认为，马克思的历史唯物主义是对人类社会历史发展规律的认识和揭示，其突出的是事实性认知维度，其中，特别是马克思关于社会政治生活的认知是事实性的。分析马克思主义者伍德就持此种观点。在伍德看来，历史唯物主义是一种科学，而非一种伦理或道德。他认为，马克思并非是在正义或其他道德地基上谴责资本主义，而马克思也是拒绝这一立场的，并认为这是错误和虚幻的观念，而历史唯物主义恰恰能够澄清此点。因此，伍德实际上否认了规范性向度的历史唯物主义，那么，同样就对社会政治生活的规范性向度也持否认态度。而实际上，我们看到马克思关于社会政治生活的论述是具有批判性的。金里卡认为，马克思对资本主义社会的道义批判仅仅是一种策略性，“作为革命基础的，是经济矛盾而非道德依据”①。伍德和金里卡等人的观点实际上没有看到唯物史观的规范性向度，这是错误的。实际上，马克思的唯物史观是具有规范性向度的，也就是马克思并不是人类社会政治生活的冷静的旁观者和描述者以及必然性的揭示者，而是具有价值立场和价值目标的。这一价值性就是马克思在《共产党宣言》

① ［加］威尔·金里卡：《当代政治哲学》上，刘莘译，上海三联书店2004年版，第304页。

中申明的人的自由而全面发展的价值理念，这一价值理念是贯彻于马克思思想始终的，也是贯彻于马克思国家观中的。这一价值理念也可以称为人类解放。实际上，我们可以从马克思关于国家问题的所有论述中发现马克思思想是深刻蕴含着人类解放的价值理念的，并且也是以人类解放的价值理念来评判国家以及社会政治生活的。比如马克思关于国家消亡的理论就深刻反映了人类解放的价值理念。马克思认为，国家作为一种阶级矛盾冲突的产物，是一个社会历史范畴，它反映的是一定历史条件下的异化的社会生产关系，其实质上是现实的个人的异化。因此，消除异化的社会生产关系基础上产生的阶级，实质上就是消除异化的现实的个人，只有实现现实的个人的自由而全面发展，才可以真正消亡国家。故而，国家消亡实质上就是人类的解放。所以，马克思的国家观是具有规范性向度的，忽视了这一向度，那么，对马克思国家观的认知就可能会获得一种片面的图景。

（三）国家的事实性向度和规范性向度的统一

单就事实性向度或规范性向度来论述马克思国家观都是片面的，实际上，国家的事实性向度和规范性向度二者应该是辩证统一的，也就是说规范性向度是以事实性向度为前提，而事实性向度则是以规范性向度为价值标的。著名美国学者伊安·夏皮罗指出，马克思虽然“避免了明示的规范性论述”，但是，这一论述却从科学理论中透显出来。① 夏皮罗道出了马克思思想这一个特点。但是，我们需要把握的是马克思实现国家的事实性向度和规范性向度统一的方式有何特色。在这里存在非历史主义和历史主义两种方式。就非历史主义视野看来，事实性向度和规范性向度是平行线，无法消除二者之间的鸿沟。施特劳斯说，非历史主义是依据“自然的或者理性的秩序”来

---

① ［美］伊安·夏皮罗：《政治的道德基础》，姚建华、宋国友译，上海三联书店2006年版，第117页。

实现对“普遍原则的认可”，而且也是凭借此来判别一切的。[①] 所以，自然法和理性就成为客观主义，以此来衡量社会政治生活。但是，与之相反，历史主义则反对那种“普遍而永恒不变的规范”[②]。马克思实际上是持一种历史主义态度，主张在事实性向度和规范性向度之间存在着历史性向度，从而把二者矛盾的解决置于一种现实的人的实践活动过程之中。因此，马克思认为，国家的规范性向度实质上是以事实性向度为基础和前提的，是在一定历史条件下的道义规范，因而这种道义规范是相对的。同样，国家的事实性向度是以规范性向度为牵引的，马克思反对离开一定的历史条件下的历史事实来对国家进行道义评判，也反对离开一定的道义规范原则来进行纯粹的国家观察和描述。比如马克思对资本主义国家的分析，我们可以看到，他既有对资本主义国家的虚伪性和不正义性的批判，又有对资本主义国家对人类的解放所起到的积极作用的肯定。我们还可以从马克思对人类社会形态划分的三种形态来观察，这三种形态就是以人类的解放程度来作为划分标准的，这三种形态是与人类社会政治生活发展程度紧密相关的。因此，马克思国家观实质上是事实性向度和规范性向度的辩证统一。

二　国家观的理想性和现实性的统一

国家作为人类社会政治生活必然需要追求形而上之至善，也就是要探求绝对应然的国家的理想性，即如哈贝马斯所说的“生活方式的最高的善”，按马克思的说法就是“每个人的自由而全面发展”，这是人类社会政治生活的最高价值，我们可以概括为国家观的理想性。

---

① ［德］列奥·施特劳斯：《自然权利与历史》，彭刚译，生活·读书·新知三联书店2003年版，第14页。

② ［德］列奥·施特劳斯：《自然权利与历史》，彭刚译，生活·读书·新知三联书店2003年版，第15页。

另一方面，国家观的理想性是绝对应然的，但是，现实的个人是在一定的历史实践条件下展开的社会政治活动，因此，国家也就必然具有相对应然性，也就是说国家可以对现实的社会政治生活进行和谐处理，从而展现出道德判断，我们可以概括为国家观的现实性。这两种国家观，在马克思国家观中是辩证统一的。

（一）马克思国家观的理想性是“每个人的自由而全面发展”

马克思国家观的理想性是赋予社会政治生活一种价值意义，这种意义是一种超越性的，也是一种形而上的价值诉求。它是有别于自由主义政治哲学的。自由主义政治哲学虽然也寻求一种超越性的理想性，但是，这种超越性的理想性却建基于一种理论预设前提之中。这种理论预设就是市民社会所揭示的个人主义的个人权利，个人权利实质上就是限制了这种超越性的理想的边界，也即其无法越过个人权利这一狭隘视野，其只能在“狭隘的资产阶级法权”范围内运行，从而也就无法解决个人与社会之间的矛盾，当然，市民社会与政治国家这一近代社会的时代主题也就无法超越。马克思国家的理想性却恰恰跳出了自由主义这一理论预设，而是以现实的个人的实践活动来理解国家的理想性，主张从存在论意义上来把握国家。所以，马克思提出了从政治解放到人类解放的历史过程，强调了国家消亡并最终建立无国家的自由人联合体。因此，马克思所述国家实质上是与人的解放紧密相关的，当然，这种解放概念是与生产发展相联系的，也是与消除各种异化的社会关系相联系的。

（二）马克思国家观的现实性是历史条件性的

马克思看待社会政治生活并不是以绝对性的理想性来观察和评判，而是始终遵从社会生活与政治生活相一致的角度来理解国家，强调国家的规范性或者价值性是基于一定的社会历史条件的，而不是脱离一定的社会历史条件的。比如说马克思对政治解放限度的分析，就表明马克思对国家的政治解放形式实际上是强调国家的现实性的。一方面，政治解放是对封建特权以及人身依附关系的清除，展现了个人的自由和权利，促进了人的发展。很显然，马克思是在一定历史条件下来回应“每个人的自由而全面发展”这一绝对性的理想性；另一方面，马克思又指认政治解放是有限度的，其最终将进一步发展到人类解放，并指明了实现这一解放的路径。因此，马克思对政治解放形式的理解就强调了国家观的现实性。实际上，马克思在分析无产阶级革命专政国家形式时，也提出了国家观的现实性问题。无产阶级革命专政作为从资本主义社会到共产主义社会的过渡期的国家形式是过渡时期的经济和政治结构所决定的，这就是在这种历史条件下可以实现一定程度的“每个人的自由而全面发展”，这就是马克思在此阶段深刻洞察到国家观的现实性问题。

当然，国家观的理想性和现实性是相互交融的，而不是相互割裂的，不存在一种僵硬的边界，它们都统一于人的实践活动之中。当然，这种交融最终要靠社会生产的发展来解决，需要从经济政治层面的深层动因来解决。

三 国家观的批判性和建设性的统一

马克思国家观是批判性和建设性的辩证统一。国家本身就是一定历史的社会生产关系的产物，是异化的社会生产关系的扭曲反映，其本身即具有非正义性。所以，马克思国家观就具有一种批判性。然而，依据唯物辩证法，客观事物总是在否定中发展的，那么，马克思这种国家观的批判性，又透显了一种肯定性意义的建设性，即如何建设一种应当的国家理想。马克思国家观的批判性和建设性两个方面是交织在一起的。

（一）马克思国家观的批判性

在史前社会，虽然也存在一种共同体形式，但其没有附着于共同体的政治形式，也就是没有出现因分工和私有制所导致的个人的二元分离，因此，个人与社会是朴素式融合的。但是，在私有制产生之后，国家作为解决个人与社会之间矛盾的产物，就彰显出了其本身的异化性。因此，马克思把国家与“每个人的自由而全面发展”相联系就必然表现出一种革命批判性。第一，马克思国家观的批判性的依据和方法论。马克思对国家的批判很显然是依据“每个人的自由而全面发展”，因为这是马克思思想的核心价值追求，也是马克思政治哲学的根基和魂魄。马克思对国家进行批判的方法论是马克思创立的历史唯物主义，从社会存在出发来批判国家这一社会历史现象。当然，马克思是深入到经济政治层面来批判国家，从现实的个人的存在论意义来批判国家，而不是仅仅把国家作为一种客观认知对象来加以批判。第二，马克思国家观的批判性的具体内容。马克思对国家的批判是具体的。国家概念本身是抽象的，它可以表现为国家的具体内容。就具体国家形式批判而言，马克思指明了“资产阶级的千年理性王国”的虚伪性。马克思也明确指出资产阶级国家实质上就是维护阶级利益的管理委员会，是为了保障资产者的“财产和利益所必然要采取的一种组织形式”①。马克思指出资产阶级国家政权实质上是社会的“累赘物”，是“纯属压迫性的机关”，是政治权力“僭越或凌驾于社会之上”，应该对其进行“铲除”并使其回归社会。② 就国际共产主义运动中的各种错误国家思潮批判而言，马克思首先批判了空想社会主义，他认为其空想的根源就在于没有从客观社会历史出发，从而仅仅表现为一种主观幻想或者沦为一种纯粹的道德批判，而空想社会主义的国家观念虽然反映了资产阶级国家的虚伪性和压迫性，但是，其无法从阶级利益和经济政治层面深入揭发资产阶级国家的本质，只能从一种道德批判角度来看待国家问题。那么，建基于道德批判意义上的国家必然也就无法解释国家的本质及其发展规律。无政府主义的国

① 《马克思恩格斯选集》第 1 卷，人民出版社 2012 年版，第 212 页。
② 《马克思恩格斯选集》第 3 卷，人民出版社 2012 年版，第 100 页。

家观念也是马克思着力批判的对象。无政府主义的国家观念是一种国家虚无主义，否认一定历史条件下的国家权威，很显然是错误的。马克思对以蒲鲁东为代表的无政府主义的国家虚无主义进行了批判，揭露了其根源是历史唯心主义。当然，马克思对国家具体性的批判是多方面的，这里还包括对自由和民主等的批判，这些批判始终是与社会生产关系相联系的，是与人的解放相联系的。

（二）马克思国家观的建设性

马克思国家观不仅具有批判性，也具有建设性，也就是说，这是在批判中构建理想性国家。从马克思哲学的存在论意义上来看，国家本质上就是存在论意义上的，也就是国家是在现实的人的实践活动中生成和发展的。所以，马克思唯物史观视野下的国家是构成性的。马克思国家观的建设性主要表现在以下方面：第一，在批判国家中揭示国家本质及其发展规律。马克思在批判国家这一虚假共同体形式的过程中揭露了国家的阶级性和政治性，由此阐明了国家实质上是社会生产关系的一种异化产物，表明要消亡国家必须消除国家产生的政治经济条件，并找寻到消亡国家的阶级力量、途径和方向。第二，在批判国家中阐明了无产阶级革命专政国家形式的新型性。马克思在批判资产阶级国家中申明了其必然发展的趋势是无产阶级革命专政，强调无产阶级革命专政是无产阶级统治与无产阶级民主，这种统治和民主是有别于资产阶级的统治和自由主义民主的。这实质上建构了一种新型国家形式。第三，在批判国家中，马克思申明了国家与人的生产和“每个人的自由而全面发展”的关联性，指明了国家最终就趋向于人的解放，所以，马克思在社会历史发展的必然性上申明了共产主义社会这一哲学价值理念。第四，在批判国家中揭示了国家权力运行的微观和宏观统一性。马克思既在宏观层面建构了共产主义社会和确立了“每个人的自由而全面发展”的价值理念，又在微观层面批判了资本主义国家与资本之间的纠缠关联度，从而提出要消除基于资本关系所建构的国家权力运行机制，由此建构一种个人所有制基础上的国家政治制度。当然，马克思国家观的建设性实质上都是与“每个人的自由而全面发展”紧密相关的，体现出人的解放性。

马克思国家观的批判性和建设性是辩证统一的，而不是分离的。其统一的根据是人的实践活动，立足于国家的社会性。因此，我们在观察马克思国家观时应该联系批判性和建设性两个维度来考量。如果仅就批判性而言，那么实际上就否认了马克思国家观的建设性意义，就把马克思国家观仅仅视为一种纯粹的否定；如果仅就建设性而言，那么实际上就否认了马克思国家观中对国家的否定，特别是马克思对资产阶级国家的虚伪性的无情揭批，看不到社会政治生活存在的各种恶，这就有可能把马克思国家观解读为一种非批判性和非革命性的政治理论。因此，我们理解马克思国家观要从批判性和建设性两个层面来展开。

四　国家观的哲学性和科学性的统一

马克思国家观不仅是一种对社会政治生活必然性的认知，也是一种政治哲学即国家哲学，它是国家观的哲学性和科学性的统一。

（一）国家观的哲学性

所谓哲学性，是指马克思是从哲学意义来论述国家问题的，把国家问题哲学化了。这应该如何来理解呢？马克思在博士学位论文中提出了一个重要论断就是“世界的哲学化同时也就是哲学的世界化”，这一论断深刻洞察了哲学与世界的关系问题。所谓世界的哲学化，也就是要求对纷繁复杂的客观事物从哲学高度进行审视和把握，这样才能够认识世界和“征服世界”①。应积极发挥主体性，让“内在之光”的哲学成为“外部的吞噬性的火焰”②。但是，哲学的自我意识并非是独立

① 《马克思恩格斯全集》第40卷，人民出版社1982年版，第189页。
② 《马克思恩格斯全集》第40卷，人民出版社1982年版，第258页。

于世界之外的，而是“成为世界的一个方面”，故此，哲学与世界实际上构成了一种“反映的关系”[①]。马克思认为，哲学的世界化同时也就是“它的丧失”，实际上也就是对内在矛盾和缺陷的克服和超越。[②] 因此，马克思强调，哲学世界化与世界哲学化实质上是一个事物的两个方面，“一面针对着世界，另一面针对着哲学本身”[③]。因此，马克思对国家问题的考察也是遵循世界哲学化与哲学世界化思想的，他把国家问题提高到哲学高度来反思。实际上，马克思早就指出了这一点，他说：“人就是人的世界，就是国家，社会。”[④] 马克思在文中也分析了哲学与现实的辩证关系。马克思认为，哲学是时代精神的精华。因此处理作为近代社会时代主题即市民社会与政治国家之间的矛盾，必然需要深入时代所彰显的哲学精华中去理解和把握，这样才能够超越既有思路缺陷，找寻到新思路。而马克思国家观的哲学性实质上直接体现为其高远的价值理想，表现为消除人类自我异化的解放。

（二）国家观的科学性

马克思不仅从哲学高度来审视国家问题，也把国家问题直接作为哲学问题来探讨。而且，马克思也并没有因为高远的价值理想，就忽视社会发展的必然性即科学性探求。马克思揭示了国家与人的解放的科学联系等宏观视角，也就是从国家的价值诉求、国家制度的安排、国家权力的运作等宏观层面来论述国家；但马克思也揭示了国家与日常社会生活相联系的微观视角，也就是“内在于所有社会活动和日常生活层面的弥散化的、微观化的权力结构和控制机制”[⑤]。对马克思而言，从这种微观视角来阐明国家观的科学性是存在的，而不是如有

---

① 《马克思恩格斯全集》第 40 卷，人民出版社 1982 年版，第 258 页。

② 《马克思恩格斯全集》第 40 卷，人民出版社 1982 年版，第 258 页。

③ 《马克思恩格斯全集》第 40 卷，人民出版社 1982 年版，第 259 页。

④ 《马克思恩格斯选集》第 1 卷，人民出版社 2012 年版，第 1 页。

⑤ 赵剑英、陈晏清：《马克思主义政治哲学：阐释与创新》，社会科学出版社 2007 年版，第 388 页。

的学者认为的那样，马克思只存在宏观视角却没有微观视角。马克思极力反对那种抽象化的概念分析和批判，强调要把“现实的生活生产”当作历史的基础，反对那种“脱离日常生活”以及在世界之外和之上的东西。[①] 马克思也强调人的本质在其现实性上“是一切社会关系的总和”，这表明社会政治生活实质上是涉及社会关系的方方面面的。实际上，马克思在《资本论》中揭示了这种国家观的科学性的微观视角。马克思认为，资本实质上渗透进人们的日常生活之中，从而形成一张无形的权力之网。它可以表现在商品拜物教、生产、分配和交换等各个领域，当然也表现在人们的日常生活意识形态之中。因此，马克思说：“资本是资产阶级社会的支配一切的经济权力。”[②] 马克思认为，“货币是‘无个性的’财产”，货币形式就是社会权力和社会关系等等一切，而且是作为一种私有物来运用的。[③] 所以，《资本论》实质上就揭示了一个商品拜物教、货币拜物教和资本拜物教的国家微观权力网络体系。因此，我们可以据此说，马克思国家观不仅具有宏观的科学探求，也具有微观的科学探求。

当然，马克思视野中的国家的哲学性和科学性是相互交融的。因此，我们在把握马克思国家观的基本价值时，必须关注到国家观的哲学性和科学性两个方面的问题，不能以一面来否定另一面。

总之，马克思国家观的事实性和规范性、理想性和现实性、批判性和建设性以及哲学性和科学性的基本价值是相互统一的，其指向的是马克思解决市民社会与政治国家之间矛盾的独特致思路径，彰显出马克思国家观的基本价值，这是我们需要全面认识和把握马克思国家观的不变的东西或者说是活的东西。这四对基本价值的核心表现就是科学理性和价值理性的交汇，是合规律性与合目的性的辩证统一。

---

① 《马克思恩格斯选集》第1卷，人民出版社2012年版，第173页。

② 《马克思恩格斯全集》第46卷（上），人民出版社1979年版，第45页。

③ 《马克思恩格斯全集》第46卷（下），人民出版社1980年版，第431页。

第三章

马克思主义国家学说的发展与基本经验

马克思之后，随着无产阶级革命实践的发展以及国际共产主义运动的深入拓展，马克思国家观也获得了在理论和实践方面上的丰富发展，呈现出各具特色的国家观。这些国家观对马克思主义国家学说做出了自己的独特贡献，但是也充分体现出社会历史的具体性，即这些国家观是对本真的马克思国家观基本价值依据实践和时代变化而进行的多样化解释。因此，我们深入探讨马克思主义国家学说的流变，总结其发展的基本经验就是极为必要的，这对进一步坚守包括马克思国家观在内的马克思主义国家学说将产生积极作用。

第一节　恩格斯：根本一致与微妙差异

恩格斯对马克思主义的创立做出了自己独特的贡献，具有“第二小提琴手”的地位和作用。恩格斯是马克思思想的忠实继承者和发展者，但是恩格斯也依据无产阶级实践发展、时代要求和资本主义社会的新变化等与时俱进地拓展了马克思思想。同样，恩格斯国家观也继承了马克思国家观基本观点和基本精神，他们之间在国家观的根本观点、基本态度和价值诉求上是根本一致的，但是，时代和实践差异性导致了他们在国家观的一些具体内容方面具有微妙的差异性。

这种差异性并非是如一些学者把其无限扩大化为对立论那样。这里实际上涉及我们应该如何看待恩格斯思想与马克思思想之间关系的问题，也就是说恩格斯思想是否真实地反映了马克思思想，或者说恩格斯思想是否取代了马克思思想。据学者研究，关于恩格斯和马克思的关系，主要存在“一致论”“修正论”“误释论”“对立论”“差异论”“同质论”和“发展论”七种观点。[①] 实际上，我们可以把这七种基本观点大致归结为两种主要倾向：“一致论”和“差异论”。马克思恩格斯关系问题，实质上是一个科学的马克思主义观问题，也就是应该如何看待和如何对待马克思主义问题。本书主张他们的根本观点和看法是一致的，也就是说他们对揭示人类社会发展规律的唯物史观、社会主义发展前途以及无产阶级的历史使命和命运等根本观点上是具有“共同见解”的，但是，个性禀赋、理论素养、分工领域、研究旨趣、时代和实践要求等差异必然导致他们在一些观点方面出现微妙差异。这种差异应该是在马克思主义理论内部的差异，而非一种不同质的差异性。因此，我们既要看到马克思恩格斯之间的根本性上的一致性，也要看到马克思恩格斯在一致性上的差异性，这是客观历史事实。

那么，对恩格斯国家观来说同样是如此，我们要理解恩格斯继承了马克思国家观什么，要理解恩格斯发展了马克思国家观什么，也要理解恩格斯国家观与马克思国家观在哪些方面存在差异及造成差异的原因。

一 关于国家起源问题

马克思在《德意志意识形态》一书中从社会生产关系角度论述

---

① 参阅吴家华、侯衍社等《马克思恩格斯思想比较研究》，中国人民大学出版社 2015 年版，第 39—67 页。

了国家起源，他认为，国家就是社会关系和结构发展到一定程度的表现。但是对于史前社会是否存在国家，国家是如何产生的，这些问题实际上是到马克思晚年所做的“文明和国家起源笔记”[①] 中才深入分析，验证了唯物史观的科学性。恩格斯在研究马克思笔记的基础上并结合自己对古代社会的研究写作了《家庭、私有制和国家的起源》一书，并阐述了国家的起源问题。恩格斯提出了国家起源的两种生产理论和三种模式。第一，就两种生产理论来说。恩格斯认为，“生产本身又有两种”，也就是物的生产和人的生产。[②] 恩格斯认为，一定历史条件下的社会制度，实际上是受到这两种生产的制约的。在史前社会，以血缘关系为基础的人的生产占据支配地位，而随着劳动生产力的发展，逐步出现私有制、财产差别和阶级等，最后发展出国家，但是，构成国家的基本单位是“地区团体”，而非“血缘团体”[③]。恩格斯在此基础上，分析了国家起源的主要过程，强调国家起源是与社会分工发展、私有制的出现、阶级斗争以及各民族杂居发展紧密相关的。卡弗、莱文和库诺等西方学者认为，恩格斯把马克思两种生产理论的“假设”变成了“定论”，而且把马克思对摩尔根研究的批判态度转变为确信态度。他们以此认为马克思和恩格斯之间是对立的。这些西方学者的观点是错误的。关于两种生产理论，马克思实际上早在《德意志意识形态》中就强调指出，人们既生产生活资料，也生产自己本身。也就是说，马克思已经提出包括物质生产在内的人的生产思想，只是没有明确提出“人自身的生产”概念。因此，卡弗等所说的恩格斯放弃了马克思的假设并转变为结论是错误的。比如库诺就指责恩格斯把两种生产

---

① 参见王东、刘军《“人类学笔记”，还是“国家与文明起源笔记”》，《哲学研究》2004 年第 2 期。

② 《马克思恩格斯文集》第 4 卷，人民出版社 2009 年版，第 15—16 页。

③ 《马克思恩格斯文集》第 4 卷，人民出版社 2009 年版，第 15—16 页。

置于同等地位，否认了马克思的物质经济的决定作用，从而造成一种二元论，使得唯物史观的统一性遭到破坏。[①] 库诺的观点实质上是对恩格斯的误解，也是对马克思的误解。恩格斯把两种生产理论与国家起源联系起来，并不是把两种生产置于同等地位，而是论证两种生产依据历史发展阶段的不同而发挥不同作用。实际上，马克思在人类学和古代社会史笔记中也提到人的生产对于社会政治制度的重要作用。因此，恩格斯的两种生产理论实质上是系统揭示了国家的起源问题，是对马克思国家起源思想的继承和发展。第二，就三种模式来说。恩格斯在《家庭、私有制和国家的起源》一书中依据原始社会事实把国家起源概括为三种模式，即希腊、罗马和德意志模式，这三种模式起源是恩格斯的重要贡献。希腊模式国家起源则是由于氏族内部社会分工导致的阶级矛盾和斗争所产生的，建立了“只依居住地区来划分公民的办法为基础”[②] 的国家。罗马模式国家起源则是氏族内部的贵族和氏族外部的平民的斗争导致平民胜利，从而在“它的废墟上面建立了国家”[③]。德意志模式国家起源则是由于人口迁移和对外战争等所导致的“国家是直接从征服广大外国领土中产生的”[④]。这三种模式实质上都是由于阶级矛盾冲突和斗争等导致了国家产生，揭示了国家产生的历史必然性和具体路径。恩格斯在三种模式国家起源中运用了唯物史观理论。有种观点认为，马克思并没有提出国家起源的具体路径，恩格斯在此提出三种模式则是与马克思思想相违背的。这种观念根本上是错误理解思想之间的创新发展含义，这是一种典型的教条主义，马克思没有说过的继承者就不能说，说了就是与马克思思想相违背。关于恩格斯的

---

① ［德］亨利希·库诺：《马克思的历史、社会和国家学说——马克思的社会学的基本要点》，袁志英译，上海译文出版社 2014 年版，第 483—485 页。

② ［德］恩格斯：《家庭、私有制和国家的起源》，人民出版社 1972 年版，第 114 页。

③ ［德］恩格斯：《家庭、私有制和国家的起源》，人民出版社 1972 年版，第 167 页。

④ 《马克思恩格斯文集》第 4 卷，人民出版社 2009 年版，第 189 页。

国家起源思想，卡尔·魏特夫在其著作《东方专制主义》中依据恩格斯在《反杜林论》一书前半部分提出了“社会行政”国家思想，由此指认恩格斯提出了“社会行政”和“私有制”两种途径导致国家的产生。[①] 这种观念实质上也是误解了恩格斯。因为恩格斯在《反杜林论》中的后半部分实际上没有谈社会行政国家思想，而只谈阶级和私有制等。恩格斯后来才依据最新的古代史资料辨认了三种国家起源模式，明确私有制和阶级斗争导致了国家产生。

但是，恩格斯的国家起源思想与马克思的国家起源思想还是略有差别。比如对于国家形成的标志问题。恩格斯主张是以居住地区而不是以血缘为标志。恩格斯认为，“有决定意义的”是常住地区，而非血缘。[②] 但是，马克思并没有明确提出以居住地区为标志来标明国家形成，而是主张居住地区和血缘关系并重来标志国家形成。马克思在人类学和古代社会史笔记中分析了希腊和罗马社会政治结构形成时指出，地缘关系不是决定居住形式和社会结构的唯一因素。[③] 他还认为，克拉维赫罗忽视了公社联合起来的血缘因素，而这一点由“埃雷拉弥补了”[④]。马克思强调，在社会与国家的建构中，氏族血缘与地区和财产为基础的两种因素将是长期存在的。[⑤]

二　关于国家本质和职能问题

恩格斯说：“国家的本质特征，是和人民大众分离的公共权力。”[⑥] 为此，他强调，国家实质上是一种与全体利益相异的公共权力，而且国家居民的划分是依据“共同居住地区为了公共目的”来

---

① ［美］卡尔·魏特夫：《东方专制主义》，徐式谷译，中国社会科学出版社 1989 年版，第 402—403 页。

② ［德］恩格斯：《家庭、私有制和国家的起源》，人民出版社 1972 年版，第 114 页。

③ ［德］马克思：《马克思古代社会史笔记》，人民出版社 1996 年版，第 279 页。

④ ［德］马克思：《马克思古代社会史笔记》，人民出版社 1996 年版，第 281 页。

⑤ ［德］马克思：《马克思古代社会史笔记》，人民出版社 1996 年版，第 335 页。

⑥ 《马克思恩格斯文集》第 4 卷，人民出版社 2009 年版，第 135 页。

进行的。[①] 他认为，国家实质上是经济上占统治地位的阶级镇压和剥削被统治阶级的“新手段”[②]。而且这种国家权力是与社会相异化的，官僚们掌握权力，“他们就作为社会机关而凌驾于社会之上”[③]。恩格斯进一步指出，国家不仅具有阶级统治职能，还具有一种政治统治职能，因为为了把这个社会陷入一种不可调节的矛盾和冲突保持在一种秩序范围之内，“就需要有一种表面上凌驾于社会之上的力量”[④]，这种力量就是国家。因此，恩格斯国家的本质特征实质上就具有双重性，即阶级性和社会性。但是，恩格斯始终强调阶级性才是国家的根本性质，是起主导作用的。因为这种保持“秩序”的国家社会性实质上还是从属于国家阶级性的。恩格斯这一思想是与马克思的思想紧密相关的。马克思在《德意志意识形态》和《资本论》中早就提出了国家的阶级性和社会性思想，恩格斯是对马克思这一思想的进一步阐发。但是，我们也可以看到恩格斯在阐释国家的本质和职能时，对国家的阶级性即暴力工具性阐发得较多，也就是把国家直接定义为阶级暴力统治的工具，虽然恩格斯也阐释了国家的政治统治性即社会性。可是，在阅读恩格斯国家本质和职能思想时，我们获得的较为强烈的影响就是国家的暴力统治工具性。恩格斯这一思想对以后的马克思主义者实际上造成了很大的影响，也就是过于强调国家阶级性一面，而对国家政治社会性一面重视不够。

三　关于国家形式问题

恩格斯主要涉及资本主义国家和无产阶级专政国家的论述。第一，恩格斯把国家形式与经济基础、阶级相联系，他认为，国家相对

---

① 《马克思恩格斯文集》第4卷，人民出版社2009年版，第131页。
② 《马克思恩格斯文集》第4卷，人民出版社2009年版，第191页。
③ 《马克思恩格斯文集》第4卷，人民出版社2009年版，第191页。
④ 《马克思恩格斯文集》第4卷，人民出版社2009年版，第189页。

于经济基础和阶级具有相对的独立性。恩格斯认为国家的相对独立性表现为它的“自己的运动”“维护各种政治原则的斗争”以及“国家权力对经济发展的反作用”等方面。[①] 这是因为国家在社会发展到一定阶段之后产生出一些共同职能，这些掌握共同职能的官僚机关逐渐拥有自己的特殊利益，从而使得国家从社会中异化并在一定程度上独立出来。恩格斯指出，要理解国家形式的这种相对独立性，“从分工的观点来看问题最容易理解”[②]。第二，恩格斯对资本主义国家的看法经历了一个否定之否定的过程。恩格斯对资产阶级国家有一个由“打碎”再到“利用”和“改造”思想的转变过程。恩格斯在早期革命时期，是对资本主义国家的普选制、议会制和民主制等持批判态度的，强调要“打碎”资产阶级国家机器，而普选制则仅仅是测量工人阶级成熟的标尺而已。到了19世纪90年代，由于德法国家工人阶级的现实实践，恩格斯对资本主义国家机器有了新的认识。1884年，恩格斯写信给伯恩斯坦论及这个问题，他认为，无产阶级对资产阶级的“旧的官僚的、行政集中的国家机构”必须进行“改造”，然后再来“利用”。[③] 恩格斯在《1848年至1850年法兰西阶级斗争》导言中也明确指出，普选制对于无产阶级革命的重要价值。他认为，普选权是“无产阶级的一种崭新的斗争方式”[④]，而且它也是“最锐利武器中的一件武器”[⑤]。在《1891年社会民主党纲领草案批判》一文中，恩格斯还明确指出，“无产阶级专政的特殊形式”就是民主共和国[⑥]，并认为这就是无产阶级的现成的政治形式。[⑦] 从上述恩格斯的论述来看，他实际是对资产阶级国家机器的态度发生了变化，也就是

---

① 《马克思恩格斯选集》第4卷，人民出版社2012年版，第610页。
② 《马克思恩格斯选集》第4卷，人民出版社2012年版，第609页。
③ 《马克思恩格斯全集》第36卷，人民出版社1975年版，第81页。
④ 《马克思恩格斯选集》第4卷，人民出版社2012年版，第390页。
⑤ 《马克思恩格斯选集》第4卷，人民出版社2012年版，第388页。
⑥ 《马克思恩格斯选集》第4卷，人民出版社2012年版，第294页。
⑦ 《马克思恩格斯选集》第4卷，人民出版社2012年版，第652页。

主张要依据时代和实践条件的变化而充分“利用”和“改造”资产阶级国家机器，而不是仅仅简单地“打碎”。恩格斯对于夺取资产阶级国家政权方式的认识也因对资产阶级国家机器的认识态度转变而转变。恩格斯和马克思开始是主张暴力革命方式是唯一的，但是，随着无产阶级革命实践的发展，恩格斯认识到合法斗争是对暴力革命的重要补充。恩格斯以法美英等国民主共和制发展水平为依据，他指出，“人民代议机关”能够集中所有权利，而且能够以宪法行事的话，那么，通往社会主义社会则“可能和平长入”，从而不需要暴力革命。①恩格斯这一思想的转变是巨大的。因此，我们可以看到恩格斯对资产阶级国家的态度是发生了变化的。第三，恩格斯对无产阶级革命专政和国家消亡等具有详细论述。恩格斯认为，国家作为一种社会历史现象，最终将被置于“古物陈列馆去，同纺车和青铜斧陈列在一起”②，也就是说国家最终将消亡。而要做到国家消亡，就需要实现建立“生产者自由平等的联合体”，以及生产的新方式和新组织。③恩格斯反对国家迷信，因为国家迷信实质上是一种哲学上的尘世的上帝王国，是人们对国家所具有的公共社会管理职能的一种习惯心理所导致的崇拜。国家实质上是“一个阶级镇压另一个阶级的机器”④。所以，恩格斯主张在夺取政权之后，要积极发展生产力和改进生产方式，从而逐渐使得国家权力回归社会，因此，要极力阻止国家和国家机关“从社会公仆变为社会主人”⑤。恩格斯认为无产阶级专政，应该要做到把一切职位都赋予人民普选产生的代表担任，而且这些代表可随时撤换，另外，公职人员和工人享受一样的工资水平。⑥因此，恩格斯实

① 《马克思恩格斯文集》第4卷，人民出版社2009年版，第414页。
② 《马克思恩格斯选集》第4卷，人民出版社2012年版，第190页。
③ 《马克思恩格斯选集》第4卷，人民出版社2012年版，第190页。
④ 《马克思恩格斯选集》第3卷，人民出版社2012年版，第55页。
⑤ 《马克思恩格斯选集》第3卷，人民出版社2012年版，第54页。
⑥ 《马克思恩格斯选集》第3卷，人民出版社2012年版，第55页。

际上对无产阶级专政变为现实作出了可贵的探索。总之，恩格斯对国家形式的具体内容进行了探索，但是由于实践发展的变化，他的思想实际上是有前后变化的，或者说是对其前期思想和马克思思想的拓展和深化。

恩格斯国家观与马克思国家观在根本思想和价值趋向上是一致的，这是无可置辩的。但是，我们也要看到恩格斯国家观对马克思国家观所做出的独特贡献，这种贡献是对马克思国家观的继承和发展。主要原因在于以下因素：第一，新的史料的发现。这些新的史料包括两个方面，一方面是摩尔根《古代社会》的发表，这部著作对原始社会的研究具有重要意义，恩格斯认真研究了这本著作；另一方面是马克思人类学和古代社会史笔记的发现。恩格斯发现马克思对国家起源和原始社会进行了深入研究，揭示了诸多关于国家的思想成果。这些史料的发现为恩格斯系统阐发马克思国家观奠定了坚实的物质基础。第二，无产阶级革命实践发展和时代新形势提出了新要求。国际共产主义运动在马克思逝世之后，特别是在巴黎公社之后，已经发生了变化。资产阶级积极改变了自己的统治策略，无产阶级本身的革命实践也遇到了低潮的困难，因此，在马克思逝世之后，恩格斯实际上成为了国际共产主义运动的最高领袖，这就促使恩格斯根据具体实践情况变化而对国家思想作出了新的概括和经验总结。第三，国际共产主义运动在19世纪八九十年代时候遇到了诸多的错误思潮，其中，特别是关于国家观念。在工人思想中，存在着国家崇拜思想和无政府主义思想。资产阶级转变对付革命的策略，试图从理论上来混淆无产阶级思想，他们宣扬国家是永恒的，是从来就有的，特别是强调国家的公共社会性，以此来模糊国家的阶级性。工人阶级运动中本身也存在着对国家的错误思想，如恩格斯在《法兰西内战》导言中所批判的国家迷信和国家崇拜思想，另外还存在着无政府主义思想等。因此，恩格斯国家观实质上是针对国际共产主义运动发展实际，并运用唯物史观来分析国家问题的。

第二节 列宁：革命行动主义

在马克思主义国家学说发展史上，列宁国家思想是最重要的一部分，也是一个重要里程碑。它是帝国主义和无产阶级革命时代的国家思想，是继承和发展马克思国家观的典范。列宁国家思想实现了“从一般到个别、从革命到建设、从管理到治理的一系列飞跃”①，特别是它深入阐发了马克思国家观的实践性意蕴，从而实现了国家理想与现实的高度统一。

一 列宁国家思想的前提

要把握列宁国家思想，就首先需要把握列宁分析国家问题的思想前提。所谓思想的前提是指“思想构成自己的根据和原则，也就是思想构成自己的逻辑起点”，它具有“隐匿性”和“强制性”特点。②那么，列宁国家思想作为其政治哲学的核心部分，我们就需要反思其思想的前提。这里的前提至少包含哲学前提和现实前提两个方面，这是指引列宁开展其国家思想的“地基”。第一，社会现实性前提。实践是思想之母。列宁国家思想是有其社会现实性基础的。这表现为两个方面：一方面是资本主义发展发生了变化。这种变化呈现为资本主义从自由竞争阶段推进到帝国主义垄断阶段，资产阶级的统治方式由野蛮粗暴式转向富于迷惑的意识形态和民主法治式。因此，这导致资

① 顾玉兰：《科学阐释列宁国家理论及其当代价值》，《马克思主义研究》2014 年第 12 期。

② 孙正聿：《理论思维的前提批判》，北京师范大学出版社、北京师范大学出版集团 2017 年版，第 5 页。

产阶级把国家演变成为一种国家崇拜和国家迷信，这对无产阶级运动造成了消极影响。另一方面是基于资本主义发展的变化而产生的马克思主义运动中的不良思想倾向，那就是所谓第二国际的正统理论家们。如主张经济决定论的梅林和考茨基以及主张修正主义的伯恩斯坦等，他们要么强调社会历史发展的客观规律性，要么强调社会主义革命中的议会式道路决定性。所以，第二国际的正统理论家们的马克思主义理论倾向对国际共产主义运动产生了巨大影响。因此，如何破除第二国际正统理论家的思想迷雾，回应资本主义社会变迁，寻求在落后的亚洲国家俄国开展社会主义革命之路，这是列宁面对的社会现实性。第二，哲学前提。对于这种社会现实性如何看待，取决于看待者的哲学观念和思想前提。伯恩斯坦主张从历史唯物主义的科学性来看待，强调恩格斯晚年所主张的议会式道路。考茨基和普列汉诺夫等理论家则主张从经济决定论来看待。考茨基就说，他是“从达尔文出发的”，后来虽然信仰了马克思主义，但是，他认为自己的历史观虽然“认识到经济因素对于历史发展的意义”，但是，他依然高度重视历史中的“自然因素”，并把历史发展与“有机体的发展联系起来”①。但是，列宁对社会现实的关注却强调革命性辩证方法，强调理论的实践意蕴，而不是从抽象的理论出发来观察社会问题。以往学界大都认为，列宁是主张一种本体论和认识论的辩证唯物主义。② 如柯尔施认为列宁的认识论是一种“被动的镜子式的反映”，由此破坏了存在和

---

① ［德］考茨基：《唯物主义历史观》第 2 分册，《哲学研究》编辑部编，上海人民出版社 1965 年版，第 26 页。

② 持此种观点的学者如张秀琴认为列宁实现了从历史唯物主义到辩证唯物主义阐释原则的转向（参见张秀琴《列宁与第二国际的思想关系——以对马克思意识形态概念的解读为例》，何萍主编《列宁思想在二十　世纪：阐释与价值》，人民出版社 2014 年版，第 399—406 页），还有俞吾金也认为列宁承继恩格斯这种旧唯物主义思路，是传统马克思哲学阐释路线的发展者（参见俞吾金《问题域的转换》，人民出版社 2007 年版。）

意识以及理论和实践的辩证的相互关系。① 这种观点的主要文本依据就是《唯物主义和经验批判主义》。这种观点实质上是对列宁哲学思想的误解，特别是忽视了列宁对革命性辩证法的研究。实际上，列宁的《唯物主义和经验批判主义》是隐含了或者说在一定程度上是强调了革命主观能动性的辩证法。列宁认为，马克思恩格斯强调的是辩证唯物主义的辩证性质，历史唯物主义的历史性质，而不是其他。② 因此，列宁揭示了辩证性和历史性原则在社会历史语境中的发展的极端重要性。所以，后来列宁精研了辩证法问题，强调"自在之物"转化为"为他之物"过程中的主体能动性的重要性。列宁之所以研究辩证法问题，实质上就是要激活第二国际理论家们对社会现实性尘封的主体性，从而为从俄国社会现实中寻求一种新的革命可能性，而不是如考茨基等单方面遵循历史发展必然性。卢卡奇对此评价到，列宁把实践"发展到了以前从未达到过的清晰和具体高度"，因此，卢卡奇认为是列宁"拯救"了马克思主义的实践。③ 葛兰西认为，马克思与列宁的区别是"科学和行动"④。卢卡奇评价列宁是"一位深刻的实践思想家，一个热情地将理论变为实践的人"，善于抓住理论和实践相联系的"关节点"⑤。所以，列宁的政治哲学特点就是注重革命行动主义，善于发掘理论的实践意蕴。这实际上是对马克思哲学思想中注重理论和实践的辩证统一思想的继承和发展，特别是在新的社会现实条件下着力发展了马克思哲学的实践性维度。因此，列宁哲学

---

① ［德］柯尔施：《马克思主义和哲学》，王南湜、荣新海译，重庆出版社 1989 年版，第 82 页。

② 《列宁专题文集论辩证唯物主义和历史唯物主义》，人民出版社 2009 年版，第 115—116 页。

③ ［匈］卢卡奇：《历史与阶级意识》，杜章智、任立、燕宏远译，商务印书馆 1992 年版，第 40—41 页。

④ ［意］葛兰西：《狱中杂记》，曹雷雨、姜丽、张跣译，中国社会科学出版社 2000 年版，第 294 页。

⑤ ［匈］卢卡奇：《历史与阶级意识》，杜章智、任立、燕宏远译，商务印书馆 1992 年版，第 29 页。

并非仅仅是本体论和认识论意义的，更根本的是一种存在论意义的。这就是列宁政治哲学思维的本质特点。因此，列宁在思考和分析国家问题时也持的是一种历史辩证法，强调理论前提下的实践能动性。因此，列宁是在承继马克思哲学精神并依据社会现实而拓展的。

二　列宁国家思想的内在逻辑与思想内涵

列宁在革命辩证法视野下丰富和拓展了马克思国家观。列宁国家思想极为丰富，涉及无产阶级革命、无产阶级专政与资产阶级民主、无产阶级国家形式和国家消亡等多个方面。但是，列宁国家思想的核心是无产阶级专政。[①] 对此，斯大林对列宁主义的精神实质认识是深刻的，他强调“无产阶级专政的理论和策略”是列宁主义的核心。[②] 依据列宁国家思想的内在逻辑，可以把其概括为无产阶级革命、建立无产阶级国家和社会主义民主制度思想三个方面。第一，国家与无产阶级革命。列宁是在西方资本主义平稳发展条件下在东方经济文化落后的俄国发动革命的，因此，认识无产阶级革命与国家的关系就极为紧要。就国家的起源和本质来说，列宁强调国家是“阶级矛盾不可调和的产物和表现”[③]，国家存在本身就证明了阶级矛盾的不可调和性[④]。列宁在这里揭示了国家的起源，也揭示了国家的阶级性本质。列宁的观点实质上是回应了小资产阶级认为国家是阶级矛盾调和的产物。故此，列宁认为资产阶级民主政治如普选制等实质上是“资产阶级统治的工具”[⑤]。所以，列宁认为，应该“打碎”资产阶级国家机器，而且，他主张“马克思主义国家学说中主要的基本的东西”[⑥]。

---

① 《列宁选集》第 3 卷，人民出版社 1995 年版，第 140 页。
② 斯大林：《列宁主义问题》，人民出版社 1964 年版，第 2 页。
③ 《列宁全集》第 31 卷，人民出版社 1985 年版，第 6 页。
④ 《列宁全集》第 31 卷，人民出版社 1985 年版，第 6 页。
⑤ 《列宁全集》第 31 卷，人民出版社 1985 年版，第 12—13 页。
⑥ 《列宁全集》第 31 卷，人民出版社 1985 年版，第 26 页。

那么，“打碎”的手段只能是暴力革命，而不是非暴力革命。为此，列宁极力反对第二国际理论家如考茨基等主张的资产阶级国家“自行消亡论”。列宁由此进一步指明无产阶级革命的根本问题是“国家政权问题”[①]，革命首要的标志就是“国家政权从一个阶级手里转到另一个阶级手里”[②]。列宁这一思想实际上是对马克思《共产党宣言》所提出的“国家即组织成为统治阶级的无产阶级”思想的继承和发展。他强调无产阶级专政是国家的最高形式。第二，国家与建立无产阶级国家。列宁国家思想的一个重要组成部分就是关于无产阶级国家思想。其一，无产阶级国家就是无产阶级专政。列宁认为，这种阶级专政具有存在的必要性，对于有阶级的社会是极为必要的。[③] 其二，无产阶级专政是最高类型的民主。列宁认为，民主是国家形式，是国家形态的一种，它具有两面性：一方面表现为“有组织有系统地对人们使用暴力”；另一方面则表现为“形式上承认公民一律平等”[④]。因此，在阶级存在条件下，列宁只承认“阶级民主”，而反对所谓的“纯粹民主”[⑤]。无产阶级专政实质上是有别于资产阶级民主的无产阶级民主。这表现为量和质两个方面：一方面从量来说，无产阶级民主属于大多数被剥削劳动者，而且是“在世界上史无前例地发展和扩大了的”[⑥]，也就是说这种民主代表的是大多数人的利益。另一方面从质来说，无产阶级民主是劳动者的民主，不是受到资产阶级法权制度狭隘性限制的民主。因此，列宁认为，过渡时期的国家是“新型民主”和“新型专政”的国家。[⑦] 这里要澄清几种对无产阶级专政的认识：一是这一民主不是如考茨基等所言的“纯粹民主”，因为抽象民

---

① 《列宁选集》第3卷，人民出版社1995年版，第19页。
② 《列宁选集》第3卷，人民出版社1995年版，第25页。
③ 《列宁选集》第3卷，人民出版社1995年版，第140页。
④ 《列宁选集》第3卷，人民出版社1995年版，第201页。
⑤ 《列宁选集》第3卷，人民出版社1995年版，第600页。
⑥ 《列宁选集》第3卷，人民出版社1995年版，第605页。
⑦ 《列宁全集》第3卷，人民出版社1995年版，第140页。

主是不存在的。资产阶级社会的普选制、议会制、集会自由、出版自由和言论自由等民主制度实质上是代表资产阶级利益的，是少数人的民主，而不可能是“纯粹民主”。列宁就认为，在“民主愈发达”的条件下，如果资产阶级内部的分歧愈严重，那么，则达致的“残害或内战也就愈容易发生”①。二是无产阶级专政也不是共产党专政的“党治制”。列宁认为无产阶级专政是一个由党、国家政权机关、工会等群众组织组成的复杂体系，其中领导者是共产党这一无产阶级先锋队。列宁认为要处理好工农联盟问题，要处理好党、国家机关与工会的关系问题，他反对托洛茨基关于弱化工会地位和作用的错误认识。三是无产阶级专政不是专制主义、极权主义、独裁主义和警察社会主义。列宁在批判考茨基的纯粹民主时曾经指出，革命专政对资产阶级使用暴力来维持和巩固政权，而且是“不受任何法律约束的”。这一论断是列宁在革命的特殊历史时期，并把无产阶级专政作为国家概念来论述的。既然国家是阶级矛盾不可调和的产物，其本质是阶级性，那么，无产阶级专政必然采用暴力，必然要破除各种资产阶级法权的狭隘概念。所以，我们考察列宁论断时必须把其置于一定历史条件下考量。其三，无产阶级专政的国家形式。在列宁看来，这一国家形式就是苏维埃制度，它是巴黎公社的形式在俄国的发展和完成，“工兵农代表苏维埃共和国不仅是更高类型的民主机构的形式……而且是能够保证最无痛苦地过渡到社会主义的唯一形式”②。列宁认为，无产阶级专政的最高原则就是要巩固工农同盟以及确保无产阶级的“领导作用和国家权力”，③ 如果做不到这点，那么，就不能实现专政。其四，无产阶级专政的国家结构。列宁依据俄国社会现实，提出了处理国家与民族关系的问题。列宁认为，具有真正的“民主集中制

---

① 《列宁选集》第3卷，人民出版社1972年版，第632页。

② 《列宁全集》第33卷，人民出版社1985年版，第163页。

③ 《列宁全集》第32卷，人民出版社1958年版，第477页。

的共和国”实际上比“联邦制共和国”要获得更多的自由[①]。所以，列宁在俄国建立了苏维埃社会主义共和国联盟制度。第三，国家与社会主义民主政治制度。列宁对社会主义国家的认识并非仅是强调其阶级性，而是随着俄国社会主义国家建设实践的推进而逐步深化了对无产阶级专政的认知。列宁把无产阶级专政国家称为“半国家”，也就是说，国家建设应该是趋向于国家消亡的历史条件的。其一，无产阶级专政国家组织生产的任务，这是夺取政权任务完成之后的重要使命。一方面，列宁强调了无产阶级专政国家的阶级性和镇压职能，另一方面，列宁进一步认识到必须大大发展生产力，劳动生产率，这是“最重要最主要的东西”[②]。因此，列宁提出，共产主义就是苏维埃政权加电气化的公式。其二，无产阶级专政国家组织武装的任务，这是因为列宁认为“苏维埃共和国和帝国主义国家长期并存是不可思议的”，因此它们之间的最可怕的冲突也就不可避免，为此，“就应当也用自己的军事组织来证明这一点”[③]。其三，无产阶级专政国家机关要克服官僚制，防止社会公仆变成社会主人，大力发扬社会主义民主。当然，列宁也认识到在俄国落后的经济文化状况下可以有条件地发展资产阶级法权，这是由客观事实所决定的。其四，无产阶级专政国家要加强社会主义法治建设。列宁对此提出了一系列重要观点。列宁甚至认为，我们假如拒绝法律，实质上成为了“社会主义的叛徒”[④]。列宁在十月革命后制定了大量的法律，列宁强调，法律必须执行，法令不执行，那么，后果将是很严重的。列宁也主张建立法律监察机关，要求执行自上而下的监督，而且要大量吸收人民群众参与到法律监督中去，这样才可以把形式监督转变为人民的、社会主义的

① 《列宁选集》第 3 卷，人民出版社 1995 年版，第 177 页。
② 《列宁选集》第 4 卷，人民出版社 1995 年版，第 16 页。
③ 《列宁全集》第 29 卷，人民出版社 1985 年版，第 128—129 页。
④ 《列宁全集》第 36 卷，人民出版社 1985 年版，第 188 页。

监督机关。列宁的这些思想反映了社会主义民主政治制度的发展，这些政治制度实质上也是为消亡国家创造条件，这恰恰是发挥了历史主体能动性。总之，列宁把马克思无产阶级专政从理论转变为了一种实践，列宁的无产阶级专政思想不是一种抽象的理论，而是在理论前提下所彰显出的深刻的实践意蕴，这是列宁的革命行动主义的体现，也是列宁革命辩证法所彰显的主观能动性。

三　列宁国家思想对马克思国家观的继承与发展

无产阶级专政思想是列宁国家思想的最重要内容。因此，此处谈论的列宁国家思想对马克思国家观的继承与发展，也主要是就此点而言。马克思最先论及无产阶级专政思想，并将其定位为一种从资本主义社会到共产主义社会的国家过渡形式，并明示这是阶级专政，其趋向是走向国家消亡。列宁的无产阶级专政思想实质上是继承了马克思国家观的，但是，在结合俄国的无产阶级革命的实际情况下，列宁运用革命辩证法对马克思无产阶级专政思想进行了深刻拓展。因为马克思毕竟没有无产阶级专政国家的实践经验，但是，列宁在无产阶级专政国家实践基础上深入发展了马克思思想，克服了第二国际理论家们从修正主义和实证主义角度论及马克思无产阶级专政思想，他们从这一角度消解了马克思的革命精神。列宁国家思想却张扬了马克思国家观的革命性，正如卢卡奇所言，列宁的理论力量就在于其善于把抽象的理论置于人类实践中来考量，强调具体情况具体分析，而且是把理论与实践完美结合在一起的。[①] 因此，就无产阶级专政思想而言，列宁是对马克思国家观的丰富和发展。当然，这种发展也是总体性的，具体而言表现在理论和实践层面：就理论层面而言，列宁国家思想拓展了马克思国家观的形上和形下向度，其中特别是马克思国家观的形

① ［匈］卢卡奇：《历史与阶级意识》，杜章智、任立、燕宏远译，商务印书馆 1992 年版，第 29 页。

下向度。就实践层面而言，列宁国家思想把马克思国家观的精神实质转化为了俄国实践，形成了一系列国家制度。因此，列宁的国家思想实质上是对马克思国家观思路的深化和拓展。

第三节 斯大林：无产阶级专政的社会主义国家观

学界对斯大林思想的认识众说纷纭，对其评价大致经历了从极端主义（绝对肯定和绝对否定）评价到客观理性评价的演变，① 这种演变本身也揭示了斯大林思想的复杂性。但是，我们要认识到，在斯大林思想指导下的苏联社会主义国家建设既取得了不容置疑的巨大成绩，也包含了无可辩驳的问题和错误，而毫无疑问的是，斯大林思想对苏联社会主义国家的失败负有不可推卸的责任。国家思想作为斯大林思想的重要组成部分，实际上也是充满复杂性和矛盾性的，一方面可以说斯大林国家思想是对马克思国家观俄国化的推进，另一方面也可以说其蕴含着各种理论缺陷和矛盾性。因此，对斯大林国家思想的研究需要坚持唯物史观方法论。总体来说，斯大林国家思想是在一定程度上对苏联社会主义建设经验的总结和理论概括，在一定意义上坚持了无产阶级专政的社会主义国家观。

一 国家与社会主义的关系

斯大林在苏联社会主义建设实践经验基础上形成了社会主义国家的理论形态。第一，理论渊源。马克思恩格斯等实际上没有社会主义建设的实践经验，所以，他们对代替资本主义国家之后的社会主义国

---

① 郑吉伟：《评西方学者对斯大林思想研究的范式演进和新方向》，《马克思主义研究》2012 年第 4 期。

家的探讨是理论性的。列宁虽然建立了无产阶级专政的国家，但是，由于英年早逝，他对社会主义的国家形态探讨不多。在列宁国家思想中，一方面主张无产阶级国家或半国家将最终趋向消亡，另一方面又主张“提前宣布国家的消亡将违背历史的前景”，强调国家在社会主义条件下组织经济文化职能的重要作用。布哈林在《过渡时期经济学》中认为，无产阶级革命就是要“破坏资产国家体系和组织新的国家体系”，而且他认为新的国家体系是有经济上的根据的，国家强制“是实行发展整个经济这条主要路线的因素”“在无产阶级专政下，国家强制是建设共产主义的方法”，但是，布哈林坚持主张社会主义国家在生产社会发展基础上是要消亡的。列宁和布哈林关于国家在过渡时期的作用论述实际上成为了斯大林建构社会主义国家观念的重要思想资料。第二，主要观点。斯大林认为国家消亡是不可思议的，虽然他早年认为社会主义是“既没有阶级区分也没有国家政权”。对国家与社会主义的关系问题，斯大林主张，要通过强化国家从而来消亡国家，而不是通过削弱国家政权来实现。斯大林在1936年宣告苏联建成了社会主义，他在《关于苏联宪法草案》中基于经济结构、阶级结构和民族结构的分析，认为“所有的剥削阶级都消灭了”①，也就是说苏联社会主义不存在阶级矛盾了。那么，按照马克思国家观，国家在苏联社会主义也应该消亡了。但是，斯大林并没有这样认为。在《在党的第十八次代表大会上关于联共（布）中央工作的总结报告》中，斯大林阐明了这一问题。斯大林认为，社会主义条件下的国家消亡理论仅仅是“个别原理”，并且强调这一个别原理是“在什么样的历史条件下制定”的还没有搞清楚。② 之所以如此，这是因为持国家消亡观点的人没有看到苏维埃政权被资本主义包围等

① 《斯大林文集》，人民出版社1985年版，第103页。
② 《斯大林文集》，人民出版社1985年版，第276页。

重大外部因素，也是因为国家理论的“不完善和不充实”所导致的①。因此，依据苏联社会主义建设实践，他认为，马克思主义的国家消亡理论并不适合一国社会主义，无产阶级国家应该保留其本身需要的旧国家的职能。但是，斯大林实际上也强调随着实践的变化，“我们国家的形式正在发生变化”②。据此，斯大林分析了苏联社会主义国家职能发展的两个阶段：第一个阶段是从十月革命起到剥削阶级消灭为止，苏联社会主义国家存在三种职能，即国内镇压职能、保卫国家免受侵犯职能、经济组织工作和文化教育工作职能；第二个阶段是“从消灭城乡资本主义分子起到社会主义经济体系完全胜利和通过新宪法为止”，国家“保护社会主义财产免受盗贼和人民财富盗窃者损害”的职能将代替镇压职能，保卫国家免受侵犯职能保留着，组织经济和文化教育工作职能则得到“充分的发展”③。所以，斯大林实质上阐释了社会主义国家的理论形态。当然，斯大林论述国家与社会主义的关系是从外在矛盾来看的，不是马克思和列宁等与生产社会联系起来看待社会主义国家问题。斯大林甚至认为，共产主义社会也是存在国家的，只要外部的资本主义包围存在。因此，斯大林的社会主义国家观念在很大程度上突破了马克思国家消亡的理论框架，也与列宁的国家思想是有差异的。这必然导致斯大林对国家的强制作用过分重视，从而实际上导致对国家的社会性的忽视，也导致对社会主义民主政治和法治等的忽视。因此，斯大林的社会主义国家观念与苏联高度集中的政治经济体制是有内在关联度的。

二 国家与无产阶级专政、党的关系

斯大林认为，“苏维埃政权是无产阶级专政的国家形式”④，并

① 《斯大林文集》，人民出版社 1985 年版，第 277 页。
② 《斯大林文集》，人民出版社 1985 年版，第 280 页。
③ 《斯大林文集》，人民出版社 1985 年版，第 281—282 页。
④ 《斯大林选集》上卷，人民出版社 1979 年版，第 222 页。

认为在这种国家形式范围内“将完成无产阶级的经济解放，社会主义的完全胜利”①。但是，斯大林在1936年新宪法中宣告剥削阶级已经消灭了，并建成了社会主义国家，那么，在苏联也就没有继续存在无产阶级专政和阶级斗争的必要。斯大林在1933年就提出，阶级消灭只有通过加强阶级斗争来实现，而不是相反。② 实际上，斯大林认为，即使在社会主义建成之后，阶级斗争也是不可消亡的，因为他认为，对剥削阶级取得越大胜利，那么，剥削阶级的残余势力和因素的“绝望反抗”就会越厉害。③ 斯大林把党内的思想分歧和差异也异化为一种阶级矛盾并以阶级斗争的方式解决。因此，斯大林实际上是把阶级斗争尖锐化和扩大化了，这是对无产阶级专政的误解。在苏联社会主义建成之后，本来应该积极发展无产阶级专政的民主政治功能，从而促进国家消亡。但是，实际上，斯大林虽然在宪法中规定了各项民主政治权利，但是，在实践中却强化了专制和抹杀了法治与民主，遗忘了列宁关于无产阶级民主与无产阶级专政的重要思想。另外一个问题就是无产阶级专政与党的关系。对于这个问题，列宁实际上有很多阐释，强调党是总的领导，要建立无产阶级专政体系。斯大林认为，党既是“无产者的阶级联合的最高形式”，又是“争得”“巩固”和“扩大”专政的工具。④ 斯大林甚至认为，党是“圣剑骑士团”⑤。斯大林强调党在社会主义国家以及无产阶级专政中的地位的重要性是对的，但是，他把党的功能和作用异化了。实际上，斯大林把党异化为党内的一群官僚集团，并把党代替苏维埃作为权力的行使者。虽然，斯大林也主张“党掌握政权，党管理国家。然而不能把这一点了解为党是越过国

① 《斯大林选集》上卷，人民出版社1979年版，第225页。
② 《斯大林全集》第13卷，人民出版社1956年版，第190页。
③ 《斯大林文集》，人民出版社1985年版，第153页。
④ 《斯大林全集》第6卷，人民出版社1956年版，第157页。
⑤ 《斯大林全集》第5卷，人民出版社1957年版，第57页。

家政权……不能了解为党是越过苏维埃，不通过苏维埃而管理国家的”①。但是，斯大林的实践却是与此相反的。很显然，这种观念与列宁关于党的总领导思想是有区别的。因此，斯大林关于国家、无产阶级专政、党和苏维埃的关系的理论与实践都是有偏差的。

对于斯大林的社会主义国家思想，我们应该辩证看待，坚持历史与逻辑相统一的科学方法论。第一，斯大林社会主义国家思想是在完全没有前人经验的基础上并依据苏联社会主义实践经验的一种理论概括，这难免会出现各种理论缺陷和不足，但是，斯大林在理论和实践上深入探讨了社会主义国家思想问题，而且斯大林社会主义国家思想是在某些方面继承马克思主义国家基本原理的前提下进行的创新和发展。比如斯大林认为社会主义国家职能应该依据客观事实的变化而变化，特别是强调社会主义国家要注重经济文化教育工作。这些应该得到肯定。第二，斯大林社会主义国家思想是国内国际复杂形势下的产物，是苏联社会主义在资本主义国家包围下的一种探索，所以，客观因素也决定了斯大林国家思想必然带有时代的某些缺陷。第三，斯大林社会主义国家思想的缺陷也与其哲学思维方式有关。斯大林个人的思维方式具有“形而上学的教条主义”②，这对斯大林国家思想、斯大林模式的社会主义都造成了深刻影响。在实践方面，如在探究粮食危机中的教条主义和绝对主义思维方式；在理论方面，如斯大林所写的《辩证唯物主义和历史唯物主义》中所体现的形而上学和绝对主义思维方式。当然，斯大林能够取得社会主义建设的巨大成就，这本身也表明了斯大林在马克思主义国家的理论和实践方面有其创造性。

① 《斯大林选集》上卷，人民出版社 1979 年版，第 417 页。

② 戴开尧、胡石其：《斯大林的社会主义观》，湖南师范大学出版社 2002 年版，第 179 页。

第四节 第二国际理论家：马克思国家观的命运分殊

第二国际是在恩格斯指导下成立的，它在传播、宣传和发展马克思主义方面做出了巨大贡献。但是，自恩格斯逝世之后，第二国际内部出现了理论分裂和理论争论，这对坚持和发展马克思主义造成了深远的历史影响。对于马克思国家观问题，第二国际理论家同样出现了理论分裂并进行了激烈的理论争论。第二国际理论家们对马克思国家观出现了背离和捍卫两种倾向：一是伯恩斯坦修正主义对马克思国家观的背离和否定；二是普列汉诺夫、考茨基、梅林、卢森堡、拉法格和拉布里奥拉等理论家对马克思国家观的坚持和捍卫，而且这些理论家对马克思国家观的坚持和捍卫的理论立场和倾向又表现出了各自的差异和理论特色。

一 修正主义的国家思想

伯恩斯坦对马克思国家观的基本原则和精神的背离是颠覆性的，在“修正”的名义下改写了马克思国家观的思想逻辑。第一，伯恩斯坦否认了国家的阶级本质，以国家的非政治性掩盖和替换国家的政治性。这可以说是伯恩斯坦国家思想的实质。伯恩斯坦消解了资本主义国家实行的法律和民主制度的阶级性，极力否认它们实质上是为资产阶级利益服务的。伯恩斯坦依据资本主义社会发展出现的新变化，他认为，资本主义社会出现了社会主义因素，比如“社会义务的范围”得到不断扩大，从而个人对国家和社会的参与和监督等也实质上扩大了，甚至出现了私有企业的公有化，等等。伯恩斯坦举例说一部好的工厂法包含的社会主义要远多于“一整批工厂的国有化”①。伯恩斯坦由此认为资本主义可以“长入”社会主义。在这里，很显然，伯恩斯坦是忘记了马克思关于国家的阶级本质思想。马克思虽然论述了国家具有社会性，但是这种社会性是以阶级性为前提的，资本主义国家的公共社会性最终是以服务资产阶级利益为目的的。伯恩斯坦也否认了法律等上层监督是由经济基础决定的，而事实上并没有脱离经济基础的纯粹上层监督，虽然上层监督对经济基础有反作用。第二，伯恩斯坦否认了无产阶级专政这一马克思国家观的核心思想。伯恩斯坦认为，无产阶级专政“这一词句今天已经如此过时”②。他还说，不需要“炸毁”现存的包括资本主义国家机器在内的社会政治制度就可以“和平长入”社会主义，因为“现代社会的各种自由制度”是“伸缩性的，有变化和发展能力的”，因此，我们只需要去“组织和积极的行动，但不一定需要革命的专政”③。据伯恩斯坦的论述，他实际上是否认了无产阶级革命专政，而马克思恰恰认为无产阶级革命专政思想是其国家思想的核心和最大贡献。马克思在 1852 年给约·魏特迈的信中就指明，发现阶级和阶级斗争不是他的功劳，资产阶级历史编纂学家早已叙述了，但是他增加的新内容就是：一定历史阶段上形成的阶级及其阶级斗争必然导致无产阶级专政，而且无产阶级专政只是到达消灭一切阶级和无阶级社会的过渡。所以，伯恩斯坦实质上与马克思国家观的精神实质是相违背的。第三，伯恩斯坦否认马克思哲学的革命性和批判性。伯恩斯坦认为，马克思学说中的“叛卖性因素”是黑格尔辩证法，他认为正是这一因素妨碍了马克思对事物进

---

① ［德］伯恩斯坦：《社会主义的历史和理论》，马元德译，东方出版社 1989 年版，第 195 页。

② ［德］伯恩斯坦：《社会主义的前提和社会民主党的任务》，殷叙彝译，生活·读书·新知三联书店 1965 年版，第 195 页。

③ ［德］伯恩斯坦：《社会主义的前提和社会民主党的任务》，殷叙彝译，生活·读书·新知三联书店 1965 年版，第 208—209 页。

行客观考察，甚至使得马克思陷入陷阱之中。[①] 因此，伯恩斯坦认为，马克思依据黑格尔的思辨的辩证法推论出“一件需要几个世代才能实现的事”[②] 即共产主义，这是一种“纵然是十分唯物主义的，到底也必然带空论的色彩”[③]。因此，伯恩斯坦把共产主义判定为一种空想主义。故此，伯恩斯坦主张“运动就是一切”，而这里的运动是指“政治上和经济上的宣传和组织工作”上的社会进步。[④] 因此，伯恩斯坦实质上否认马克思主义追求的最终目标即共产主义，而把其变成了一种社会达尔文主义。由此，伯恩斯坦强调要“回到康德去”和“回到朗格去”[⑤]，这实际上是把共产主义设定为道德目标而且是具悬置性的。因此，伯恩斯坦就否认了马克思国家观的革命性和批判性，抹杀了共产主义社会在人类社会发展中的重大意义，也否认了共产主义社会与其他社会的本质上的差别。伯恩斯坦的国家思想是对马克思国家观的思想逻辑发展的转向，而且是一种根本性质的转向，在此后的马克思主义发展史上产生了重大影响。正如考茨基评价的，伯恩斯坦是走了邪路。伯恩斯坦的国家思想的产生有其深刻的主客观原因。就客观原因来看，19 世纪末资本主义社会主要国家出现了很多新变化，这些新变化不仅体现在经济发展取得巨大成就方面，也体现在民主政治发展方面获得很大进步，这些所有方面导致了整个社会出现阶级缓和社会稳定局面，这对无产阶级思想造成了一定影响，而马克思主义对资本主义社会出现的新变化并没有及时给予新的理论概括、总结和说明，因此，导致无产

---

① ［德］伯恩斯坦著，殷叙彝编：《伯恩斯坦文选》，人民出版社 2008 年版，第 163 页。

② ［德］伯恩斯坦著，殷叙彝编：《伯恩斯坦文选》，人民出版社 2008 年版，第 160 页。

③ 转引自黄楠森、庄福龄主编《马克思主义哲学史教学资料选编》中册，北京大学出版社 1984 年版，第 605 页。

④ ［德］伯恩斯坦：《社会主义的历史和理论》，马元德译，东方出版社 1989 年版，第 195 页。

⑤ 转引自黄楠森、庄福龄主编《马克思主义哲学史教学资料选编》中册，北京大学出版社 1984 年版，第 609 页。

阶级思想中的理论和现实出现差异。就主观原因来看，伯恩斯坦对马克思主义精神实质的理解不到位，坚持了一种主观主义思想方法。伯恩斯坦的思想违背了马克思主义是一种行动指南而不是固定结论的思想。正如考茨基所说："在马克思主义的社会主义中，决定性的是方法，而不是结论。"[①] 这种方法只能是唯物史观，而伯恩斯坦却恰恰没有精准把握唯物史观方法，因此，其在国家思想上出现根本性错误也在所难免。对于伯恩斯坦的国家思想的评价，还要提及的一点就是，伯恩斯坦在否定性意义上提出了马克思主义者要重视实践，要重视无产阶级的主观能动性。当然，这一点是伯恩斯坦从反面给我们提出的启示，这就是要深刻认识理论和实践的辩证关系。与伯恩斯坦相反，列宁对马克思主义的辩证法精神实行了彻底的贯彻，强调了马克思国家观的实践维度。

二　自然主义倾向的历史主义方法的国家思想

除伯恩斯坦修正主义对马克思国家观背离之外，实际上第二国际还存在对马克思国家观的坚守的理论家。这些理论家坚持和发展了马克思主义唯物史观，出现了两种理论倾向，即"科学主义和人文主义传统"[②]，前者以考茨基和普列汉诺夫等理论家为代表的带有自然主义特色的历史主义方法，后者以梅林、卢森堡、拉法格和拉布里奥拉等理论家为代表的带有人文主义特色的历史主义方法。这两种理论倾向和传统表现在国家思想方面也呈现出不同个性。我们首先来看带有自然科学特色理论倾向的考茨基和普列汉诺夫等的国家思想。第一，关于国家起源和国家本质问题。考茨基对国家的起源是基于国家存在

---

① ［德］考茨基：《伯恩斯坦和社会民主党党纲领》，转引自中国人民大学马列主义发展史研究所编《马克思主义史》第 2 卷，人民出版社 1995 年版，第 36 页。

② 《马克思主义哲学史》编写组：《马克思主义哲学史》，高等教育出版社、人民出版社 2012 年版，第 204 页。

的历史来分析的，他认为，国家不是源自如马克思所言的社会分裂为不同阶级的冲突而导致国家产生，而是由于部落之间的战争导致一个统治阶级对另一个统治阶级进行统治和镇压的强制的国家机器，由此国家产生了。考茨基认为，最初国家形成是部落的“征服的行动”[①]。考茨基关于国家起源的理论早在其《人类发展史大纲》中就提出了，国家是起源于异族征服的暴力政策。[②] 实际上，考茨基也主张国家具有阶级性。考茨基认为，国家起源和本质中的暴力产生有其经济因素，而这种经济因素表现为一种生活在不同部落间的劳动分工。但是，我们注意到，考茨基是从国家发展历史来考察的，因而实际上是从国家进化论意义上来谈论国家起源和本质的，而不是如马克思从社会分裂为阶级的矛盾不可调和性来谈论的，也就是说不是从社会来探讨国家起源和本质的。这明显是一种社会达尔文主义的，或者说是自然主义的。第二，关于国家职能问题。考茨基在分析现代资本主义国家时指出，随着资本主义国家民主政治的发展，作为军事意义的国家机器的镇压职能是在弱化，经济文化职能则增强了，各种民生需求的职能越来越多，这导致国家机器越来越膨大和专业化，因此，就出现了征税的国家机器和专门从事政治活动的政治家和社会活动家，也就是说国家的镇压职能是逐渐弱化的。考茨基从经济和政治两个方面说明了，剥削对于“自由劳动者”而言是需要。[③] 正因为是一种“需要”，所以，国家机器实际上是劳动群众的一个依靠对象，也就是说被剥削阶级自己离不开国家机器了。因此，劳动群众就要利用资产阶级民主来从资本家手中将国家机器夺取过来，从而把统治的机器变为

---

① ［德］考茨基：《唯物主义历史观》第 4 分册，《哲学研究》编辑部编，上海人民出版社 1964 年版，第 93 页。

② ［德］考茨基：《唯物主义历史观》第 4 分册，《哲学研究》编辑部编，上海人民出版社 1964 年版，第 96 页。

③ ［德］考茨基：《唯物主义历史观》第 5 分册，《哲学研究》编辑部编，上海人民出版社 1964 年版，第 150 页。

解放的机器。所以，考茨基在分析国家的两种职能时就主张要把资产阶级国家机器通过民主变为社会主义国家机器，这实质上就是否定了无产阶级革命。考茨基的这种观点是带有浓厚的自然主义色彩或者是社会进化论色彩的。第三，关于国家消亡问题。实际上，我们在第二点论述中就表明了考茨基观点中国家消亡的途径和方法。因为国家机器的组织经济文化职能可以联合为一个更大的国家联盟，从而通过这种国家大联盟就可以消除国家机器的军事性质和镇压职能。因此，考茨基主张，国家机器并不会消亡，只是国家机器的职能会发生改变，也就是说考茨基并不是把“国家消亡”等同于国家机器废除。考茨基认为，国家中用于阶级镇压的国家机器会弱化，甚至消除，但是，国家机器中的经济文化发展职能等部分则会扩大。因此，考茨基主张，国家机器应该具有充分民主，拒绝官僚主义，而且要“尽可能有弹性”①。考茨基认为，可以用“工人国家”和“社会国家”来指称未来的新共同体。他认为，在这么一个无阶级的国家里将有“巨大发展的文明”，而且也是向“一切人开放着高等知识和技能”②。所以，考茨基实际上在未来共同体中是保留了国家的，而且主张生产发展导致整个世界国家的大联盟。因此，考茨基的未来共同体实质上是建基于国家上的，而不是如马克思建基于社会上的，这显示了考茨基和马克思关于国家消亡的起点不同。第四，关于无产阶级专政问题。考茨基主张社会革命包括议会、罢工和战争等形式，从而他主张无产阶级专政是表现为一种有别于政体的“状态”。考茨基认为，无产阶级专政是“一种在无产阶级占压倒多数的情况下从纯粹民主中必然产生出来的状态”③。实际上，所谓的“状态”就是一种纯粹民主，考茨基

---

① ［德］考茨基：《唯物主义历史观》第5分册，《哲学研究》编辑部编，上海人民出版社1964年版，第311页。

② ［德］考茨基：《唯物主义历史观》第5分册，《哲学研究》编辑部编，上海人民出版社1964年版，第317页。

③ ［德］考茨基：《考茨基文选》，殷叙彝译，人民出版社2008年版，第347页。

因此认为这是区别于专政的政体，他认为这是一种“剥夺反对派权利”，是个人的专政，是一个组织的专政，甚至是无产阶级内部中一部分对另外一部分的专政等。因此，考茨基实质上是把无产阶级专政理解为一种纯粹民主，而忽视马克思所提出的无产阶级专政的阶级性和革命性。总之，考茨基的国家观虽然在某些方面是对马克思国家观的坚持和发展，但是，却又在某些方面对马克思国家观存在误解，其国家思想也是极为复杂的。但是，从整个理论倾向来看，考茨基坚持了一种唯物史观，但这种唯物史观与有机生命发展是相联系的，从而表现出浓厚的自然主义底色。因此，其国家观也是带有这种理论倾向的。

实际上，普列汉诺夫也持有与考茨基相似的观点。普列汉诺夫认为，国家的起源是生产力发展和私有财产的出现导致的。在《论一元论历史观之发展》中，普列汉诺夫分析了国家的起源问题，他认为，国家产生是“在所有权关系中发生了的变化或由于社会生产过程的新的需要”①。而且，普列汉诺夫认为，并不存在超阶级的国家。当然，普列汉诺夫并没有对国家的产生和发展以及国家的本质作出详细的说明和论证，在有些地方保持“沉默”。关于国家职能问题。拉布里奥拉认为，国家组织的产生实质上就是一个社会阶级对其他社会阶级进行统治的需要。普列汉诺夫认为，拉布里奥拉并没有完全说出真理。为什么呢？普列汉诺夫认为，在一定程度上，国家的起源是由于“社会劳动分工的需要”，这个事实，当然并不妨碍国家同时也是具有特权的少数人对或多或少遭受奴役的多数人的统治组织。普列汉诺夫实际上指明了国家具有政治统治职能，还具有组织生产的职能。普列汉诺夫这个观点应该是正确的，但是，他并没有详细对此进行论述和分析。关于资产阶级国家问题，普列汉诺夫主张不要打碎、摧毁、破坏

---

① 《普列汉诺夫哲学著作集》第1卷，生活·读书·新知三联书店1959年版，第710页。

资产阶级国家机器，只需要夺取它，按照自己的目的来改造它即可。普列汉诺夫在1883年发表的《夏波夫》一文中就认为，对于国家机器，不应当“毁灭它”，而应该根据自己的目的来加以改变和利用它。普列汉诺夫把破坏国家机器等同于无政府主义，这是对马克思打碎资产阶级国家机器的误解。因此，普列汉诺夫实质上就是不知道用无产阶级革命专政来代替资产阶级国家。关于国家消亡问题，普列汉诺夫虽然也谈到暴力的作用，但是他没有把暴力与国家消亡联系起来，仅是从一种社会现象来谈论暴力。普列汉诺夫的国家思想应该说是极为“不够详细、不够系统、不够完整”的，特别是马克思在巴黎公社前后的国家思想没有在他的相关著作中反映出来，这是一个很严重的问题。① 造成普列汉诺夫国家观缺陷的根源在于机械性和形而上学性思维方式，以及“理论上的激进主义和实践上的机会主义”，根本在于缺乏对革命辩证法的深刻了解。因此，普列汉诺夫的国家观与其历史观是紧密相连的，也充分表现出一种自然主义底色的历史主义。

三　人文主义倾向的历史主义方法的国家思想

存在这一理论倾向的第二国际理论家主要侧重于将历史哲学、人类学、考古学中的文化起源与唯物史观相联系，形成了带有人文主义底色的唯物史观。国家问题作为唯物史观的重要内容，因此，他们的理论也就必然带有这一人文主义传统，主要表现在他们如何看待国家的起源与本质、国家与革命、无产阶级专政理论等问题上，当然，他们关于这些问题的论述有些详细有些粗略。第一，关于国家的起源和本质。梅林等第二国际理论家都坚持马克思国家观的基本精神，也就是强调国家是阶级矛盾发展的产物和国家的阶级

① 王荫庭：《普列汉诺夫哲学新论》，北京出版社1988年版，第437页。

本质，但是，在何种角度上来看待马克思国家观则显示了各自特色。梅林在批判阿·瓦格纳的“任意的历史结构”说和新拉马克主义者的“心灵原则”说基础上，申明了应该从“历史”来理解唯物史观，从而把握人类社会发展规律。梅林所谓的“历史”，实质上就是社会生活所建构的实体的历史，因为人是自然和社会的产物。① 所以，人类社会历史是从人的实践活动中历史性生成和发展的。当然，梅林也把这种观念提升为一种历史主义方法，并把其视为唯物史观。因此，梅林说明了国家是人的历史性发展产物，也就是社会决定国家。对此，卢森堡在批判伯恩斯坦等错误思潮中坚持了马克思国家观的基本实质，强调国家的阶级本质。但是，卢森堡则是从总体性辩证法来看待国家问题的。拉法格在《财产及其起源》一书中揭示了财产的历史发展，阐明了“私有财产和公有财产的问题”是所有阶级社会的中心问题，正是由于财产的私有化导致阶级的产生，从而导致矛盾的不可调和而出现了国家。因为原始共产主义社会是同餐共食和土地共同耕种的，并没有个人的财产，氏族分裂之后才“驱使薄弱无能的和毫不自觉的人类在原始共产主义和血族集产制的废墟上建立起倒霉的私有制”②。拉布里奥拉主张唯物史观是“一种有机的历史观”，这使得我们认识到社会生活的“统一性”③，这表现为经济、政治、文化、社会、心理等各种因素有机构成，其中，“经济都成了其余一切东西的基础”④。由此，拉布里奥拉形成了自己的社会经济结构理论。其社会经济结构理论认为，经济结构是决定社会成员的一切实际活动的，决定着阶级的产生、发展和灭

---

① ［德］梅林：《保卫马克思主义》，吉洪译，人民出版社 1982 年版，第 147 页。

② ［法］保尔·拉法格：《财产及其起源》，王子野译，生活·读书·新知三联书店 1978 年版，第 57—59 页。

③ ［意］安·拉布里奥拉：《关于历史唯物主义》，杨启磷等译，人民出版社 1984 年版，第 67 页。

④ ［意］安·拉布里奥拉：《关于历史唯物主义》，杨启磷等译，人民出版社 1984 年版，第 67 页。

亡，决定着法和道德的发展，决定着人与人之间的社会关系，从而决定着国家的产生和实质。拉布里奥拉实际上把国家视为其社会结构的第三层级，是直接由经济结构决定的。第二，关于国家与革命问题。第二国际理论家遇到的一个难题就是资本主义社会的新变化以及由此导致的无产阶级革命意识的暂时低落问题，因此，国家与革命问题就是理论家必然要解决的问题。列宁认为这一问题具有“政治实践”和“最迫切”的意义。① 梅林在批判伯恩斯坦修正主义的过程中，阐明了工人阶级与资产阶级之间的矛盾绝非是调和性的，而是不可调和性的，社会主义也不可能长期和帝国主义和平共处。因此，革命是夺取政权的根本手段，决定德国前途的是军队而不是议会。如果仅仅是寄希望于“议会式”斗争这把“没有刀柄和刀刃的小刀”②，这只是对“德国历史发展的完全误解”③。梅林反对过分夸大议会斗争的作用和地位。卢森堡则在以“食堂里的热炒和冷盘”来比喻社会改良和社会革命，她认为这两种方式是“相互制约和相互补充”的，④ 但是她强调“社会革命是目的”⑤。拉法格也主张要辩证看待革命与国家的关系，但是他认为，“只要不从根本上铲除资本主义，就不能限制资本的统治权”⑥。拉法格的革命包括政治革命、社会革命和文化革命等在内的三个方面，强调剥夺资产阶级的一切。其中，他认为，革命政权必须粉碎资产阶级国家机

---

① 《列宁选集》第3卷，人民出版社1995年版，第110页。

② 转引自中国人民大学马列主义发展史研究所编《马克思主义史》第2卷，人民出版社1995年版，第420页。

③ 转引自中国人民大学马列主义发展史研究所编《马克思主义史》第2卷，人民出版社1995年版，第420页。

④ 中央编译局国际共运史研究室编：《卢森堡文选》上卷，人民出版社1984年版，第130页。

⑤ 中央编译局国际共运史研究室编：《卢森堡文选》上卷，人民出版社1984年版，第71页。

⑥ 中央编译局国际共运史研究室编：《拉法格文选》上卷，人民出版社1985年版，第358页。

器，奠定新制度只能完全和彻底地依靠那些以“社会主义方式组织起来”的人民群众，[①] 但是，拉法格主张进一步粉碎国家的公共社会职能，“革命政权不应当使国家继续成为邮局和电信局的主人”，自己成为自己的主人即可。[②] 所以，拉法格又坠入了无政府主义之中去了。拉布里奥拉在《纪念〈共产党宣言〉》中提出了自己的批判的共产主义，反对认为社会主义是空想性质的，他认为，批判的共产主义是“按照一种客观的方式来实现的”[③]，而这种客观性就是无产阶级革命。因此，拉布里奥拉实质上是主张无产阶级革命的，而不是一种非革命的方式。第三，关于无产阶级专政问题。这个问题应该说是马克思国家观的核心和实质，这一点列宁早就进行了论述。拉法格认为，无产阶级专政国家走向共产主义社会。在未来社会中，生产资料都是国有化，这就意味着是根据产品的状况来分配，而不是依据人的需要来分配。[④] 他还认为，未来社会是国际的，“还会扩大到包括人类家庭的一切成员”[⑤]。卢森堡对无产阶级专政进行了较为详细的阐述。她依据资本积累规律认为，资本主义国家必然灭亡，“除了实行社会主义外，没有其他的出路”[⑥]。在资本主义国家走向社会主义的过程中，卢森堡特别强调要发挥无产阶级历史主体性作用，因此，她对列宁领导的俄国十月革命的胜利是高度赞赏的。卢森堡对无产阶级专政的实质进行了富有内涵的发

---

① 中央编译局国际共运史研究室编：《拉法格文选》上卷，人民出版社 1985 年版，第 259 页。

② 中央编译局国际共运史研究室编：《拉法格文选》上卷，人民出版社 1985 年版，第 259—260 页。

③ ［意］安·拉布里奥拉：《关于历史唯物主义》，杨启磷等译，人民出版社 1984 年版，第 4 页。

④ 中央编译局国际共运史研究室编：《拉法格文选》上卷，人民出版社 1985 年版，第 149 页。

⑤ 中央编译局国际共运史研究室编：《拉法格文选》上卷，人民出版社 1985 年版，第 148 页。

⑥ ［德］罗莎·卢森堡：《资本积累论》，彭尘舜等译，生活·读书·新知三联书店 1959 年版，第 376 页。

展，她认为，这一专政是整个阶级的专政，而不是“一种小集团统治”或“几十个杰出人物领导”的专政，其内在要求是实行最彻底和最广泛的“不受限制的民主”①。因此，民主是社会主义的内在要求。在卢森堡看来，社会主义本质就是人民群众成为“全部政治和经济生活的主人”，而且是“自由的自决”②。卢森堡的观点显然是对俄国苏维埃社会主义的实践而言的，但是，也反映了事物的真理。梅林和拉布里奥拉等实际上也是持与拉法格和卢森堡相似的见解，主张应该走无产阶级专政，从而战胜资产阶级国家。总之，梅林、拉法格、卢森堡和拉布里奥拉等第二国际理论家对国家问题的看法是多样性的，而且都是在批判错误国家思潮中建构的，并没有形成完善的国家理论，但是，总体上坚持了马克思国家观实质，而且他们在建构国家理论时总是从自己所理解的唯物史观来进行，因此，实际上他们的国家思想也就存在各种问题。之所以存在问题和缺陷，则是由于他们对错误思潮批判的“躲躲闪闪的态度”，才导致了“对马克思主义的歪曲和对马克思主义的完全庸俗化”③。

第五节　西方马克思主义：非正统和批判性国家观

在批判第二国际和苏俄马克思主义的实证主义和科学主义、资本主义社会新变化的现实和无产阶级革命意识消退等条件下形成了西方

① 《卢森堡文选》下卷，人民出版社1990年版，第504页。

② ［德］罗莎·卢森堡：《斯巴达克同盟想要什么?》，《国际共运史研究资料》（卢森堡专辑），人民出版社1981年版，第90页。

③ 《列宁选集》第3卷，人民出版社1995年版，第204页。

马克思主义。这一派别不仅是以地域来命名的，而且是一个呈现出观点各异的理论思潮，但是“它始终有它的独特性，使它作为一个完整的传统具有明确的定义和区分的界限”①。“独特性”表现为一种“非正统性”，也就是说西方马克思主义有别于第二国际和苏俄马克思主义；“完整的传统”表现出一种“批判性”，也就是说西方马克思主义坚持马克思的革命批判精神以及对资本主义国家的批判。西方马克思主义探讨的主题是如何在变化的资本主义条件下实现社会主义革命。西方马克思主义的根本理论逻辑是总体性范式，因此，它实质上是一种批判性社会理论。依据批判方式的差异，我们大致可以把西方马克思主义划分为人文主义和科学主义传统思潮，人文主义传统底色的西方马克思主义者主要是阿尔都塞之前的西方马克思主义者，而科学主义传统底色的西方马克思主义者主要是二战后的西方马克思主义者。当然，这种划分只是大致的和粗略的，这是就西方马克思主义群体性的理论倾向和思想传统而言的。

包括国家问题在内的政治哲学是西方马克思主义的重要内容。有学者认为，国家理论是西方马克思主义“最有创意的政治理论”，是“代表了20世纪国家观的最高成就”②。依据西方马克思主义的理论传统，我们也可以把西方马克思主义政治哲学大致划分为人文主义和科学主义传统两种理论思潮，但是，“非正统性”和“批判性”是西方马克思主义政治哲学的理论特色。西方马克思主义政治哲学是对马克思政治哲学在变化了的资本主义社会条件下实践的一种新的思路拓展。如果说列宁在反叛第二国际马克思主义的基础上开拓了马克思政治哲学的实践维度，那么，西方马克思主义的最重大成果就是彰明和

---

① ［英］佩里·安德森：《西方马克思主义探讨》，高铦等译，人民出版社1981年版，第41页。

② 陈学明：《国家、阶级与革命——评“西方马克思主义”的政治理论》，《江苏行政学院》2003年第11期。

论证了政治哲学的“理论维度”和“形而上学”①。因此，西方马克思主义国家观实质上也深刻地反映了这一理论特色。

一 人文主义传统的西方马克思主义国家观

坚持这一传统的马克思主义者主要有卢卡奇、柯尔施、葛兰西等早期西方马克思主义者、弗洛伊德主义马克思主义者、存在主义马克思主义者、阿尔都塞以前的法兰克福批判理论者们等。这表明西方马克思主义的人文主义传统的内涵和意义是多样性的，各个学派之间具有理论的差异性。那么，具体到他们的国家观来说，也表现出了各种理论差异性，而且他们内部也因具体的国家观念而争执和出现分歧，故而，思想极为庞杂。因此，笔者在这里只能对人文主义传统的西方马克思主义的国家观做一个群体性的考察，从而呈现出这一传统的国家观的主要理论特色和理论观点。

第一，问题和主题。西方马克思主义人文主义传统的形成有其深刻的社会和认识原因。就社会现实来说，18 世纪末和 19 世纪二三十年代，资本主义发展进入黄金时期即福利国家的资本主义时期，资本主义国家由于科学技术的进步和生产管理方式的变革实现了“大跃进”，达到了“异乎寻常的繁荣”②。这主要表现在以下三个方面：一是生存方式的变化，由于科学技术的高度发达，资本主义国家创造了雄厚的物质财富，由此也就形成了从生产主义文化到消费主义文化的转变；二是社会结构的变化，由于资本主义从自由竞争阶段发展至垄断阶段，导致了国家与私人资本的高度融合，这进一步分化和瓦解了工人阶级的内部结构（即金领、白领和蓝领工人的分立），与产业结构相适应的工人阶级也越来越与整个社会形成一个整体；三是资本积累规律的变化，资本已经由一国向他国迁移，由一方面（如经济等）

---

① 李佃来：《马克思的政治哲学：理论和现实》，人民出版社 2015 年版，第 180 页。
② 樊亢主编：《资本主义兴衰史》，经济管理出版社 2007 年版，第 249 页。

向全方面（如生态、环境等人生活的各个层面）渗透，虽然科学技术促进了物质财富的增长并改善了劳动人民的绝对贫困，但是剥削并没有减轻，而是加重了。因此，社会现实的变化必然要反映到理论上来，也就是如何认识资本主义的社会现实。一是西方马克思主义指证苏俄马克思主义是实证主义和经济决定论的，并没有反映马克思主义的精神实质。另外，东方俄国和西方国家的社会根基不一样，俄国是社会与国家高度合一，而西方则是社会与国家相分离的。虽然，西方马克思主义者赞颂俄国十月革命的伟大意义，但并不认为西方也要走俄国的道路。二是第二国际马克思主义内部的理论纷争。这场纷争的实质就是应该如何看待西方资本主义社会的新变化，如何寻找实现社会主义革命的新路径。因此，人文主义传统的西方马克思主义就是在与第二国际马克思主义的驳难中产生的。上述的社会现实和认识原因，实质上反映的问题就是如何运用马克思的唯物史观来看待资本主义社会的新变化和新现象，从而找到实现社会主义革命的道路，最终实现马克思的人类解放旨趣。但是，对于资本主义国家并没有出现马克思所预期的革命高潮的原因，人文主义传统的西方马克思主义者认为，是革命的主体即无产阶级意识的淡漠和消退，而造成革命主体的意识淡漠和消退的根本原因在于西方资本主义国家的文化意识形态——如科学技术、消费主义文化、文化工业、意识形态国家机器等——从总体上控制了人，也就是把人的内心控制了。所以，必须对资本主义国家的文化意识形态进行批判，激发无产阶级革命意识，从而凸显了从“人及其实践”来建构其国家批判理论的特色。

第二，人文主义传统的西方马克思主义国家观的主要理论观点。由于这一传统的国家观涉及流派众多，人物众多，理论众多，因此，这里仅就他们关于国家思想的核心观点来论述。其一，关于国家性质问题。从卢卡奇到阿尔都塞等人文主义传统的西方马克思主义者并不否认马克思的国家阶级本质和国家社会性，也不否认国家的上层建筑性质及其被经济基础所决定等观念。但是，他们依据对资本主义社会的新变化的社会现实而深化和拓展了马克思关于国家的观点。卢卡奇把革命辩证法视为唯物史观的实质，认为“历史”是“历史过程的总体”，是一定的社会关系和历史性结构，而其本质则是“人与人的关系”。因此，历史实质上构成一个总体性。而国家作为一种社会历史现象，也就必然需要从总体性上去把握，而不仅仅是阶级统治的镇压性工具，它还包括政治、经济和文化意识形态等各个方面，因此，必然要从总体性辩证法出发来批判国家。卢卡奇这一思路在人文主义传统西方马克思主义中获得弘扬和发展。葛兰西认为，国家就是统治阶级巩固其统治的“一整套实践和理论”，实质上而言“政治学就是国家学”，也就包含了社会学的全部基本问题。① 因此，葛兰西不是在市民社会与政治国家二元分离的意义上理解国家，而是主张国家=市民社会+政治社会。葛兰西强调了市民社会的文化意识形态功能，这实质上是国家的“强大的堡垒和工事”，而政治国家则仅是“外在的壕沟”②。因此，要认识资本主义国家就必须着力于认识文化意识形态国家机器。葛兰西对国家的界定与马克思是有差异的，马克思关于国家的思想侧重于市民社会的经济作用，而葛兰西则注重市民社会经济功能基础上的文化意识形态性。为此，葛兰西提出了“运动战”和“阵地战”的革命方略。阿尔都塞在此基础上提出了意识形态国家机器理论，他认为，存在两种执行方式，即“以暴力方式”和“以意识形态方式”，但他更强调后者。法兰克福学派提出了文化工业理论，阐明了文化统治了人的一切社会生活领域，从而使得个人“内心生活的丧失”③。因此，文化工业实质上就是资本主义国家的总

---

① Antonio Gramsci, *Selections from the Prison Notebookes*, London: Lawrence and Wishart, 1971, p. 244.

② ［意］葛兰西：《狱中札记》，曹雷雨、姜丽、张跃译，中国社会科学出版社 2000 年版，第 194 页。

③ 曹卫东主编：《霍克默尔集》，上海远东出版社 1997 年版，第 216 页。

体统治方式。马尔库塞进一步阐述了“单向度社会”和“单向度人”，以及分析了需求的真实与虚假的问题，由此，马尔库塞申明了作为文化意识形态的国家导致了人的异化。存在主义马克思主义的主要代表列菲弗尔则对马克思的国家思想持怀疑态度，认为马克思国家观只是“理论草图”①，他主张一种多元论的马克思主义国家学说。列菲弗尔认为，国家消亡问题是马克思主义国家问题的核心。对于如何消亡，列菲弗尔反对国家的社会主义，赞同自治的社会主义，强调通过日常生活的批判而不是传统的政治意义的革命来夺取政权，而这种日常生活就是现代资本主义的“消费支配的官僚社会”即“消费主义世界”。因此，批判日常生活，就是把消费主义异化的主体的革命意识激发。同样，弗洛伊德主义的马克思主义者则是从精神心理角度切入国家问题。弗洛姆说：“人自觉地思考的那些东西大部分是虚假的意识，是意识形态和文饰，人的行动的真正的动力是人所意识不到的。”② 因此，弗洛伊德主义的马克思主义者分析了法西斯主要国家形成的心理精神根源，认为实际上国家就是压抑和异化人的精神心理的文化意识形态。总之，无论是西方马克思主义的早期著作者，还是弗洛伊德主义的马克思主义者和存在主义的马克思主义者都强调国家是一种文化和意识形态，主张国家机器与国家权力的分离。正如佩里·安德森对此精准地指出，西方马克思主义的总体特点就是“几乎倾全力于研究上层建筑了”③。其二，关于国家与阶级问题。人文主义传统的西方马克思主义是对无产阶级深表同情的，也认为无产阶级承担着灭亡资产阶级的历史使命，但是，无产阶级的阶级意识却在文化和意识形态国家机器中被“物化”和“钝化”，因此，无产阶级需

---

① ［法］列菲弗尔：《论国家》，李青宜等译，重庆出版社1988年版，第101页。

② 复旦大学哲学系现代西方哲学研究室编译：《西方学者论〈1844年经济学哲学手稿〉》，复旦大学出版社1983年版，第36页。

③ ［英］佩里·安德森：《西方马克思主义探讨》，高铦等译，人民出版社1981年版，第96页。

要恢复其主体革命性。卢卡奇认为，革命的命运取决于无产阶级意识的成熟度，但是无产阶级的阶级意识被资本主义国家的文化和意识形态所遮蔽和物化。关于阶级意识在国家中的重要性，实际上，弗洛伊德马克思主义者从精神心理角度分析了造成无产阶级意识衰退的原因，他们甚至把其归结为一种爱欲和性等心理感觉。那么，存在主义马克思主义更是如此，他们要建构的是历史的人学。萨特认为，真正的工人阶级不是一种“纯粹的战斗性”“纯粹的被动性分散”“纯粹机构化的机构”，而是“种种不同实践形式之间的一种复杂的运动关系”①，这种无产阶级实质上是要与资产阶级的不断斗争中的总体化的理解相关联。法兰克福社会批判家马尔库塞认为，“工人阶级仍然是革命的历史代理人”。但是，由于工人阶级结构的变化，导致无产阶级正在消失，而工人阶级正在扩大，也就是说真正赤贫的工人很少了，但是受雇于人的工人则增多了。弗洛伊德主义的马克思主义者则从精神心理层面来揭示无产阶级意识的颓败。如赖希分析了意识和经济基础的相互作用，其中，特别强调意识作为一种社会力量的作用。赖希从家庭生活和性等微观层面揭示了作为阶级统治的工具和资产阶级权力统治关系的资本主义生产关系再生产所造成的无产阶级意识的压抑，他承认宏观的国家权力实质上渗透进日常生活等微观领域，造成了感受不到“充满爱意的拥抱”。所以，人文主义马克思主义所分析的阶级和阶级结构变化等都是着眼于文化和意识形态国家机器的深刻影响，这导致了无产阶级意识的颓败，但是，无产阶级依然承担着重大历史使命。其三，关于国家与革命问题。实际上，前面两点分析了人文主义马克思主义着眼于文化和意识形态对无产阶级意识的消极作用，很显然，要实现无产阶级革命，只有破除文化和意识形态，复活无产阶级的主体革命性。这是卢卡奇、葛兰西和柯尔施等理论家的

① ［法］萨特：《辩证理性批判》下册，林骧华等译，安徽文艺出版社 1998 年版，第 876 页。

主题，实际上也是弗洛伊德主义马克思主义和存在主义马克思主义的主题。对于如何复活主体的革命意识的方式和道路，他们则具有差异性。葛兰西提出了有机知识分子、运动战和阵地战等战略和策略，卢卡奇提出了总体性革命，哈贝马斯提出了交往理性和话语民主理论，列非弗尔提出了日常生活批判的革命道路，马尔库塞提出了自由社会主义战略，赖希提出了劳动民主思想，弗洛姆提出了政治、经济和文化三方面展开变革的健全社会理论，等等。但是，他们都主张批判文化和意识形态，培育无产阶级的革命意识，强调无产阶级意识成熟度对社会主义革命的重要性。

人文主义传统西方马克思主义国家观是非常复杂的，而且这一流派中的思想家的观念是前后变化的，因此，绝对主义态度的评价都是错误的，我们需要把其置于一定历史条件下来考量。总体而言，这一流派把马克思国家观的基本精神与二战之前资本主义国家的社会现实在一定程度上结合起来了，有些方面继承和发展了马克思国家观，但在有些方面则忽视了国家和革命的正确关系，这需要我们以一种批判的眼光来看待。

二　科学主义传统的西方马克思主义国家观

这一流派的马克思主义与侧重于“人及其实践”批判的人文主义传统马克思主义不同，而是注重对资本主义制度和生产方式的批判，以此揭穿资本主义制度的非正义性，从而试图寻找社会革命的新路径。由对“人”为中心的批判转化为以“物”为中心的批判，这种理论主题的变革，在阿尔都塞之后的西方马克思主义表现最为明显。这一流派对唯物史观的认识是：一方面强调经济基础和生产力对社会历史发展的决定性作用；另一方面强调上层建筑和生产关系等因素对社会历史发展的积极效能。所以，这一流派在一定意义上主张唯物史观的多元论。这一流派的主要代表是德拉·沃尔佩和卢西奥·科莱蒂等新实证主义马克思主义学派，阿尔都塞和普兰查斯等结构主义马克思主义，柯亨等分析主义马克思主义等。

第一，科学主义传统的西方马克思主义国家观形成的社会背景。西方马克思主义研究的理论主题的变化是与资本主义社会现实紧密相关的。第二次世界大战前，人文主义的马克思主义占据主导地位，但是，在战后情况发生了急剧变化，“出现了一股与之抗衡的科学主义的马克思主义思潮”①。对于这种理论主题的转化，佩里·安德森对英国或北美的马克思主义左派研究评价道，这使得西方马克思主义传统研究的“原有领地的研究程度黯然失色”②。之所以造成理论主题转化的原因：其一，就社会主义现实来看，苏联东欧等社会主义国家的失败导致人们重新思考马克思主义的科学性和当代性。所谓科学性，是指马克思主义本身是否存在真理意义；当代性，是指马克思主义在当代资本主义新变化现实中是否还有意义。其二，就资本主义现实来看，第二次世界大战后资本主义社会出现了诸多新变化，特别是资本逻辑向全球扩展，出现了发达国家与发展中国家之间的矛盾以及全球化和反全球化之间的矛盾。如何理解这些矛盾，必然需要到资本主义制度和生产关系中去寻找根源。其三，就现实问题来看，从一国扩展至全球，从单一经济问题扩展至生态、气候、能源等全方面。因此，这种对全球性和国际性问题的产生原因的追究，必然需要深入到资本逻辑所承载的制度和生产方式上去发掘。因此，这导致战后西方马克思主义转向了科学主义思潮，他们的口号是“马克思主义是科学”，以此反击“马克思主义是人文主义”。故此，科学主义传统的西方马克思主义在批判资本主义制度和生产关系中探求社会主义革命

① 张一兵主编：《当代国外马克思主义哲学思潮》，江苏人民出版社 2012 年版，第 5 页。

② ［英］佩里·安德森：《当代西方马克思主义》，余文烈译，人民出版社 1989 年版，第 24 页。

的新道路。

第二，科学主义传统的西方马克思主义国家观的主要理论观点。这一流派关于国家问题的讨论也是观点各异，各具特色，但总体而言，他们主要是从资本主义制度和生产关系角度来批判资本主义国家。其一，关于马克思国家观的来源问题。沃尔佩在《卢梭和马克思》一书中提出了一个观点就是：马克思国家观是来源于卢梭的，继承了其人民主权思想，而共产主义就是对人民主权思想的实践，当然，社会主义民主思想是抛弃了卢梭社会契约论的理论框架。其二，关于国家性质及其相对自主性问题。阿尔都塞依据其多元决定论的社会历史观认为，传统理论认为国家是镇压性国家机器的观点是描述性的且是不纯粹理论，他认为，国家实质上是一种意识形态国家机器，这种机器本质上是为生产关系的再生产服务的。阿尔都塞认为，经济基础对历史发展起着决定性作用，但是，作为上层建筑的国家也对历史发展具有重要反作用并具有相对独立性。这一观点后来对普兰查斯产生了重要影响。普兰查斯把国家视为作为结构整体的生产方式的一个重要结构因素，认为国家为维护生产方式发挥着重要作用，而这种生产方式实质上是社会形态的核心。因此，普兰查斯认为，国家就是对生产方式结构中各个因素的“调和职能”，国家实质上是有别于一种实体的关系，即“阶级和阶级派别之间关系的物质凝聚”①。也只有把国家理解为一种内在阶级关系，从而才可以理解“国家政策的制订必须被看做是内在于国家结构中的阶级矛盾产物”②。由此，普兰查斯进一步分析了资本主义国家的实质，他提出了两个“个人化”：一方面是工人阶级的去阶级化，工人逐渐变成了孤立的个人，然后，孤立的个人转化为政治公民；另一方面是资产阶级去阶级化转化为单

① Nico Poulantzas, *State*, *Power*, *Socialism*, London: New Left Books, 1978, pp. 128-129.

② Nico Poulantzas, *State*, *Power*, *Socialism*, London: New Left Books, 1978, p. 132.

独的个人，然后，个人再转化为政治公民。经过这两方面的“个人化”之后，就形成了资本主义国家的“个体公民形式上的自由平等”和“大众主权和国家对人民的世俗责任”，因此，这造成了一种“大众国民的国家”和“排除了阶级斗争的国家”，而事实上它就是“一个阶级国家”①。因此，普兰查斯在此基础上提出国家相对自主性理论，他认为，相对自主性是对“权力集团的阶级和派别”及其同盟和支持力量而言的。② 因此，国家的相对自主性是对统治阶级而言的，也就是说国家并不是统治阶级可以任意操作的一种工具，国家并非简单就是进行阶级统治的工具。这里实际上要谈到对国家性质的另外一种看法，那就是密里本德的国家工具论。密里本德通过对资本主义国家经验事实的研究得出，资本主义国家是资产阶级统治的工具。密里本德认为，许多特殊机构及其相互作用实质上构成了国家中的“‘国家制度’的要素”③，而这种“国家制度”即国家结构、国家政策和政府行为等实质上是被资产阶级领导的，因此，资本主义国家也就是阶级统治的工具。但是，密里本德并不认为，国家就是直接的资产阶级统治工具，而是持有与普兰查斯相同的国家具有相对独立性这一观点。分析马克思主义者柯亨主张对社会现象要进行“质料性”和“社会性”的区别。柯亨认为国家作为一种社会历史现象，同样也具有“质料性”和“社会性”。国家的“质料性”是指国家的物质基础，这是从内容上来看的；国家的“社会性”则是指国家处于特殊的历史时期的社会关系中，因此体现出国家的社会性质。如果以此来分析资本主义国家现象，我们就发现资本主义国家实质上是阶级统

---

① ［希腊］普兰查斯：《政治权力与社会阶级》，王宏周等译，中国社会科学出版社1982年版，第206页。

② ［希腊］普兰查斯：《政治权力与社会阶级》，王宏周等译，中国社会科学出版社1982年版，第285页。

③ ［英］拉尔夫·密里本德：《资本主义社会的国家》，沈汉、陈祖洲、蔡玲译，商务印书馆1997年版，第54页。

治。其三，关于国家与阶级问题。对于社会阶级与国家关系，特别是社会阶级与社会主义革命的关系，普兰查斯认为这一问题被忽视了，但它却具有“很好地了解敌人”的重要作用，实质上就是要弄清我们的敌人和朋友是谁的问题。普兰查斯坚持用一种结构主义方法来分析社会阶级。普兰查斯认为，社会阶级不是“经验主义的物”，而是一个关系概念，它取决于阶级的结构判定，不完全取决于阶级立场。这里的阶级的结构包括经济、政治和意识形态等各因素。因为，社会阶级是在“社会实践总体的地位，即根据它在社会总体劳动分工中的地位来加以定义”的，这种“社会阶级的扩大再生产”与国家机器是紧密相关的。因此，当代资本主义国家机器实质上是把资本主义社会的阶级关系不断再生产出来。普兰查斯特别分析了有别于“传统的小资产阶级”的“新的小资产阶级”问题，它主要是指“脑力劳动”者，虽然他们没有直接参加劳动，但是，他们也承受资本剥削，故也呈现出自己的意识形态特征：既希望变革现实，又主张在保存现实中来改良，而且，“新的小资产阶级”随着实践发展可以向无产阶级方向变化，从而，他们在未来社会革命中可以成为无产阶级的同盟者。分析马克思主义对阶级问题的看法很有特色。罗默和赖特对资本主义阶级结构的截面进行分析，创新性地提出了“新中间阶级”理论。埃尔斯特则从集体行动角度对马克思阶级理论的微观基础进行分析，重新定义了阶级。埃尔斯特视野中的阶级概念的核心是“基质”和“行为”，即“基质包括有形的财产、无形的技能和更为细微的文化性格，而行为包括和非劳动相对的劳动、和购买劳动力相对的出卖劳动力、和借进资本相对的借出资本、和租用土地相对的出租土地以及在共同财产的管理中和接受命令相对的发布命令，等等”①。因此，在综合考量“基质”和“行为”的基础上，埃尔斯特认为，阶级实

① ［美］埃尔斯特：《理解马克思》，剑桥大学出版社 1985 年版，第 330—331 页。

际上是指为了使“自己的基质得到最佳的使用”而共同行动的群体。[①] 因此，阶级实质上被定义为一种潜在的集体行动者，由此就要解决集体行动的阶级意识和阶级斗争条件问题等。科学主义传统的西方马克思主义对阶级与国家的分析是各种各样的，但都是基于各自的分析视角进行分析的。其四，关于国家与革命问题。科学主义传统的西方马克思主义对此也进行了深入探讨。新实证主义者沃尔佩深入研讨了资本主义民主和社会主义民主的关系，他认为，社会主义民主是对资本主义民主的继承和更新。沃尔佩认为，现代自由和民主有“两个方面或两个灵魂”：一是由洛克开辟的自由主义意义的民主即政治民主和公民自由，二是由卢梭开辟的人民主权意义的民主即社会民主和平等主义自由，[②] 而社会主义民主实质上就是对这“两个方面或两个灵魂”的综合。结构主义马克思主义者普兰查斯实际上也主张与沃尔佩相似的观点，他认为，社会主义国家民主应该把代议制民主和苏维埃直接民主结合起来。[③] 这是民主通向社会主义的道路。分析马克思主义者提出了一种平等主义政治哲学，论证了社会主义对资本主义的优越性，从而增强了人们对社会主义的信仰，并通过民主的力量去实现社会主义。对于国家和革命问题，科学主义传统的西方马克思主义大多强调民主和改良战略，对无产阶级专政的革命性是持否定态度的。

总之，西方马克思主义国家观是对西方资本主义社会新变化的一种理论反映，承继了马克思国家观的批判精神，也在一定意义上实现了马克思国家观与实践的结合。无论何种传统的西方马克思主义国家观都对资本主义国家的阶级本质进行了揭批，概括了资本主义国家的

---

① ［美］埃尔斯特：《理解马克思》，剑桥大学出版社 1985 年版，第 331 页。

② ［英］德拉·沃尔佩：《卢梭和马克思》，赵培杰译，重庆出版社 1993 年版，第 101 页。

③ Nico Poulantzas, *State*, *Power*, *Socialism*, London: New Left Books, 1978, p. 258.

新职能以及文化意识形态特征，但是，它们提出的实现社会主义革命的新道路则往往丧失了马克思国家观的真正革命精神，而更多主张民主或改良的道路，因此，他们提出的走向社会主义的方案在一定程度上具有乌托邦意义。为此，我们需要对西方马克思主义国家观进行具体分析和辩证看待。

第六节　东欧新马克思主义：人道主义的社会主义国家观

第二次世界大战后，东欧各国先后走上了社会主义道路，确立了马克思主义的指导地位。但是，随着波茨南事件和“布拉格之春”的出现，特别是1956年苏共二十大之后，东欧各国出现了“非斯大林化”倾向，批判斯大林版本的马克思主义，探求适合东欧各国的马克思主义和社会主义版本，逐渐形成了以人道主义马克思主义为主题的理论思潮，其主要表现为以南斯拉夫的“实践派”、匈牙利的布达佩斯学派、波兰和捷克等国的新马克思主义者为代表的东欧新马克思主义。东欧新马克思主义虽然在理论倾向上是大致相同的，但是，在关于马克思主义与东欧各国具体实践相结合上却表现出差异性，因此，东欧新马克思主义的理论观点亦是纷繁复杂。东欧新马克思主义国家观同样也受到人道主义马克思主义的影响，呈现出一种人道主义的社会主义国家观。因东欧新马克思主义国家观的观点也是纷繁复杂，故此处将择取东欧新马克思主义国家观的主要观点来加以认识。

一　国家与马克思实践哲学的理论构建

东欧新马克思主义国家观的哲学基础是以人为中心的马克思实践哲学。这种实践哲学展现了东欧新马克思主义对马克思思想的实质的独特阐释，批判了苏联的教科书哲学模式，主要依据的是马克思的《1844 年经济学哲学手稿》等早期思想。科西克在《具体的辩证法》一书中，对马克思实践哲学进行了富有创意的阐释，他认为实践是马克思主义的核心概念，是“人存在的领域”，但是人在实践生成中会导致人的异化，而克服人的异化也只能在包括人在内的总体性中去理解时才可以化解。南斯拉夫的马克思主义者更是以“实践”来命名，强调从实践来解释和重构社会现实问题，他们认为，人是“实践地存在着的”，并且是通过实践来改变人自身的。波兰的沙夫等也主张把实践视为马克思哲学的核心，实践实质上就是个体的人的本质，并在此基础上区分了对象化和物化与异化的关系等。匈牙利的布达佩斯学派更是深受卢卡奇的影响，赫勒、费赫尔、马尔库什、瓦伊达等主张探究文化的可能性问题，实质上就是人如何摆脱异化过幸福生活的问题。如赫勒就认为实践是“真正的人的需要”①。因此，正是东欧新马克思主义者对马克思实践哲学的有别于斯大林式的重新阐释，发掘了斯大林哲学忽视的人的价值和意义，从而形成了马克思主义人道主义，这为人道主义的社会主义国家观奠定了哲学基础。

二 国家与阶级

东欧新马克思主义对阶级与国家的关系进行了新阐释。其中，瓦伊达对马克思阶级思想的分析极富创意。瓦伊达在《国家与社会主义》一书中，提出了一种微观分析法。马克思对阶级的分析主要是从生产所有制和经济关系等宏观视角进行的，虽然马克思在《路易·波拿巴的雾月十八日》中展现了研究阶级的微观基础思想，但是，他并没有深入。瓦伊达借助马克思的阶级思想并结合东欧社会主义和资本主义现实，分析了无产阶级和资产阶级之外的小资产阶级，阐明了小

---

① James H. Satterwhite, *Varieties of Marxist Humanism: Philofophical Revision in Postwar Eastern Europe*, Washington: University of Washingtonseattle, 1982, p. 176.

资产阶级的意识形态、性格、个性等方面的微观层面。瓦伊达分析了法西斯主义的基础实质上是小资产阶级，而不是资产阶级等统治阶级，批判了“正统马克思主义”对阶级的宏观分析。瓦伊达运用其独特的阶级分析方法阐明了无产阶级的个性伦理形成过程。瓦伊达认为，无产阶级不能仅仅从经济地位来把握他们的同一性，关键是要认识到无产阶级是一个差异的整体，这种差异性即在于其利益性，“无产阶级的个体利益是增加其私有财产”①，因此，要意识到个体的“独存的我”的重要性。瓦伊达认为，通过个体的家庭教育就可以最终实现社会主义，他认为，“革命化的家庭”是个性心理培育的重地，而且是进行大众教育的“唯一的地方”，通过这种培育，从而导致个体积极参与社会活动。② 布达佩斯学派的赫勒在《马克思的需要理论》和《个性伦理学》中也从微观层面阐释了无产阶级的个体从社会需要中解放出来的重要性。她认为，“马克思只承认作为个体的人的需要”③，也就是他所知道和感受到的“他自己的需要”④。因此，赫勒从个体伦理学角度申明无产阶级个体解放的个性、责任、命运和有意义的生活，这实质是将个体伦理话语转化为一种民主政治话语和民主政治权力，这也表明了无产阶级要建立的是何种国家。南斯拉夫、波兰和捷克等国家的马克思主义者从坚持人道主义马克思主义的思想前提来看，实际上也持有与赫勒和瓦伊达等相似的阶级观点，这是东欧新马克思主义的关于国家与阶级关系的总的理论倾向。

三　国家与社会主义

东欧新马克思主义是在批判斯大林版本的社会主义的基础上建构

---

① ［匈］瓦伊达：《国家与社会主义：政治论文集》，杜红艳译，黑龙江大学出版社2015年版，第71页。

② ［匈］赫格居什、赫勒、马尔库什、瓦伊达：《社会主义的人道主义——布达佩斯学派论文集》，衣俊卿等译，黑龙江大学出版社2015年版，第20页。

③ Agnes Heller, *The Theory of Need in Marx*, New York: ST. Martin's Press, 1976, p. 69.

④ Agnes Heller, *The Theory of Need in Marx*, New York: ST. Martin's Press, 1976, p. 70.

的自己独特的社会主义国家理论。其一，东欧新马克思主义对斯大林版本的社会主义国家的批判，一句话概括就是斯大林版本的社会主义是国家主义的社会主义，这种社会主义的特点正如斯托扬诺维奇所说，它已经失去扬弃异化的动力，而且成为“异化之根源”①。因此，异化的社会主义，实质上就是国家主义。苏联事实表明，国家所有制代替了私有制，国家主义代替了社会主义，由此形成了“一种新的经济—政治异化模式”②。其二，东欧新马克思主义要建构的国家就是“人道的民主的社会主义国家”。社会主义国家是消除异化的国家，绝不是斯大林版本的国家主义的社会主义国家。东欧新马克思主义认为，“自由人的联合体”是一种人道化存在状态，因而是建立在道德基础上的，也是强调以人为中心的，人的幸福和有价值的生活是其判断的依据，所以，社会主义和共产主义本质上是人道主义的和自由民主的。马尔科维奇指出，人道主义的根本就是要坚持政治上的自由、平等、民主，这些观念也是共产主义必须具有的理念，没有人道主义，实质上就不是社会主义和共产主义。沙夫也说，社会主义国家要“使人过上特定历史形式的幸福生活”，建立的政治制度等就必须不违背人的自由等人道主义标准。③ 布达佩斯学派认为，资本主义国家具有以个人自由为基础的形式民主，但是仅限于政治领域而没有扩展至经济领域。可是这种形式民主极为重要，“形式民主是持续地确保一个国家民主特征的伟大发明”④。斯大林版本的社会主义国家却只在“对需要的专政”基础上存在个人自由。因此，社会主义国家应

---

① Svetozar Stojanović, *Between Ideals and Reality: A Critique of Socialism and Its Future*, New York: Oxford University Press, 1973, p. 33.

② Svetozar Stojanović, *Between Ideals and Reality: A Critique of Socialism and Its Future*, New York: Oxford University Press, 1973, p. 34.

③ ［波兰］亚当·沙夫：《论共产主义运动的若干问题》，奚戚、齐伍译，人民出版社1983年版，第30页。

④ Agnes Heller, "Past, Present, and Future of Democracy", *Social Research*, Vol. 45, No. 4, June 1978, p. 30.

该是在扬弃私有财产基础上实现形式民主的进一步完善，从而建立一种平等主义的个体自由的社会主义国家。赫勒也指出，社会主义必须要实现自由和平等等价值。① 瓦伊达在《国家和社会主义》中指出，真正的社会主义的要点是每个个体和特殊的群体应该有平等的机会表达自己的利益和需要，因此，民主就是必须的，这实质上就是要求一种人道主义的民主的社会主义。其三，现存社会主义是一种新型社会形态。这里的“新”，主要是指东欧社会主义国家不是马克思所言的共产主义社会或资本主义社会，而是存在剥削和压迫的社会。这里实际上涉及市民社会与政治国家的关系问题。从文化基因来看，东欧社会实质上是深受基督教二元政治观影响，也就是市民社会与政治国家、私域和公域的分立的。瓦伊达认为，东欧社会主义国家消除了私有制，但是，并没有消除市民社会所型构的利己主义，因此，这必然导致政治权力掌控一切公域，而实际上，他认为自己正面对的是政治权力关系创造出财产关系的社会。因此，瓦伊达认为这必然导致剥削和压迫，为此，东欧无产阶级专政消除私有制，仅仅是经济关系的变革而非人类关系的变革。因此，国家职能的有些方面就需要加强。沙夫指出，国家职能的强制性功能需要加强，才可以消灭各种异化现象。但是，这与马克思所说的国家消亡是不冲突的，沙夫认为，国家消亡不是它本身消亡，而是它的阶级统治职能消亡，而它的社会公共管理职能是存在的。其四，社会主义国家的具体形式就是自治的社会主义国家。沙夫认为，社会主义实质上就是一种自治关系。弗兰尼茨基强调，要把属于国家的都变为社会的，建立一种生产自治的社会基础，那么，“取消国家资本主义制度”才是可能的。② 马尔科维奇认

① Ferenc Fehér, Agnes Heller, Gyorgy Márkus, *Dictatorship over Needs*, Oxford: Basil Blackwell, 1983, p. 223.

② ［南斯拉夫］普勒德拉格·弗兰尼茨基：《马克思主义和社会主义》，杨元恪、陈振华译，人民出版社 1982 年版，第 63 页。

为，“由政府负责建构各层级的自治组织”，这种自治组织“呈树枝状网络”在社会分布，其根本目的是实现公民在管理社会事务中达到“平等、互助、自由行使权力”①。

四　国家与革命

东欧新马克思主义对真正的社会主义国家如何建构的观点有分歧，但是，最大的相同之处就是都主张通过人道主义革命来实现。布达佩斯学派的瓦伊达在论述无产阶级个性伦理学与革命的关系时就指出，无产阶级革命是“每一天”，其关键是在“革命化的家庭中产生”，因为这是无产阶级个性教育最重要的场所。② 因此，瓦伊达实际上把无产阶级革命矮化为了一种个体道德伦理“革命”。赫勒强调要破除“社会需要”的形而上学魔咒，而要建立“个体的人的需要”：一方面要释放压抑的人性，另一方面又要防止人性恶的全面爆发，为此，我们要遵从命运的偶然性，要热爱生活，要对命运说是而不是否。因此，赫勒提出了政治解放、文化解放和伦理解放的逐次递进的解放路径。对此，有学者评价赫勒的解放实质上就是宗教上的救赎。这种评价对赫勒来说有失公允，但它却深刻反映了赫勒社会主义革命的伦理性质，也反映了一种个体的自由和民主的政治偏好。因此，瓦伊达和赫勒主张用一种“激进民主”方式来解放人类。所谓激进民主就是平等参与社会决策制定的权利，其核心是“以个人自由为基础的平等的自我决定”，其关键“在于私有财产的积极扬弃”，其实现形式是“自我管理的自治社会”，其保障是“政治多元化”③。

---

① Mihailo Marković, *Democratic Socialism: Theory and Practice*, Sussex: The Harvester Press, 1982, p. 131.

② ［匈］赫格居什、赫勒、马尔库什、瓦伊达：《社会主义的人道主义——布达佩斯学派论文集》，衣俊卿等译，黑龙江大学出版社 2015 年版，第 20 页。

③ 何宝峰：《东欧新马克思主义者的民主思想——以布达佩斯学派为视角》，《理论月刊》2013 年第 2 期。

沙夫也主张社会革命实质上是人道主义的，谋求在“社会幸福”中实现个人的幸福。斯托扬诺维奇强调社会主义革命“确切地说，它必然是总体的人道主义革命”①，他认为，社会主义是一个动词而不是名词，因此，社会主义实质上是具体性和抽象性在实践中的生成，如马克思的国家消亡、自由、社会平等和正义等价值概念必须通过“激进化和具体化”来实现。② 因此，社会主义就是一场革命运动的伦理学实践。

总之，东欧新马克思主义国家观本质上是一种人道主义和民主性质的国家观，它们是把马克思国家观与东欧社会现实在一定程度上的结合，可以说，这是对马克思国家观民族化和具体化的一种生动实践，虽然其具有很多有违马克思国家观精神的地方。东欧新马克思主义国家观在一定意义上补上了苏联模式社会主义国家欠缺的“短板”。当然，我们也要看到东欧马克思主义国家观的人道主义性质埋下了东欧社会主义国家剧变的“祸根”，这是我们不得不正视的。

第七节 中国化马克思主义：中国特色社会主义国家观

中国共产党百年奋斗历程实际上也是马克思国家观和马克思主义国家学说中国化的百年历程，它形成了中国化马克思主义国家学说，即中国特色社会主义国家观，这一国家观是中国化马克思主义理论的重要组成部分。从历史和逻辑相统一来看，毛泽东国家观是中国特色

① Svetozar Stojanović, *Between Ideals and Reality: A Critique of Socialism and Its Future*, New York: Oxford University Press, 1973, p. 12.

② Svetozar Stojanović, *Between Ideals and Reality: A Critique of Socialism and Its Future*, New York: Oxford University Press, 1973, p. 152.

社会主义国家观的奠基，邓小平国家观是中国特色社会主义国家观的形成，习近平有关国家问题的重要论述是中国特色社会主义国家观的成熟。具体而言，这三者的国家思想表现如下。

一 人民民主专政国家

理论总是与时代问题紧密相连，理论反映着时代，时代是理论产生的根据。近代中国所处时代主题是革命与战争。近代中国一直遭受着“三座大山”的压迫和剥削，中国人民孜孜以求一条“站起来”之路，而这种“站起来”之路只能通过革命和战争来获得。在“站起来”的过程中，马克思主义国家学说基本原理与中国革命和建设具体实际相结合形成了毛泽东国家观。在一定意义上讲，毛泽东国家观充分体现了时代特色，即革命特色。革命观点是毛泽东国家观的实质，它规定了国家的本质和职能，当然国家的本质和职能也强化了这一观点。革命主题是毛泽东国家观的鲜明特点，这一特点很显然与近代中国人民寻求“站起来”的历史使命紧密相关。1926 年毛泽东在分析列宁的《国家与革命》时就指出，中国革命胜利之后政府“必定改革一切的，重新建设的”，我们的人民必须采取革命手段来对反革命者进行“专制”和“不客气的压迫”，使其“革命化”，这是“巩固革命政府也”，“国家是一个阶级拿了压迫别一个阶级的工具”①。这表明，毛泽东认为既要依靠革命夺取国家政权，又要依靠革命巩固国家政权。革命与国家政权是其思想中的核心范畴。毛泽东国家观的内涵丰富而深刻，从宏观上来看，它主要表现在以下三个方面：

首先，国家本质问题。在毛泽东看来，阶级性是国家的根本性质。国家的核心问题是政权问题，而政权只有靠革命来取得，也就是

① 陈晋主编：《毛泽东读书笔记解析》上册，广东人民出版社 1996 年版，第 260 页。

所谓的“枪杆子里出政权”理论。毛泽东这一思想深受列宁影响。列宁的《国家与革命》一书就深刻阐释了国家政权是革命中心的思想，这本书在中国的传播对包括毛泽东在内的中国人“思考中国革命的问题起了十分重要的作用”①。因此，列宁关于国家的革命认知模式在一定意义上也深刻影响了毛泽东对国家本质的认识。毛泽东曾经谈到他读《共产党宣言》时，只取了“阶级斗争”四个字。阶级斗争构成了毛泽东国家观的一个浓厚底色。

其次，新民主主义国家理论与革命。革命胜利后建立的新中国是新民主主义国家，其国体是各革命阶级联合专政，其政体是人民代表大会制度。毛泽东这一国家理论经过了早年的资产阶级性质的“民众共和国”、土地革命时期的“工农共和国”和“工农民主专政”、抗战时期的“人民共和国”和抗日民族统一战线的政权等形式的发展阶段。当然，新民主主义国家具有过渡性质，其必然要发展到社会主义国家。毛泽东的新民主主义国家理论是以革命夺取政权为中心的，实质上就是要通过革命手段打碎旧的国家机器以建设一个新的国家。毛泽东在《湖南农民运动考察报告》中就直言革命“不是请客吃饭”，革命“是暴动，是一个阶级推翻一个阶级的暴烈的行动”②。毛泽东在分析中国社会各阶级状况时指出，分清敌我是革命的“首要问题”③。因此，阶级斗争和革命必然成为新民主主义国家理论的核心要素。

最后，人民民主专政国家与革命。新民主主义国家必然要发展至社会主义国家阶段，那么，它的性质是什么呢？毛泽东在《论人民民主专政》一文中对此进行了详细阐释。毛泽东认为，人民民主专政包

---

① 何萍主编：《列宁思想在 21 世纪：阐释与价值》，人民出版社 2014 年版，第 485 页。

② 《毛泽东著作选读》上册，人民出版社 1986 年版，第 16—17 页。

③ 《毛泽东著作选读》上册，人民出版社 1986 年版，第 4 页。

含着相互结合的两个方面，即对敌人的专政和对人民的民主。[①] 就专政而言，实质上就是要实行独裁和压迫，“不许他们乱说乱动”[②]；就民主而言，实质上就是要保护人民的利益，做到人民国家为人民，并且使得国家“继续前进，向着社会主义社会和共产主义社会前进”[③]和“实行民主制度”[④]。因此，革命实质上需要担负维护政权安全、社会秩序和保护人民等任务。这表明，实际上是把革命由战争形式转化为人民民主专政即阶级斗争形式了，本质上是革命主题的继续。《论十大关系》和《关于正确处理人民内部矛盾的问题》等文章进一步发展了人民民主专政国家思想。毛泽东指出，人民民主专政的主要任务是建设一个具有现代的工业、农业和科学文化的“社会主义国家”[⑤]。毛泽东还重新界定了人民和敌人的含义，指出了专政具有镇压敌人和防御外敌的职能。但是，我们看到在十年社会主义建设时期，人民民主专政性质中的镇压功能凸显，而民主功能则隐匿。毛泽东即便谈论人民民主专政的民主功能时，也主要是从革命意义上来开展的，其最典型的口号就是“抓革命、促生产”。

因此，总体而言，毛泽东国家观是以革命和国家为核心而展开的。这与20世纪上半叶“革命与战争”的时代特点紧密相关，因此，毛泽东国家观深受这种大历史逻辑的影响。当然，毛泽东国家观是极具创新意义的。

二 社会主义现代化国家

邓小平国家观是马克思国家观与马克思主义国家学说基本原理与中国改革具体情况相结合的产物，是对毛泽东国家观的继承和发展。

---

① 《毛泽东著作选读》下册，人民出版社1986年版，第682页。
② 《毛泽东著作选读》下册，人民出版社1986年版，第682页。
③ 《毛泽东著作选读》下册，人民出版社1986年版，第683页。
④ 《毛泽东著作选读》下册，人民出版社1986年版，第682页。
⑤ 《毛泽东文集》第7卷，人民出版社1999年版，第207页。

但是，邓小平国家观的逻辑确立与毛泽东国家观具有历史条件的差异性，这使得邓小平国家观呈现出自身的理论特质。这是因为：一是革命与战争的时代主题转化为了和平与发展的时代主题；二是对苏联等社会主义国家对国家理论认识上的偏差导致的严重后果的历史经验借鉴，苏联等东欧社会主义国家解体，一个很重要的因素在于斯大林模式的社会主义国家理论侧重于阶级性和革命性，而忽略了社会性和建设性；三是对社会主义本质认识的深化，邓小平明确提出了社会主义的本质就是"解放生产力，发展生产力，消灭剥削，消除两极分化，最终达到共同富裕"①；四是社会主义现代化建设大局的确立。邓小平在党的十一届三中全会上提出了党和国家工作重心的转移。他认为我们的大局就是把我国建设成为四个现代化的社会主义强国，② 并反复强调实现现代化的重大意义。"能否实现四个现代化，决定着我们国家的命运、民族的命运"，"因为它代表着人民的最大的利益、最根本的利益"③。基于以上历史条件的变化，邓小平国家理论是以社会主义现代化的建设为核心而展开思考国家问题的。

第一，从国家本质来看，邓小平国家观着重于从生产力视角来看待。毛泽东国家观对国家本质着重于从生产关系视角来看待，因而生产关系和上层建筑的变革需要革命性视角和阶级斗争观念。但是，邓小平国家观则强调从生产力视角来看待国家本质，强调国家的建设性必然需要强调生产力的发展，因而从发展生产力而言，就要围绕经济建设为中心，提高发展生产力所需的教育、文化、科技以及政治建设等。邓小平国家观并没有否认国家的阶级性和革命性，但对于国家的阶级性和革命性则是从建设性角度来看待的，国家的阶级性和革命性的最终目的是要维护和促进国家的建设性，也即为发展生产力提供一

---

① 《邓小平文选》第3卷，人民出版社1993年版，第373页。

② 《邓小平文选》第2卷，人民出版社1994年版，第4页。

③ 《邓小平文选》第2卷，人民出版社1994年版，第162—163页。

切的保障制度；对内要求维护建设所需的良好社会秩序以及建设主体的各种权利，为此就要巩固社会主义政权，打击各种犯罪活动，等等；对外要求营造一个使建设不受干扰的和平环境，主张“国家主权和安全要始终放在第一位”①。其中，邓小平特别强调改革对发展生产力的重要性，把其喻为第二次革命。邓小平认为，改革是社会主义国家发展生产力的重要方式，是第二次革命，强调改革作为发展动力的重要意义。因此，邓小平高度评价改革对解放生产力的历史性意义。这种改革本质上是社会主义制度的完善和发展。

第二，从国家与社会来看，邓小平国家观强调国家与社会的辩证统一，而不是通过国家来消融社会。国家与社会的关系是国家理论的核心问题。国家产生于社会，最终要回归于社会，国家本质上是社会关系异化的产物，因而，马克思强调国家最终要走向消亡。但是，在国际共产主义运动实践中，却出现了以国家来消融社会，从而使得国家凌驾于社会之上，这最终导致苏联模式的社会主义国家走向解体。邓小平国家观则深入借鉴苏联等社会主义国家的历史经验，从提出了国家与社会的正确关系。邓小平提出了社会主义初级阶段理论，认为中国社会主义并非是“合格”的社会主义，而是处于初级阶段的社会主义，因而，中国社会主义不是社会消融国家的国家虚无主义，也不是国家消融社会的国家专政主义，而应该是要注重国家与社会的辩证统一关系。因此，邓小平强调民主的重要性。他说，没有民主就没有“社会主义”和“社会主义的现代化”②。他明确指出，发展健全社会主义民主和法制的方针绝不可以动摇。如果没有民主法治，将会造成巨大的危害，如陷入无政府状态、民主化困难、经济得不到发展、民生问题难以改善等。③

① 《邓小平文选》第 3 卷，人民出版社 1993 年版，第 347 页。
② 《邓小平文选》第 2 卷，人民出版社 1994 年版，第 168 页。
③ 《邓小平文选》第 2 卷，人民出版社 1994 年版，第 359—360 页。

第三，从国家政体来看，邓小平国家观也凸显了社会主义现代化建设思想。邓小平认为，人民代表大会制度是具有中国特色的政治制度，是符合中国国情的。邓小平反对三权分立和多党制的一个重要理由就是相互扯皮且效率低下，而“中国的主要目标是发展”①，没有时间浪费在无谓争论上。邓小平从现代化建设意义来论述共产党的领导核心地位及作用。他认为，没有党的领导，就“不可能实现现代化”②。邓小平对国家权力的结构分析实际上也贯彻了现代化建设观念，他反对过分集权，要求实行适度民主，这样才能够调动各方面的积极性和能动性，从而有利于社会主义现代化建设。党作为执政党的中心任务是建设，而以往的过于集中的权力难以适应社会主义事业的发展。③

三　社会主义现代化强国

习近平有关国家问题的重要论述是对毛泽东国家观和邓小平国家观的继承、拓展和深化，但却呈现出鲜明的理论和实践特色，形成了以社会主义现代化强国建设为主题的严整的理论体系。以现代化建设的国家理论内蕴着两个层面：一是关于欠发达阶段的社会主义国家理论，注重的是富起来的国家逻辑问题；二是关于发展起来之后的社会主义国家理论，注重的是强起来的国家逻辑问题。前者的理论代表是邓小平国家理论，后者的理论代表则是习近平有关国家问题的重要论述。习近平有关国家问题的重要论述是把马克思主义国家学说基本原理与新时代中国特色社会主义建设实际情况相结合的产物，它着重的是社会主义现代化强国逻辑。这是因为：一是中国特色社会主义发展进入了新时代，已经由解决欠发达阶段的问题跃进到解决发展起来之

① 《邓小平文选》第3卷，人民出版社1993年版，第244页。
② 《邓小平文选》第2卷，人民出版社1994年版，第266—268页。
③ 《邓小平文选》第2卷，人民出版社1994年版，第329页。

后的问题，社会主要矛盾发生了根本性变化；二是统筹百年未有之大变局与中华民族伟大复兴大局的“两个大局”的内在要求；三是中国特色社会主义推动了科学社会主义在21世纪的复兴；四是中国共产党推进了伟大的社会革命和自我革命。这导致习近平新时代中国特色社会主义思想“以全新的视野深化了对共产党执政规律、社会主义建设规律、人类社会发展规律的认识，实现了马克思主义中国化的历史性飞跃、创造性升华”①，对马克思主义国家学说的发展做出了原创性贡献，形成了马克思主义国家学说中国化的又一次历史性飞跃，产生了以现代化强国建设为主题的习近平国家理论。

第一，从中国特色社会主义国家性质来看，习近平对中国特色社会主义的性质、特征以及形成基础等进行了明确论述。他指出，“中国特色社会主义是社会主义而不是其他什么主义，科学社会主义基本原则不能丢，丢了就不是社会主义”②。这是针对外界歪曲中国国家性质的有力回应，澄清了我国国家性质是社会主义性质的本质。中国特色社会主义最本质的特征是中国共产党领导，要确立和维护党的领导核心。③ 他认为，中国特色社会主义是“科学社会主义理论逻辑和中国社会发展历史逻辑的辩证统一”④，是根植于中华文明之中的。习近平的上述论述，深化了对马克思主义国家观的本质认识。

第二，从中国特色社会主义现代化强国建设问题来看，习近平阐释了中国特色社会主义现代化强国怎么样发展的问题，这就具体涉及强国建设的理念、动力、制度、方式、战略和领导等方面。一是就强国建设的理念而言，习近平认为，以人民为中心、实现共同富裕的理念构成了强国建设的理念，它规导着中国特色社会主义国家现代化强

---

① 中共中央宣传部：《习近平新时代中国特色社会主义思想学习问答》，学习出版社、人民出版社2021年版，第6页。

② 《习近平谈治国理政》第1卷，外文出版社2018年版，第22页。

③ 《习近平谈治国理政》第2卷，外文出版社2017年版，第18页。

④ 《习近平谈治国理政》第1卷，外文出版社2018年版，第21页。

国建设的实践。二是就强国建设的动力而言，动力主体是“人民是历史的创造者，是决定党和国家前途命运的根本力量”①；动力方式是“当代中国最鲜明的特色、当代中国共产党人最鲜明的品格”② 的改革开放；动力性质是社会主义和马克思主义性质的，“改革开放是一场深刻革命，必须坚持正确方向，沿着正确道路前进”③。三是就强国建设的制度而言，党的十八届三中全会上提出了推进国家治理体系和治理能力现代化的总目标，这是对社会主义国家治理的积极探索，为中国特色社会主义制度的更加成熟和定型提供了“一整套更完备、更稳定、更管用的制度体系”④。四是就强国建设的方式而言，习近平强调，要坚持党的领导、人民当家作主和依法治国的有机统一。五是就强国建设的战略而言，主要涉及“五位一体”的总体战略、“四个全面”战略布局、“四个伟大”战略思想等战略举措，也包括新“三步走”战略安排等。六是就强国建设的领导力量而言，坚持中国共产党的领导是中国特色社会主义的最本质特征、最根本要求和最大优势。

第三，从中国特色社会主义现代化强国建设与人类命运前途来看，习近平有关国家问题的重要论述不仅是对社会主义中国国家道路发展探索的理论成果，也为发展中国家实现现代化之路提供了一种中国方案和中国智慧。因此，中国特色社会主义现代化强国建设深化了对人类社会发展规律、社会主义国家发展规律和共产党执政规律的认识水平。其一，就人类社会发展规律的认识深化而言，马克思主义国家学说并没有提供现成的方案和道路供人照搬套用，而只是提供了具有“指南”作用的立场、观点和方法。习近平有关国家问题的重要

① 本书编写组：《党的十九大报告辅导读本》，人民出版社 2017 年版，第 20—21 页。
② 《习近平谈治国理政》第 1 卷，外文出版社 2018 年版，第 86 页。
③ 《习近平谈治国理政》第 1 卷，外文出版社 2018 年版，第 67 页。
④ 《习近平谈治国理政》第 1 卷，外文出版社 2018 年版，第 105 页。

论述则深刻揭示了在经济文化落后国家如何实现现代化强国的一条中国道路，走出了一条有别于西方资本主义道路的实现国家现代化的新路。而且，这是一条和平的国家发展之路，并非西方的殖民的、暴力的、血腥的国家发展之路。因此，中国特色社会主义国家现代化之路虽然具有特殊性，但是，这种特殊性中也带有普遍性意义。所以，中国特色社会主义国家思想是对人类社会发展规律认识的深化和拓展。其二，就社会主义国家发展规律的认识而言，中国特色社会主义国家思想是马克思主义国家学说的中国化和时代化，是对社会主义国家发展规律的一种积极探索。它提供了社会主义国家发展的新道路和新理论。对于社会主义国家发展的理论和实践，马克思恩格斯由于没有相关的实践，在理论上进行了一些探索，但仅是理论性和原则性的。列宁由于逝世过早，对社会主义国家发展的探索也是不成熟和不完善的。后来，苏联模式社会主义国家的理论和实践探索，则出现了诸多弊端和问题，导致了苏联以及东欧社会主义国家的解体。中华人民共和国成立以来，我们对社会主义国家发展规律进行了积极探索，特别是党的十八大以来，我们对社会主义国家发展规律的认识得到了深化和拓展。我们对处于初级阶段的社会主义国家如何建设成社会主义现代化强国进行了卓有成效的理论和实践探索，并取得了一系列的成果，丰富和发展了马克思主义国家学说。其三，就共产党执政规律而言，中国特色社会主义国家作为一种“半国家”，坚持党的领导是极为关键和核心的。问题在于共产党如何进行有效执政，不仅要实现社会主义国家与一定的经济社会发展条件相适应，而且要实现社会主义国家与共产主义国家的人类社会发展方向相适应。因此，共产党的执政规律认识对于马克思主义国家学说来看，就是一个非常重要的课题。习近平有关国家问题的重要论述深化和拓展了对共产党执政规律的认识，给马克思主义政党治理国家提供了一种新的理论和新的探索，也可以说是为世界各国政党治理国家提供了一种新的理论和新的探索。实践证明，中国共产党执政卓有成效，我们正一步一步走向中国特色社会主义现代化强国，也逐步趋向我们的最终目标共产主义国家。这种实践中形成的对共产党执政规律的认识理论成果是对马克思主义国家学说中国化的产物，在一定意义上，也是对人类命运探索中的马克思主义政党地位和作用的一种展示。总之，习近平国家理论是对人类命运和前途探索出的一条新的道路，是对处于特定社会历史发展条件下的国家现代化发展的一种积极理论探索，这具有世界意义。

第八节　经验与教训

马克思之后的马克思国家观的代际传递现象是一个值得深入研究的问题，这对于认识和反思马克思国家观开辟道路的历史发展的经验教训具有特别的意义，也对于进一步拓展和推进马克思国家观和马克思主义国家学说发展具有重要意义，而且对于深刻理解马克思国家观的精神实质具有重要的历史镜鉴意义。对马克思国家观的代际传递进行历史经验的总结，必须坚持唯物史观的科学方法论，也就是必须把马克思之后的各种马克思主义国家观置于一定的社会历史条件下来考察、辨析、评价和反思，而不可持一种外在于社会现实的“外部性反思”态度来开展。当然，这种历史经验的总结是离不开马克思国家观基本价值的。

一　结合与背离：理论与实践之间

从理论与实践相结合维度来看，马克思之后的马克思主义者的国家观由于理论分歧而展现出这种结合度的差异性。马克思国家观的基本价值是现实性和超越性、经验性和超验性、哲学性和科学性等的辩证统一，实质上就是理论与实践相结合，也就是说存在着理论的形上的维度和实践的形下的维度。在马克思国家观的代际传递中，实际上我们可以看到，在理论和实践结合维度上其存在一定程度的分离。第二国际理论家坚持一种“经济决定论”和“修正主义”思路来看待马克思国家观问题，实际上都把马克思国家观视为一种科学主义的，这也就消解了马克思国家观的革命性和批判性，从而倒向自由主义政治哲学式的国家观的怀抱，也就是说依然是在政治国家的视域中来探究人类解放问题。因此，社会主义和共产主义只能沦为一种“高远理想”，这实际上就把马克思国家观的形上超越性删除了。虽然，第二国际理论存在着如卢森堡等人文主义传统马克思主义国家观，试图彰显国家观的理论的形上的维度，但是，总体而言，这并没有成为一种主流。所以，作为群体的第二国际理论家在复杂的社会现实中没有真正做好理论与实践的结合。而作为第二国际理论的反叛者，列宁国家观则发掘和发展了马克思国家观的实践维度，这主要得益于其对凸显主观能动性的辩证法的研究。列宁的贡献在于基于“政治行动主义”而凸显了马克思政治哲学的“实践之维”，之所以如此，则在于他对凸显主观能动性的辩证法的研究。① 葛兰西认为，列宁不同于马克思的地方在于“行动”②。这种把列宁政治哲学评价为发掘了马克思国家观的实践维度的思想是有道理的，列宁的这种实践维度对斯大林社会主义国家实践具有重大影响，可以说，斯大林国家观是对列宁国家观的实践维度的一种极致发挥，当然，最后只能导致僵化和教条，这为苏联东欧社会主义国家解体埋下了理论隐患。但是，列宁除了发掘马克思国家观的实践维度之外，还蕴含了国家观的理论形上维度，这个我们可以从列宁晚年的社会主义建设实践中得出结论。列宁是强调通过民主政治建设来消亡国家的，只不过这一线索由于列宁的早逝无

① 李佃来：《马克思的政治哲学：理论与现实》，人民出版社 2015 年版，第 175 页。

② ［意］葛兰西：《狱中杂记》，曹雷雨、姜丽、张跣译，中国社会科学出版社 2000 年版，第 294 页。

法实现。因此，列宁和斯大林国家观实质上凸显了马克思国家观的实践维度。此后的西方马克思主义国家观则是注重马克思国家观的理论形上维度，强调运用总体性范式来对资本主义国家的文化和意识形态性以及社会生产关系和生产体系等进行批判，其目的是揭穿资本主义国家的异化实质以及其对人的解放的压抑。所以，西方马克思主义国家观具有一种形上特质。海德格尔认为，马克思的“改变世界”是指通过实践来改变生产关系，然而，实践却是通过理论来形塑人的生产，而且这种理论“作为基础包含在黑格尔哲学之中”①。东欧新马克思主义国家观在批判斯大林主义国家观的基础上阐发了马克思国家观的理论形上特质，张扬了人道主义性质。可以说，东欧新马克思主义国家观与西方马克思主义国家观在基本旨趣上是一致的。所以，马克思之后的马克思国家观的代际传递都是基于当时特定的社会历史条件而彰显了理论维度或实践维度，而没有实现理论维度和实践维度的结合。因此，这导致马克思之后的马克思主义者的国家观都存在某种欠缺和不足。如果仔细追究其背后的动因，则是马克思国家观在时代问题、时代任务和社会现实等复杂交织的社会存在的反映。

二　结合与背离：继承和发展之间

从继承和发展相结合维度来看，马克思之后的马克思主义者的国家观虽然观点分歧很大，但是，总体上而言，它们都体现了马克思国家观的时代化和民族化。就坚持而言，历史推演中的马克思主义者的国家观大体上坚持了马克思国家观的基本精神。但是，由于面临的时代问题和任务不一样，所以，马克思之后的马克思主义者的国家观在强调马克思国家观的基本精神方面是有差异的。东欧新马克思主义注重了社会主义国家的人的解放性质，西方马克思主义国家观注重了对

① 《晚期海德格尔的三天谈论班纪要》，费迪耶等辑录，丁耘译，《哲学译丛》2001年第3期。

文化和意识形态国家机器的批判，列宁国家观注重了无产阶级专政，等等。虽然他们都强调人的解放，但是对于如何实现人的解放的路径看法差异很大，有的通过激进民主方式，有的通过文化革命方式，有的通过暴力革命方式，有的通过议会民主方式，等等，不一而足。同样是对国家本质的认识，有些注重了国家的阶级性，而有些则注重国家的社会性。关于国家与阶级的关系也是如此，大部分都坚持马克思的阶级理论，但又不仅仅是从政治经济学角度来分析，有些是从生产关系的总体性来阐发。因此，他们对马克思国家观的坚持也是有条件的和有侧重的，有些观点甚至背离了马克思主义。这实际上牵扯到马克思国家观的发展问题。这一发展是与每个理论家遇到的社会现实差异紧密相关的，也就是说与时代相关。如关于从经济基础与上层建筑来阐发国家问题，马克思之后的马克思主义者的国家观注重上层建筑的复杂关系以及与经济基础的相互作用，西方马克思主义的文化和意识形态国家机器则是极为具有启发意义的。如关于市民社会与政治国家的关系，马克思之后的马克思主义者的国家观在对市民社会的复杂运行机制分析基础上阐发国家，强调民主和自由对于国家的重要性。如关于国家相对自主性理论，西方马克思主义国家观可以说对此进行了较为详细的阐发，这实际上把马克思国家观的隐藏的一面给充分揭示出来了。当然，马克思之后的马克思主义者的国家观的发展是与他们所面临的历史任务、时代问题和民族问题紧密相关的，是一种时代化和民族化的理论。但是，我们要看到马克思之后的马克思主义者的国家观在坚持和发展以及在时代化和民族化时，也出现了背离马克思国家观精神实质的观点，这是我们要注意的。总之，研究马克思国家观的历史推演的启示是，我们要把马克思国家观与时代问题、民族问题和历史任务联系起来，而不可以脱离一定的历史时空条件。

三 结合与背离：科学和价值之间

从科学和价值相结合的维度来看，马克思之后的马克思主义者的国家观在一定程度上分离了科学性和价值性的状态，而没有充分实现二者的辩证统一。列宁国家观在一定意义上实现了国家理论的科学性和价值性的结合，特别是其晚年的政治探索，但是，由于其过早逝世，他并没有把这种结合贯彻下去。斯大林模式的社会主义国家建设则把国家异化了，删除了国家本应具有的超验性和价值性，特别是对人的终极解放意义。西方马克思主义和东欧新马克思主义等的国家观则分化为科学主义传统和人文主义传统，但实质上都是强调唯物史观的历史主义方法，因此，他们关于国家对人的解放意义是极为重视的，可是这种历史主义却在一定程度上走向了一种抽象的理论，甚至是沦为一种观念革命，因而失去了马克思国家观的本真意蕴。第二国际理论家所持“经济决定论”倾向则把国家问题视为一种科学主义的理论，完全遵循必然性指令行事，而从根本上忽视了国家的价值性。所以，我们从马克思国家观的历史推演来看，善于把科学性和价值性结合起来是准确理解马克思国家观的重要方面。

总之，马克思国家观的代际传递的理论和实践，可以给予我们诸多启示和教训。充分研究这一代际传递的历史经验对于我们坚守马克思国家观的本真精神具有重要意义，特别是对于我们理解在时代变迁条件下马克思国家观的当代性价值具有重要意义，也可以为把握马克思国家观与时代的深层关系提供启示。

第四章

时代变迁与马克思国家观重心迁移

时代是思想之母，实践是理论之源。实践总是一定历史时代中的实践。因此，思想理论与时代是紧密相连的。恩格斯曾指出，理论作为历史的产物，在不同的时代呈现出的形式和内容可以是“完全不同”的。[①] 他举例说，唯物主义因自然科学的时代性发现而改变自己的形式，那么，对于历史而言，这实际上也是开辟了“一条新的发展道路”[②]。因此，恩格斯实质上指明了时代变迁对于思想理论发展的重要影响。

同样，马克思国家观与时代也具有紧密联系。我们在历时态考察了马克思国家观的历史推演之后，还需要进一步从共时态来考察马克思国家观与时代的关系，从而厘清在时代变迁条件下马克思国家观、马克思主义国家学说所具有的“完全不同的形式”和“完全不同的内容”，我们把这称为马克思国家观的重心迁移。[③]

---

① 《马克思恩格斯选集》第3卷，人民出版社2012年版，第873页。

② 《马克思恩格斯选集》第4卷，人民出版社2012年版，第234页。

③ 学界存在用托马斯·库恩的“范式理论”来说明不同时代的理论差异性的观点。这从自然科学理论来说是正确的。关于马克思主义国家观与时代的关系，有些研究成果认为马克思主义国家理论范式经过了从经典范式、当代范式到公共性研究范式的三个发展阶段，公共性研究范式是马克思主义国家理论范式发展的方向。在笔者看来，范式转化意味着核心理念和根本思维方式的变革，因此，一种范式与另一种范式有质的区别。（转下页）

这里存在一个问题，就是产生于19世纪中叶的马克思国家观在21世纪是否还有生命力？这是我们遇到的重大理论问题。要回答这一重大理论问题，实际上涉及三个方面的内容：一是21世纪到底处于什么样的历史条件及在此历史条件下马克思国家观遭遇到何种理论困境；二是马克思国家观的这种时代际遇究竟具有何种意义；三是坚持和发展马克思国家观的基本原则是什么。对这些问题的研究有助于我们把握马克思所开辟的国家观道路的科学含义，也有助于我们深刻认识改革开放以来的中国特色社会主义国家理论和实践。

第一节　时代变迁与马克思国家观的时代困惑

第二次世界大战之后，特别是进入21世纪以来，全球化成为世界的潮流，包括中国在内的世界各国都处于全球化时代。国家与全球化的关系成为主要问题，国家的本质、职能和作用等在全球化条件下发生了重大变化。因此，国家问题实际上成为全球化条件下的重大理论和实践问题。那么，以19世纪中叶社会历史条件为基础的马克思

(接上页) 但是，马克思国家观的精神实质和基本价值是稳定的，这是马克思国家观区别于其他非马克思国家观的根本性所在。只是，由于社会历史进入到了一个新的阶段，这导致马克思国家观更多的深层认识被发现，也可以说是马克思国家观与一定历史条件相适应的部分被发掘和被着重凸显，而这些与时代相适应的认识实际上在马克思国家观基本价值中早已经存在。恩格斯就曾经说过，因为批判错误观点的需要，所以，不得不凸显被否认的主要原则，而且没有条件来对“其他参与相互作用的因素”给予充分说明，但是，这并不表明其他因素不重要，特别是在涉及理论的实际运用的时候，就更不能“容许有任何错误了”。(《马克思恩格斯选集》第4卷，人民出版社2012年版，第606页。) 因此，时代变迁并不会导致马克思国家观范式的根本变革，只会导致对马克思国家观这部分或者那部分的认识被重视或被凸显，故此，这实质上仅仅是马克思国家观重心的迁移而已，而非核心理念或者根本思维方式的变革。所以，笔者将时代变迁导致的马克思国家观认识重心的变化称为马克思国家观重心的迁移。

国家观身处全球化历史条件下必然会遭遇到理论困惑。那么，我们应该如何来看待这些理论困惑，这是我们必须回答的问题。

一 全球化及其对“国家”的影响

全球化是当今世界的主要特征，其本质是生产方式的变革，这种全球化生产方式无论对资本主义国家还是社会主义国家都产生了重要影响，对传统国家的概念形成了挑战。第一，全球化的本质。如何看待全球化的性质，学界因为立场和利益的差异而导致观点分歧。戴维·赫尔德在《全球大变革：全球化时代的政治、经济与文化》一书中把其分为极端全球化主义者、怀疑论者和变革论者三种类别。萨米尔·阿明认为全球化是指“人类历史朝向普及化、一体化和互相依存的强有力趋势，这是一种客观趋势，一种客观力量”①。实际上，吉登斯也承认全球化是一个不可移易的自然历史过程。② 从人类社会历史发展来看，全球化是不以人的主观意识为转移的一种客观现象。马克思在《共产党宣言》中提出的“世界历史理论”就表明了这一点，而且马克思还详细描述了资本主义的工业吞噬一切文明国度的景象。③ 其实，马克思在这里也点明了全球化的实质就是资本主义生产方式的全球化。后来的学者依据全球化经验也证明了这一点。保罗·史密斯说全球化是一种“意识形态”和“原教旨主义的资本主义”④，阿里夫·德里克也认为全球化本质上是资本主义生产方式将“第一次

① 王逸舟：《全球化背景下的第三世界——萨米尔·阿明访谈录》，《世界经济与政治》2001 年第 2 期。

② ［英］安东尼·吉登斯：《第三条道路：社会民主主义的复兴》，郑戈译，北京大学出版社 2000 年版，第 35—36 页。

③ 参见《马克思恩格斯选集》第 1 卷，人民出版社 1995 年版，第 115 页。

④ ［英］保罗·史密斯：《一个世界：全球性与总体性》，载《全球化症候》，天津社会科学院出版社 2001 年版，第 96 页。

在历史上以真正意义的全球性分离形式出现”[①]。之所以如此，主要依据是当代科技革命和全球金融体系的发展，但根本原因在于资本主义生产方式内在矛盾的推动。正如徐崇温指出，这并非是资本主义性质的改变，而是资本主义的具体制度在“私有制所许可的范围内”的自我调节。[②] 第二，资本主义生产方式的全球化必然表现在人类社会生活的各个方面。首要的就是经济全球化，经济资源和要素在世界各国流动，各种主体的交往方式和频率获得极大改变，而市场这种交往方式成为主导力量。哈贝马斯就认为，国家实质上是“被安排在（跨国的）市场中”[③]。经济全球化必然导致政治民主化，自由和民主政治成为世界政治的潮流，生发于市场的个人主义和自由主义获得激发。同时，经济全球化又把个体紧密联系为一个共同体，这就造成了一种矛盾现象：个人主义要求去中心化，而经济全球化本质上又要求型构一个新的公共领域空间。这种经济全球化还可以表现在社会文化方面，那就是民族文化意识的削弱，但又造成了人类各主体之间文明的互融互通。总之，生产方式的全球化变革导致人的生存方式发生了深刻变化。第三，全球化对国家的影响。全球化本质上是资本主义生产方式的全球化，是资本主义生产方式在时空中的拓展。那么，国家作为上层建筑必然要受到经济基础中关键因素即生产方式变革的影响，也就是说国家问题中的核心关系即市民社会与政治国家的关系必然从一国拓展至多国或者整个世界。市民社会与政治国家关系的全球化拓展必然达至国家出场的新平台、新理解和新表现。一种观点认为，全球化与国家的关系造成了传统国家的概念、地位和作用发生了巨变。乌尔利希·贝克说全球化的结果是导致民族国家及其主权被

---

① ［美］阿里夫·德里克：《全球性的形成与激进政见》，载王宁、薛晓源主编《全球化与后殖民主义批评》，中央编译出版社 1998 年版，第 16 页。

② 徐崇温：《当代资本主义新变化》，重庆出版社 2004 年版，第 3 页。

③ ［德］J. 哈贝马斯：《在全球化压力下的欧洲的民族国家》，《复旦学报》（社会科学版）2001 年第 3 期。

"横向联系起来"[①]。雅克·阿达认为，全球化"首先是一个改变调整以至最后消除各国之间自然的和人为的疆界的过程"[②]。因此，在这种观点支配下，就出现了"民族国家终结论""国家主权过时论""国家主权弱化论""国家主权多元论""世界政府论"等论调。另一种观点认为，全球化没有消解国家主权，而恰恰是扩展了国家主权。吉登斯认同这种观点，他说："本质上不应该视为国家主权的削弱过程，它本质上正是当今民族—国家体系在全球化范围得以扩张的主要条件。"[③] 从全球化经验来看，我们不得不看到全球化对国家造成了巨大的影响，这种影响是不争的事实，我们必须正视。这种影响既表现在资本主义国家，也表现在社会主义国家。在这里，我们只讨论一般的影响。其一，国家与全球公民社会。资本主义生产方式的全球化扩展，这必然导致世界各国人民生发出共同的交往方式和生存方式，由此形塑了一种"全球公民社会"和"全球共同体"。所谓全球公民社会，在莱斯特·萨拉蒙看来，就是市场和国家之外的大范围的社会机构，它具有组织性、私有性、非营利性、自治性和自愿性等特征。[④] 实际上，全球公民社会就是"公民们为了个人或集体的目的而在国家与市场活动范围之外进行跨国结社活动的社会领域"，它涉及比如全球公共领域、跨国社会运动、各种非政府组织及其联盟和全球公民网络等。[⑤] 因此，地域性的市民社会与国家关系变革为世界性的全球社会与国家关系。因为全球公民社会意识的出现，一定程度上民族国家

---

① 参阅［德］乌尔利希·贝克《什么是全球化》，常和芳译，华东师范大学出版社 2008 年版，第 13 页。

② ［法］雅克·阿达：《经济全球化》，何竟、周晓幸译，中央编译局出版社 2000 年版，第 3 页。

③ ［英］安东尼·吉登斯：《民族-国家与暴力》，胡宗泽、赵力涛译，生活·读书·新知三联书店 1998 年版，第 6 页。

④ ［美］莱斯特·萨拉蒙：《全球公民社会——非营利部门视界》，贾西津、魏玉等译，社会科学文献出版社 2007 年版，第 3 页。

⑤ 李慧斌主编：《全球化与公民社会》，广西师范大学出版社 2003 年版，第 124 页。

之间的对立关系走向了相互协调，同时，这也导致了资本主义生产方式的全球化需要与民族国家支配地域性资源之间的矛盾。因此，为了适应全球化生产方式变革，民族国家必然要统合起来。其二，国家与全球治理。由于全球公民社会意识的出现，全球性的社会管理需要也必然出现，各种全球性的政府组织、非政府组织及其联盟为了解决共同利益问题而分享了各民族国家的部分主权和权力。基于全球公民社会意识所导致的在全球公共性基础上产生了全球治理。俞可平就指出全球治理是通过“具有约束力的国际规则”来解决全球性共同问题的，从而达至“正常的国际政治经济秩序”。因此，在全球治理条件下，国家角色遇到了挑战，那就是全球治理的主体实质上分享了民族国家传统的主权和权力，这导致国家角色出现了溶解。其三，国家与阶级结构。全球化也导致了阶级结构的变化和阶级矛盾的缓和。资本主义生产方式扩展至全球领域，因此，它所形塑的阶级结构也扩展至全球，而且阶级也进一步细分，出现了诸多阶层，甚至出现了一些跨界的阶层现象，也就是阶级划分并不那么鲜明了。同时，由于资本主义发达国家把资本主义生产方式扩展至全球，实际上也就把以前激烈的阶级矛盾向全球扩散，从而导致阶级矛盾的缓和。因此，这造成国家机器实质上成为了各种阶级结构和阶级矛盾的缓冲器。其四，国家职能与经济全球化。资本主义生产方式的全球化导致了全球政治经济的紧密相连，因此，如何更有效地协调和处理各国间生产方式所导致的各种经济和社会问题，成为各民族国家的主要任务和使命。为此，国家的公共社会性获得激发，这导致了一种印象：国家变成了维持秩序的工具，或者说是各种利益平衡的策略制定的平台。因此，经济全球化对国家性质产生了重大影响。当然，全球化对国家的影响是多方面的，它对社会主义国家也是如此。

二　马克思国家观的时代困惑

全球化对国家的现实影响深刻反映到了马克思国家观中。人们由当今民族国家现实来反思马克思国家观的真理性，认为马克思国家观关于国家性质、职能和消亡等的观点已经失效，其中，特别是无产阶级专政理论已经过时。要弄清楚马克思国家观过时论调的实质，我们必须首先弄清楚当今民族国家现实究竟对马克思国家观基本观点形成了何种挑战，或者说马克思国家观在全球化历史条件下遇到了何种困惑。从理论和实践来看，马克思国家观主要在以下五个方面遇到了困惑。其一，国家阶级本质获得“解构”。马克思国家观认为，国家性质具有阶级性、政治性和社会性，其中阶级性是根本性质，国家的阶级性决定着国家的职能、作用和未来等。但是，在一些西方学者看来，马克思国家观这一核心观点在全球化历史条件下似乎已经没有意义了，或者说国家的阶级本质所导致的阶级斗争趋于淡漠。有学者认为，全球化导致了发达国家与发展中国家的经济繁荣、自由民主政治和福利制度实施等，从而传统的无产阶级概念已经被“中产阶级”“弱势群体”和“精英阶层”等新概念所代替。因此，当今社会不存在无产阶级，只存在工人阶级，这里的工人阶级是以劳动分工来划分的。由此，他们得出的结论就是国家不再是阶级统治的工具，而是协调各国阶层利益的缓冲器。约翰·卡尔和丹尼斯·吉尔伯特在《美国阶级结构》一书中认为，美国战后五十年的阶级结构变化证明，最上层的资产阶级和最弱势阶层之间的矛盾冲突是弱化的，而且出现了并没有“堕落”到无产阶级队伍中的大量中产阶级。这种阶级结构的变化实质上反映了国家本质不再是马克思所言的那样。① 那么，随着国家阶级本质的解构，国家职能由阶级统治的政治性向公共社会管理性质转变，这是因为经济全球化打破了传统国家的“政治—意识形态共同体”，国家的强力控制得到削弱，国家职能转向了社会领域。故此，社会性才是国家的本质，这是全球公民社会发展之所需，是和平

① Dennis Gilbert, *The American Class Struchure: In an Age of Growing Inequality*, Wadsworth: Wadsworth Publishing Company, 1998, pp. 102–103.

与发展的时代主题之所需，也是协调各阶层利益之所需。因此，这种国家社会性就体现为“治理”和“善治”。詹姆斯·罗西瑙提出了“没有政府的治理”[①]，让-彼埃尔·戈丹指出治理有别于“传统的政府统治概念”[②]。全球化所导致的对马克思国家本质和功能的重释，可以说是对马克思国家观的一大理论挑战。其二，民族国家的消解。资本主义生产方式的全球化扩展把世界各国贯通起来，在一定意义上把民族国家的边界消解了，甚至把民族国家的主权也消解了，民族国家构成了全球共同体的一部分。哈贝马斯就强调国家是市场中的一部分。[③] 赫尔德在《世界主义：观念、现实与不足》一文中也谈到，全球化对民族国家的影响就是国家权力的分解和国家权威的流失。国家权力的分解是指社会权力和民族国家政治权力分殊，逐步建构的是从地域性到全球性的复杂社会权力网络；国家权威的流失是指出现了如跨国组织等新的政治权威来分享传统民族国家的权力。[④] 大前研一甚至直言全球化将导致民族国家走向终结。[⑤] 星野昭吉提出了“超国家主体”概念，他认为，这种“超国家主体”使得国家的“存在方式受到限制，其作为权力组织的地位也受到削弱”[⑥]。乌尔里希·贝克认为民族国家的未来趋势是在全球化影响下将通过与全球公民社会的融合而形成世界主义国家。当然，也有学者承认全球化本质上是新自由主义性质的，这种新自由主义所代表的全球化并不是一种自然状

① 参见［美］詹姆斯·罗西瑙《没有政府的治理》，张胜军、刘小林译，江西人民出版社2001年版，第4页。

② 转引自俞可平《全球化：全球治理》，社会科学文献出版社2003年版，第6页。

③ ［德］J. 哈贝马斯：《在全球化压力下的欧洲的民族国家》，《复旦学报》（社会科学版）2001年第3期。

④ ［英］戴维·赫尔德：《世界主义：观念、现实与不足》，载D. 赫尔德、J. 罗西瑙等编《国将不国》，江西人民出版社2004年版，第315—317页。

⑤ 参见［日］大前研一《无国界的世界：民族国家的终结》，李苑蓉译，台湾立绪文化出版社2007年版，第15页。

⑥ ［日］星野昭吉：《全球化时代的世界政治》，刘小林、梁云祥译，社会科学文献出版社2004年版，第181—182页。

态，而是可以超越和克服的。[①] 吉登斯实际上也并不认为全球化会导致民族国家主权削弱，它反而是“当今民族—国家体系在全球化范围得以扩张的主要条件”。[②] 实事求是地看，全球化对传统民族国家的概念是构成重大挑战的。这与马克思所陈述的民族国家观念是有偏差的，特别是由于全球公民社会和经济全球化所导致的民族国家所独享的权力和权威实质上被其他的非民族国家组织分享。很显然，这实质上需要马克思国家观结合时代的发展做出与时俱进的理论阐释。其三，国家与全球公共性问题。全球公共性问题的出现是与经济全球化紧密相关的，实质上就是从经济全球化领域肇始，由此扩展至政治、文化、社会、生态等领域。人类所列出的公共性问题清单越拉越长，这些问题需要全球化和国际化来解决，而一国用力收效甚微。因此，这导致“世界公共社会空间”的增长，以及公共性价值和公共性文化萌芽。全球公共性观念的出现实质上反映了市民社会与国家的关系扩展为全球公民社会与国家的关系，这也就意味着社会与国家的分离领域、方式和载体发生了变化。一方面，国家权力要退出，社会权力要跟进；另一方面，民族国家的权力和权威要削弱，世界公民社会的权力和权威要跟进。这表明全球公共性问题需要全球化管理机构，国家角色实质上沦为全球化和国际化机构和组织的一个组成部分，公共哲学成为全球化时代的哲学基础。因此，对公共性问题的反思批判也就成为了当今时代的“内在特质”[③]。这必然会导致治理主体的多元化，国家仅仅成为协调各种利益的缓冲器，而其阶级本质则淡漠了。但是，全球公共性问题的凸显对基于民族国家经验抽象出的马克思国家观提出了挑战。其四，国家消亡。马克思主张，阶级的消亡必然导

① 梁孝：《新自由主义简史》，《国外理论动态》2002年第11期。

② ［英］安东尼·吉登斯：《民族-国家与暴力》，胡宗译、赵力涛译，生活·读书·新知三联书店1998年版，第6页。

③ 袁祖社：《公共性真实：当代马克思主义哲学范式转换的基点》，《河北学刊》2008年第4期。

致国家的消亡，而消亡的过程是长期的和复杂的，是从政治解放到人类解放。在全球化时代下，国家消亡是重要关注点，西方理论界提出了很多观点。如“全球政府”概念、具有“共同善”的“世界共同体”概念和“世界主义国家”概念等。这些概念要表明的就是在全球化历史条件下民族国家是将会消亡的，或者还要表明的是民族国家阶级性质的消亡、民族国家主权的消亡、民族国家政治职能的消亡。从全球化的实践经验来看，传统民族国家的权力和权威被分解和分流，民族国家边界被削弱，民族国家职能有可能被如联合国等组织来代替。但是，我们要看到我们谈论的全球化历史条件下的国家消亡，实质上回避了阶级统治这一实质，或者说没有涉及阶级矛盾冲突和斗争。然而，我们也要看到全球化所导致的民族国家消亡的一部分事实性，这是我们需要马克思国家观来认真正视的。其五，无产阶级革命专政。马克思国家观中最重要的是关于无产阶级革命专政的思想，因为无产阶级专政是通向社会主义和共产主义的必经阶段，而且只有无产阶级专政才能真正实现国家消亡。无产阶级革命专政的前提是存在着资产阶级与无产阶级之间剥削和被剥削的关系。但是，在全球化背景下，我们看到发达资本主义国家阶级矛盾缓和，阶级结构已经发生了变化，无产阶级的阶级自我意识“空心化”。因此，无产阶级暴力革命的方式很难开展，无产阶级革命专政国家则更难以建立。反而在全球背景下，世界主义国家、世界体系和全球共同体等代替了无产阶级革命专政国家组织。世界主义国家等理论可以指向社会主义和共产主义国家吗？福利制度国家可以消解无产阶级专政的必然性和可能性吗？这些问题深刻反映了全球化历史条件下国家的未来和命运，也深刻反映了无产阶级革命专政的命运。上述几个方面所述的马克思国家观遇到的理论困惑和挑战只是主要方面的，当然还存在其他方面的。这些从全球化实践经验出发对国家的反思或者说是对传统民族国家的重释，最终归结为对马克思国家观理论的怀疑。波普尔在《开放社会及其敌人》一书中就认为，马克思主义是最纯粹的“历史主义”，而且这种方法是“十分贫乏的”①。帕特里克·邓利维和布伦登·奥利里则断言，并没有一个关于马克思主义方法的公认结论。② 因此，马克思国家观在全球化时代条件下所遇到的理论困惑，在西方学者看来其根本原因在于马克思关于国家理论本身值得怀疑。

三　马克思国家观时代困惑评析

那么，我们应该如何来理解马克思国家观的时代困惑呢？第一，造成马克思国家观时代困惑的原因是多方面和多维度的。我们可以从理论、实践和认识三个方面来分析。其一，就理论本身来说，马克思创立国家思想是在资本主义自由竞争阶段，也没有无产阶级革命专政国家实践经验，也没有资本主义生产方式全球化实践经验，因此，马克思国家观必然会受一定历史条件的制约而考量不够，这是不可苛责前人的。郭宝宏教授的研究结论是“对社会发展一般规律的研究与对单独国家问题研究的不协调”是导致产生时代困惑的理论原因。③ 例如，马克思国家观是对资本主义生产方式在不同国家的“水平式移动”着力，由此揭示了国家的一般认识和规律，但是，对于资本主义生产方式从发达国家到发展中国家的“下泻式移动”则因为没有实践经验而实际上没有具体论述。其二，就实践来看，资本主义生产方式的全球化扩展所带来的各种国家新现象和新实践，必然要求从理论上对其进行新的概括和总结。例如，资本主义国家的阶级结构的新变化，市民社会与政治国家的新关系，特别是全球公民社会与民族国家的关系，苏联东欧社会主义国家的解体以及中国特色社会主义国家的

---

① 参见［英］卡尔·波普《开放社会及其敌人》，郑一明等译，中国社会科学出版社1999年版，第3页。

② ［英］帕特里克·邓利维、布伦登·奥利里：《国家理论：自由民主政治学》，欧阳景根等译，浙江人民出版社2007年版，第383页。

③ 郭宝宏：《马克思主义国家理论的当代魅力》，人民出版社2012年版，第42页。

旺盛生命力，等等，这些都需要从实践出发进行总结和概括。但很显然这是国家理论和实践中的新问题。其三，就认识来看，学者们基于不同哲学立场、政治立场、利益立场等的差异必然会导致对如何理解马克思国家观与时代的关系产生分歧，也必然会导致对如何理解马克思国家观回应现实产生分歧。因此，这实际上也导致了一种主观上的理论困惑。当然，造成马克思国家观的时代困惑的主要原因是理论与实践没有完全统一起来。因此，这实际上就要求我们与时俱进地去发展马克思国家观。第二，马克思国家观时代困惑的实质是没有正确理解马克思国家观与时代的关系。其一，全球化时代对国家的影响是很巨大的，这是事实，我们不应该忽视。但是，我们也不能仅看到经济、政治和文化等全球化所导致的国家在形式和内容上的变化，而没有根本认识到全球化并未本质上改变国家的阶级性质。全球化本质上是资本主义生产方式的全球化，是自由主义性质的，它只不过是把民族国家的阶级关系扩展至全球。跨国公司形成了“国际公司资产阶级”和“管理者资产阶级”①。全球化导致全球资本主义体系的形成，由此资产阶级“已经在某些领域里成为跨国统治阶级”②，甚至出现了“跨国资本家阶级”和“跨国国家机器”③。即使在发达资本主义国家由于经济繁荣，无产阶级物质生活得到改善，但是，社会的贫富差距是逐步扩大的，而不是缩小的。托马斯·皮凯蒂在《21 世纪资本论》一书中深刻揭示了 21 世纪主要资本主义国家存在的资本不平等问题，可以说引人深思。但是托马斯·皮凯蒂说这种资本不平等“更多的是一个国家内部问题，而不是国与国之间的问题”④，这种说

---

① 参见曹义恒、曹荣湘主编《后帝国主义》，中央编译出版社 2007 年版，第 26 页。

② ［英］莱斯特·斯克莱尔：《跨国资本家阶层》，刘欣、朱晓东译，江苏人民出版社 2002 年版，第 6 页。

③ ［美］威廉·J. 罗宾逊：《全球资本主义论》，高明秀译，社会科学文献出版社 2009 年版，第 61—68 页、第 130　135 页。

④ ［法］托马斯·皮凯蒂：《21 世纪资本论》，巴曙松、陈剑、余江译，中信出版社 2014 年版，第 45 页。

法是有问题的。而实际情况是这种不平等可以表现在多个维度：从时间维度上来看，包括代际之间的不平等；从空间维度上来看，不仅是一国内部的不平等，还包括发达国家与发展中国家的不平等以及一国内的发达地区与不发达地区的不平等。因此，全球化实质上并没有消除马克思主义意义上的阶级关系，所谓全球化基于抽象的国家利益或者全球公民社会等而消解了国家阶级本质就是虚假的。在此基础上建构的所谓“全球共同体”和“全球民主”等就值得怀疑。其二，马克思国家观是在唯物史观基础上实现的国家观革命，其超越了近代哲学视野下的市民社会与政治国家的二元分离问题。全球化本质上还是资本主义生产方式的扩展，因此，全球化对国家的影响只不过是将市民社会与政治国家关系调整为全球性的市民社会与政治国家关系，这种近代国家的二元分离思维方式并没有根本性改观，只是把国内的阶级矛盾和斗争转移到其他国家，或者只是阶级矛盾和斗争方式发生了改变。因此，马克思国家观所指明的国家本质及其发展规律并没有改变。但是，我们要看到马克思国家观是真理，而真理是具体的，也就是说要与具体实践变化相结合起来，为此，马克思国家观应该增强解释现实国家理论和实践中的新问题。其三，科学方法论问题也是一个非常重要的方面。国家问题是一个社会历史现象，我们必须坚持唯物史观这一根本科学方法论，要从社会存在去分析社会意识，要从经济结构的变化来看待上层建筑的变化。我们深究全球化所导致的国家变化，发现其根本原因在于资本主义生产方式的全球化，因此，考察全球化国家问题就可以抓住事物的根本。同样，我们也需要坚持唯物辩证法，一国问题需要放置于整个世界中来考量，关注事物发展的内在联系。实际上，全球化国家问题需要坚持唯物辩证法方法论。总之，马克思国家观的时代困惑表明我们要把马克思国家观与时代紧密联系起来，特别是要坚持唯物史观的考察方法。由此，我们就会发现马克思国家观在当代依然是具有无限魅力的，而不是“过时了”等错误论调。

综上所述，马克思国家观在全球化历史条件下遇到了一些困惑，这是马克思国家观在人类社会历史发展到一定阶段上出现的问题。但是，我们深入反思全球化时代的国家问题，会发现马克思国家观并没有被超越，马克思揭示的国家本质及其发展规律也没有失去合理性，马克思国家观依然具有旺盛的生命力和富有当代魅力。然而，这并不能使我们对马克思国家观持僵化观点，而要因时丰富和发展马克思国家观，特别是要把握新时代条件下马克思国家观的特点。

第二节　马克思国家观开辟道路的重心迁移

时代变迁生发了国家的新实践和新经验，这必然需要马克思国家观和马克思主义国家学说给予合理解释，但这也表明了马克思国家观和马克思主义国家学说需要结合新的时代历史条件下的国家实践来丰富和发展自己，特别是要因时代变迁而迁移自己关注的重心和焦点。如果从总的倾向来看，很显然，这种时代变迁表现为马克思国家观和马克思主义国家学说的重心从革命性逻辑主题迁移到建设性逻辑主题上来，这显然是一个客观事实，而这必然会造成一种重大影响。

一　革命性逻辑主题的国家观

在讨论革命性逻辑主题的国家观之前，我们需要对马克思国家观的历史总体性进行阐释和论述。历史总体性的马克思国家观本质上内蕴着革命性逻辑主题和建设性逻辑主题，这两个逻辑主题是辩证统一的。第一，要理解历史总体性的马克思国家观，必须理解历史总体性概念。历史总体性本质上就是唯物辩证法，其要求不是着眼于碎片化的事实性论据，而要善于把事实性作为一个总体来阐释和论述。卢卡奇认为："总体范畴，整体对各个部分的全面的、决定性的统治地位（Herrschaft），是马克思取自黑格尔并独创性地改造成为一门全新科学的基础的方法的本质。"① 列宁实际上也谈到了历史总体性问题。列宁指出："马克思主义的全部精神，它的整个体系，要求人们对每一个原理都要（α）历史地，（β）都要同其他原理联系起来，（γ）都要同具体的历史经验联系起来加以考察。"② 因此，历史总体性研究要求把马克思国家观视为一个总体，特别是要将其与具体的历史条件和历史经验结合起来，而不能把马克思国家观视为一个抽象的逻辑概念推演的脱离"感性活动"的逻辑体系。把握历史总体性的马克思国家观，本质上要求从实践的唯物主义角度去理解和认识，也即从实践论去把握马克思国家观。第二，历史总体性的马克思国家观本质上蕴含着革命性逻辑主题和建设性逻辑主题。国家观本质上是市民社会与政治国家的关系问题，是人的特殊性和普遍性的关系问题，是思维与存在的哲学基本关系问题在人类政治实践活动中的反映。而要深刻把握马克思国家观，就必须从实践论的历史唯物主义向度去理解。人类政治实践活动是人和世界的否定性统一关系的体现，本质上内蕴着思维对存在的否定性统一关系，呈现出合目的性和合规律性、应然性的要求和客观性的存在、历史活动的主动性和历史进程的必然性、直接的现实性和历史的展开性等无限丰富的矛盾关系。这种否定性统一关系，一方面呈现为人类政治实践活动的追求目的性和理想性的应然要求，这必然表现为发展性原则，即革命性逻辑。通过变革现实，奉行革命性逻辑，达至政治理想性和目的性的客观化；另一方面呈现为在人类政治实践活动发展过程中内蕴着主体和客观、理想性和现实性等矛盾关系的统一性原则，这必然需要建设性逻辑。即在人类政治活动的历史性展开过程中，市民社会与政治国家的内在矛盾关系在发

① ［意］卢卡奇：《历史与阶级意识》，杜章智等译，商务印书馆 1992 年版，第 76 页。

② 《列宁专题文集论马克思主义》，人民出版社 2009 年版，第 163 页。

展中实现了统一，这种统一性原则中占主导地位的是建设性逻辑，而非革命性逻辑。因此，从历史总体性的马克思国家观来看，发展性和统一性原则是内蕴其中的，也就是革命性逻辑和建设性逻辑是辩证统一的，这是实践论的历史唯物主义的政治哲学层面的反思得出的结论。第三，时代变迁会凸显历史总体性的马克思国家观的某方面。当时代主题为革命与战争时，总体而言，人类政治实践活动的特殊性和普遍性等矛盾剧烈冲突，那么，革命性逻辑则凸显；当时代主题为和平与发展时，总体而言，人类政治实践活动的特殊性和普遍性等矛盾则相对缓和而达至一定历史条件下的统一，那么，建设性逻辑则凸显。为此，马克思国家观的逻辑重心的迁移与时代变迁是紧密相关的。那么，具体而言，革命性逻辑主题的国家观是如何存在的呢？

所谓革命性逻辑主题的国家观，本质上而言，它仅仅是马克思国家观内蕴的一方面，即人类政治实践活动中的辩证否定性关系的呈现，主体客体化和客体主体化以及理想现实化和现实理想化，通过变革现实而达至实践目的的实现，这必然表现为革命性逻辑的国家观。具体而言：

第一，就国家性质而言，强调阶级性和革命性。马克思认为，国家的性质具有三重性，即阶级性、社会性和相对自主性。但是，在时代主题处于战争与革命的历史条件下，人类政治实践活动内在矛盾被激发，发展性原则占据主导。因此，国家观中的阶级性和革命性得到强化。如毛泽东国家观中就渗透着这种革命性逻辑。毛泽东认为，政权问题是国家的核心问题，而政权只能用枪杆子来夺取。毛泽东国家性质的革命性色彩本质上是受到列宁国家理论的直接影响。列宁主义从一定意义上说就是革命行动主义，其《国家与革命》著作实际上就充分展示了这一点。

第二，就国家职能而言，革命性亦是理解的关键。既然国家问题的核心是政权，且需要革命来夺取和维持，那么国家职能的行使和表达也渗透着革命性色彩和逻辑。恩格斯认为，国家是阶级统治的工具。这里就深刻揭示了国家作为阶级性和革命性工具的职能。毛泽东在论述国家职能时凸显了革命性和阶级性。毛泽东认为阶级社会中的一切生产关系都被阶级的国家权力所保护，所以，要打破这种旧生产关系，实际上也需要革命性逻辑。马克思在《共产党宣言》中所谈到的“两个决裂”本质上也是国家职能的革命性功能体现的重要原因。

第三，就国家形式而言，革命性逻辑是渗透其中的。在革命与战争时代主题之下，人类政治实践活动的特殊性和普遍性矛盾所共居的国家形式，必然是要体现革命性功能的。如马克思主张的无产阶级革命专政这种国家形式，其本身就充分体现了这种革命性功能，当然，无产阶级革命专政是通过革命而走向国家消亡的。毛泽东的人民民主专政国家理论就强调了专政的一面，强调在人民民主的基础上对敌人的专政职能。从毛泽东国家观的实践来看，革命性逻辑始终占据着主导位置，当然，并不是否认其具有建设性逻辑。

第四，就意识形态国家而言，革命性功能是凸显的。国家本质上是阶级性的，而阶级性必然是需要通过统治阶级的意识形态性来展现的，而且意识形态性也是维护和巩固国家的。从国家的起源来看，国家是社会关系扭曲所造成的，而国家回归社会，则需要对社会关系的扭曲进行再扭曲。在这种扭曲的社会关系中，意识形态通过普遍性和抽象性来表现特殊性的物质利益，这造就了国家的神话。为此，要真正实现普遍性的物质利益，必然需要通过革命性逻辑来突破，这首先就在于意识形态的革命性逻辑功能的凸显，达至变革历史现实而实现人的政治实践活动目的。马克思国家观的理论基础即实践论的历史唯物主义本身就是批判性的革命的辩证法，内蕴着革命性。因此，马克思国家观从意识形态层面来考察，内含着革命性逻辑。我们可以从马克思国家观开辟的道路的历史逻辑演变中充分发现这一点，如毛泽东国家理论、列宁国家理论和斯大林国家理论等都是如此。

之所以产生革命性逻辑主题的国家观，除了其是马克思国家观的理论基础即实践论的历史唯物主义所内蕴的外，还有一个重要的触发历史现实性的条件，那就是时代变迁。当时代主题为革命与战争时，总体而言，人类政治实践活动的特殊性和普遍性等矛盾则剧烈冲突，那么，革命性逻辑功能则凸显。当然，我们在强调革命性逻辑功能时，并不能否认建设性逻辑功能。

二　建设性逻辑主题的国家观

历史总体性的马克思国家观，不仅具有革命性逻辑主题，而且具有建设性逻辑主题。所谓建设性逻辑主题的国家观，本质上而言，它是人类政治实践活动在一定现实历史条件下达至的特殊性和普遍性矛盾的统一，或者说是思维和存在关系问题在一定现实政治活动中所呈现出的统一，而这种统一性原则必然需要建设性逻辑来主导。也就是说，处于和平与发展时代主题的现实历史下，市民社会与政治国家内在矛盾在实践论的历史唯物主义向度趋向于建设性逻辑，或者说凸显国家观的建设性逻辑功能。具体而言，表现在以下四个方面：

第一，就国家性质而言，建设性逻辑主题功能的凸显要胜于革命性逻辑主题功能。国家性质的社会性和自主独立性，实际上在一定意义上就凸显了这种建设性逻辑功能。马克思就多次提到，国家性质除了具有阶级性之外，也不能忽视其社会性，也就是国家具有巩固、维护和发展公共权力的功能。当人类政治实践活动中的目的性和规律性、理想性和现实性等矛盾达至某种平衡状态时，也就必然需要建设性逻辑功能促进。当然，实际上即使是目的性和规律性等出现矛盾，也需要通过建设性逻辑来解决。比如邓小平对国家性质的认识，就强调要从生产力视角来展开，而生产力视角的展开必然需要创造和维护生产力发展的相关国家制度和政策等。邓小平对改革开放的高度评价，认为其是第二次革命，就充分反映了这一点，这很显然是得益于对社会主义国家性质的新认识。

第二，就国家职能而言，由于和平与发展成为时代主题，职能的革命性逻辑功能的隐退，而职能的建设性逻辑功能的登场。马克思国家观并没有只承认政治职能，它也强调社会性职能，也就是“一般的共同的需要”所产生的职能。这种“合理职能”在和平与发展时代条件下更是得到了充分彰显。而且，从国家趋向于消亡的历史发展趋势下，“一般的共同的需要”应该成为国家回归社会的主要矛盾。因而，社会性职能必然需要获得历史性展现，也就是建设性逻辑功能必然彰显。比如，邓小平就认为，处于社会主义初级阶段的社会主义国家建设的中心应该围绕现代化。由现代化建设这一中心任务来决定国家的各项职能，而不是毛泽东国家理论所认为的革命性逻辑处于核心和支配地位。同样，习近平有关国家问题的重要论述是关于社会主义现代化强国建设的理论，国家职能必然是围绕“强起来”而展开的。

第三，就国家形式而言，同样是彰显了这种建设性逻辑功能。国家形式的现实性与国家性质、国家职能、文化传统和时代主题等是紧密相关的。当时代主题处于革命与战争时，国家形式的设计必然会凸显革命性逻辑功能；而时代主题处于和平与发展时期，国家形式的设计必然会凸显建设性逻辑功能。即使马克思所主张的无产阶级革命专政国家形式，其依然内蕴着建设性逻辑功能。因为无产阶级革命专政形式是一种过渡性中介，而过渡性中介必然需要通过发展和建设来趋向更高级阶段，从而解决历史现实中的市民社会与政治国家之间的矛盾。邓小平极力反对西方的三权分立和多党制，他认为人民代表大会制度是最具中国特色的政治制度，因为其有助于中国最主要的目标“发展”。实际上，习近平提出的坚持和完善中国特色社会主义制度、推进国家治理体系和治理能力现代化建设，就国家形式而言就是以现代化建设为逻辑主题的。发展和建设是习近平有关国家问题的重要论述的鲜明底色。

第四，就国家的意识形态而言，国家意识形态的建设性逻辑功能也得到凸显。意识形态本质上是维护和巩固国家性质和职能的。国家性质和职能在一定意义上决定了意识形态的功能。当国家性质和职能是从建设性逻辑主题功能来把握和认知时，意识形态也就必然是具有建设性逻辑功能而非革命性逻辑功能的。邓小平国家观、习近平关于国家问题的重要论述中的意识形态就充分渗透着建设性逻辑功能，也就是围绕社会主义现代化建设这一核心而展开的。列宁晚年对社会主义国家建设的探索，实际上其价值观和文化观等意识形态也都是围绕建设而展开的。因此，国家的意识形态功能本质上也是具有建设性逻辑功能的，特别是在和平和发展时代主题历史条件下更是如此。

三　国家观重心迁移实现的障碍因素及其破解

马克思国家观从革命主题迁移至建设主题，这实质上需要我们科学理解马克思国家观与时代的关系。我们为何不能因时代变迁而与时俱进推进马克思国家观的发展呢？造成这种重心迁移困难的障碍因素是什么呢？我们需要确立一种什么样的科学观念呢？要回答这些问题，我们就需要反思实现马克思国家观和马克思主义国家学说重心迁移的障碍因素。第一，造成马克思国家观和马克思主义国家学说重心迁移障碍的原因。马克思国家观和马克思主义国家学说重心从革命性到建设性的迁移会遇到各种困难，深究造成这种迁移困难的原因主要有以下几个方面：其一，没有抓住时代变化的主题。马克思认为，问题就是时代的口号。因此，抓住时代主题就要抓住时代问题，这是根本性的。时代主题没有抓住，还是停留在过去的时代主题上面，那么，马克思国家观和马克思主义国家学说重心的迁移就会遇到障碍。

其二，思维方式上存在着路径依赖。时代主题在变化，那么，由时代所规定的思维方式也要改变。传统思维方式往往具有巨大的惯性和影响力，“即使主观上想彻底决裂，客观上仍不能不受传统所制约”①。因此，无产阶级革命所形成的革命即阶级斗争的思维路径必然制约着革命胜利后进行社会主义国家建设的实践的思维路径，也就是依然从革命理念来看社会主义国家问题。其三，固化的社会利益结构影响。社会意识是由社会存在决定的，而社会存在中关键性的就是生产方式及其所形成的利益结构。因此，马克思国家观的革命意义实质上也反映了由这种革命理念所架构的社会群体利益结构，而这种社会群体利益结构则反过来阻止思维方式的变革，因此也就不会做到与时俱进地发展马克思国家观。其四，社会转型的复杂性和艰巨性。中国从农业社会国家转变到工业社会国家的任务极为艰巨和复杂，中国共产党从革命党转变为执政党的任务也极为艰巨和复杂，因此，这也必然是对马克思国家观和马克思主义国家学说重心迁移的障碍性因素。这些原因可以说都是制约实现马克思国家观和马克思主义国家学说重心迁移的重要原因。第二，马克思国家观和马克思主义国家学说重心迁移的障碍因素的破解。其一，要深化马克思主义国家理论研究。只有进行透彻的研究和完整的研究，我们才不会用一方面内容掩盖另一方面内容，从而准确把握马克思主义国家学说。我们对马克思国家观的建设性理解，决不能否认其革命性理解，而是要把二者有机结合起来，依据时代的不同而实现重心的迁移。其二，要深化现实性研究。马克思特别强调要注重社会现实的内部性反思，反对那种脱离社会现实的主观性的外部性反思。马克思在谈到德国革命道路和英法革命道路的差异性时就指出，英法革命的“不可能”的道路就是德国革命“可能”的道路。马克思极力反对那种把他对西欧社会历史发展道路的研究理

① 许全兴：《毛泽东与孔夫子：马克思主义中国化个案研究》，人民出版社 2003 年版，第 276 页。

论抽象为“一般发展道路的历史哲学理论”。因此，我们在研究现实性时，必然要深刻把握和认识中国社会现实性，明确中国社会的性质、特点及其内在逻辑发展，而不可以把西方资本主义国家理论简单套用到中国社会主义国家，也不可以把马克思国家观和马克思主义国家学说的一般理论直接应用于中国社会主义国家。其三，要深化时代问题研究。一个时代总是有一个时代的问题，一个时代总是蕴含着一个时代的哲学理念，这些问题和理念反映了整个时代的根本利益和发展趋势。因此，只有把国家问题置于整个时代境遇中，我们才可以更好地去理解国家的本质及其发展规律。中国社会主义国家处于和平与发展的时代主题的境遇之中，那么，这一时代主题就是对中国社会主义国家起着重大影响的，建设理念也就是必然的。这既切合时代发展需要，也切合中国的现实需要。其四，要深化社会主义基本价值研究。什么是社会主义，怎样建设社会主义，这一问题是一重大的理论和实践问题。如果这一个问题没有搞清楚，那么，我们对于社会主义国家建设必然会出现失误。斯大林模式的社会主义之所以失败，一个很重要的原因就是对于社会主义的基本价值把握不是很精准，特别是忽视了人的价值这个根本。改革开放之前的中国社会主义国家深受斯大林模式的影响，在一定程度上忽视了生产力的根本作用和人的解放等，导致了只注重生产关系和上层建筑等的社会革命性变革。但是却恰恰忘记了社会主义是人和物相结合高度发展的产物，社会主义的最终价值诉求是要实现人的自由而全面的发展。实际上，中国社会主义国家是在经济文化落后的东方大国生发出来的，更应该积极依据社会主义基本价值来引导改革和发展，不仅要“破”（革命），更要在“立”（建设）上下功夫。当然，要实现马克思国家观重心迁移的障碍因素的克服方面还有许多，我们需要综合考量。但是，我们实现马克思国家观和马克思主义国家学说的从革命主题到建设主题的转变，关键在于理论和实践的结合。

第三节 中国化范式与构建马克思主义国家理论当代形态

我们在深入认识马克思国家观所遇到的时代困惑基础上，辨析了马克思国家观和马克思主义国家学说从革命主题向建设主题重心的迁移。那么，接下来我们就需要继续追问，如何立足于中国时代和实际来创建马克思主义国家理论当代形态。这一问题和任务应该是中国理论工作者的重要研究课题。理论形态的构建不仅要与时代相适应，而且要反映自己民族的特点。理论形态的构建是形式和内容的有机统一。马克思主义国家理论当代形态的建构可以因人、因国、因立场而异，当然，这种建构也就会出现不同形态。中国特色社会主义实践的成功为理论建构奠定了基础，故此，从中国化范式来构建马克思主义国家理论当代形态是马克思主义发展的历史必然，这对中国特色社会主义国家建设而言是一种内在要求。

一 构建马克思主义国家理论当代形态的必要性

之所以提出这一理论任务，其根源在于中国社会的改革开放已经导致了中国社会政治生活的深刻变革，因此，中国也就需要回应这种变革的社会政治生活。然而，我们可以看到一种情况，就是马克思主义国家理论当代形态的建构却有忽视马克思主义中国化范式的倾向。这主要表现在用自由主义国家理论或自由主义政治哲学来审视和反思中国社会现实的政治生活，究其原因有以下两点：第一，从客观原因来看，中国市场经济的发展，在一定程度上激发了建基于市场交换原则的自由主义国家理论范式。因此，这导致我们在研究国家的出场和在场的逻辑时特别强调自由主义路数。从历史上来看，人类社会政治生活形式一般可以表现为共同体式和市民社会式两种形式。共同体式的社会政治生活表现为一种整体主义，注重从整体来说明个人，个人承担着义务；而市民社会式的社会政治生活表现为一种原子主义，注重从个人权利来说明社会和国家。[①] 因此，中国市场经济的发展必然开掘出从个人权利来说明和构建国家的理论，这恰恰是自由主义国家理论的路数。当然，这种自由主义国家理论路数是忽视了我国市场经济的社会主义前缀，忽视了中国独特的国情特点的。如对国家自主性研究，我们往往是从自由主义路数来开展逻辑的，而没有认识到马克思主义国家理论中国化是与自由主义的根本性质有差异的。因此，从中国化范式来研究国家自主性就必然要表现出中国民族特点来。第二，从主观原因来看，马克思主义国家理论当代形态构建可能存在过度强调马克思经典著作中的国家思想的一般性意义，而忽视中国社会现实的实践特色的现象。由此，马克思主义国家理论当代形态构建沦为一种抽象概念、范畴和原理的纯粹逻辑推演。这实质上是把理论与实践相分离了。萨特在对斯大林模式评价时指出了理论和实践相脱节的严重后果，就是实践成了“无原则的经验论”，而理论成了纯粹和不变的“知识”[②]。因此，构建马克思主义国家理论当代形态必须做到理论与实践相统一，其中，特别要关注中国化范式的维度。

二　构建马克思主义国家理论当代形态的可能性

我们在研讨了中国化范式维度建构的必要性之后，必然需要追问这种中国化范式的马克思主义国家理论当代形态的可能性。这种可能性表现在实践和理论两个方面。第一，从实践方面来看。理论构建总是与实践发展程度相一致的，没有实践的内在要求，理论是无法生发

---

① 王南湜：《社会哲学》，云南人民出版社 2002 年版，第 193—198 页。

② ［法］萨特：《辩证理性批判》上卷，林骧华、徐和瑾、陈伟丰译，安徽文艺出版社 1998 年版，第 22 页。

的。改革开放四十多年实践的巨大成绩彰显了马克思国家观和马克思主义国家学说在当代中国的价值和意义，这使得马克思国家观和马克思主义国家学说在当代中国得到深化和发展。毛泽东对马克思国家观和马克思主义国家学说的革命主题的重心的开掘，为当代中国国家理论建构奠定了重要基础。邓小平国家观实现了马克思国家观和马克思主义国家学说的建设主题重心的迁移，由此对中国特色社会主义的国家形式等进行了一系列探索和实践，这为当代中国国家理论建构奠定了基本原则。“三个代表”重要思想和科学发展观在邓小平国家观基础上深入推进和拓展了马克思主义国家观的中国化。在党的十八大之后，中国特色社会主义进入新时代，面临着中华民族伟大复兴的新使命，我党领导中国人民进行了中国特色社会主义伟大实践并取得了历史性成就和历史性变革，其中就包括中国特色社会主义国家实践内容的极大丰富。因此，我们从党的治国理政实践，特别是改革开放之后的治国理政实践发展等“中国经验”中抽象和概括出的马克思主义国家理论在当代中国的发展形态是坚实的实践基础。这可以说是从中国化范式构建马克思主义国家理论当代形态的可能性的实践前提。第二，从理论方面来看。实践发展为理论生成的可能性提出了要求，但是，理论本身也要趋向于实践。中国特色社会主义国家理论的探索成果为从中国化范式构建马克思主义国家理论当代形态奠定了坚实的理论基础。从历史来看，我们党对中国特色社会主义国家理论进行了艰辛探索，并形成了一系列理论成果。毛泽东国家观就是对新民主主义国家和社会主义国家革命和建设的实践的理论总结，开辟了在经济文化落后的亚洲东方大国如何进行无产阶级革命的理论新境界。邓小平在回答“什么是社会主义，怎样建设社会主义”这一根本问题上形成了新国家观，“三个代表”重要思想和科学发展观则进一步推进了这种新国家观的发展。围绕对“新时代坚持和发展什么样的中国特色社会主义、怎样坚持和发展中国特色社会主义”这一重大时代课题的回答，产生了习近平新时代中国特色社会主义思想。习近平新时代中国特色社会主义思想是对邓小平新国家观的更高阶段的发展，开辟了马克思主义国家理论中国化发展的新境界。因此，这些丰富的理论成果很显然是从中国化范式建构马克思主义国家理论当代形态的理论条件。在这里有两个问题要注意区别。第一个问题是我们要区别马克思主义国家理论中国化取得的这些成果与西方自由主义国家理论成果。之所以提出这个问题，是因为我国改革开放以来，大力推进了社会主义市场经济，这促进了中国市民社会的发展，当然这必然会导致社会与国家关系的内在结构的变化，而这与西方自由主义国家理论所立足的市场经济原则是有相似之处的。但是，这仅仅是相似而已，我们并不能就以自由主义国家理论来代替或者解说中国改革开放以来所形成的国家理论成果。马克思在评价这种基于市场经济原则的原子式个人时指出："是具有无教养的非社会表现形式的人，是具有偶然存在形式的人。"① 因此，建基于这种原子式个人上的社会与国家的关系必然表现出一种二元分离，也表现出国家的抽象性以及基于这种二元分离所导致的人的异化关系的剥削性和压迫性。但是，马克思主义国家理论中国化是在社会主义条件下开展的，市场经济也是社会主义性质的，因此，这就秉承了马克思国家观的基本精神，强调政治国家的社会性指向，而绝不是指向一种原子式的个人主义。这里谈的第一个问题实质上就是要厘定中国化马克思主义国家理论的性质。第二个问题是中国化马克思主义国家理论与马克思所言的高远的共产主义共同体的区别。在国际共产主义发展史上，我们存在把理想性的马克思国家观和马克思主义国家学说"粗暴"地落实到坚实的现实性上的现象，这导致了社会主义国家的失败和挫折。如中国改革开放之前的国家建设在一定意义上就是把高远的理想的马克思国家观简单地落实到经济

① 《马克思恩格斯文集》第1卷，人民出版社2009年版，第37页。

文化相对落后的中国大地上，当然，这既是对中国社会主义国家建设的伤害，也是对马克思国家观和马克思主义国家学说的伤害。因此，我们需要把握的是，中国化马克思主义国家理论是现实性的国家理论，而不是理想性的国家理论。这种现实性的国家理论实质上就是指应该把马克思国家观和马克思主义国家学说落实在坚实的中国社会现实上，从这种现实性上去看待未来和过去，而不是用理想性的国家理论立足于未来来看待现实和过去。这种现实性的国家理论的“现实性”表现就是中国处于社会主义初级阶段，而不是处于完全和成熟的社会主义阶段。马克思在《哥达纲领批判》中就深刻阐明了过渡时期社会的特点：一方面，它在各方面还带有“旧社会痕迹”，如市场原则盛行以及存在资产阶级法权；另一方面，它的内容和形式以及原则和实践都不是根本矛盾的，而且也都改变了它们的含义。① 马克思对这一阶段社会性质的阐释，在一定意义上也深刻反映了社会主义初级阶段的特点。马克思还认为，权利发展不可能超越一定的经济和文化结构基础。② 因此这也就决定了我们绝不可以用理想性的国家理论来建构马克思主义国家理论当代形态。故此，我们在弄清楚这两个问题基础上，实质上也就为我们从中国化范式构建马克思主义国家理论当代形态奠定了坚实的理论基础。总之，无论从理论，抑或实践层面来看，从中国化范式来凸显马克思主义国家理论在当代的在场感和表现一定形式及内容的理论形态，应该说是可能的，也就是马克思国家观和马克思主义国家学说完全可以与中国实践和中国经验对接起来。

三 构建马克思主义国家理论当代形态的基本路径

在明了中国化范式构建的必要性和可能性之后，我们必然需要追问如何来构建中国化范式的马克思主义国家理论当代形态，也就是说

---

① 《马克思恩格斯选集》第3卷，人民出版社2012年版，第363—364页。

② 《马克思恩格斯选集》第3卷，人民出版社2012年版，第364页。

从中国化范式构建马克思主义国家理论当代形态的基本路径为何。很显然，开发马克思国家观和马克思主义国家学说的建设性意义必然是我们构建马克思主义国家理论当代形态的主题。问题是如何基于中国化范式来开展建设主题的马克思国家观和马克思主义国家学说的逻辑理路。要开展这种逻辑理路，我们需要深入总结马克思主义国家学说中国化百年行程中取得的毛泽东国家观、邓小平国家观和习近平有关国家问题的重要论述，以及百年行程发展的基本经验。这些基本经验，本质上而言就是构建马克思主义国家理论当代形态需要注重的逻辑环节。

第一，注重马克思国家观的基本价值。

这是构建中国化范式马克思主义国家理论当代形态的理论前提。我们前面论述了马克思国家观和马克思主义国家学说从革命主题到建设主题重心的迁移，并不是说强调马克思国家观和马克思主义国家学说的建设主题，就要忽视马克思国家观和马克思主义国家学说的革命主题。实际上，马克思国家观和马克思主义国家学说的革命主题和建设主题是辩证统一的，建设主题需要以革命主题为前提，革命主题也必然会导致建设主题。我们只有在完整准确地理解马克思国家观的基本价值的前提下，才可以更好地把握马克思国家观和马克思主义国家学说的建设性意义，也才能够更好地结合中国社会现实来开发马克思国家观的当代价值。因此，对马克思国家观基本价值的理解是中国化范式维度构建理论的思想前提。

第二，注重马克思主义实践哲学思维方式是实现马克思主义国家学说中国化的逻辑方法论。

马克思主义国家学说中国化百年行程的理论逻辑发展成就何以可能，这首先涉及的是一个方法论前提问题，即中国化马克思主义国家理论生成遵循了何种认识路线和思想路线。这种方法论问题的讨论对马克思主义国家学说中国化百年行程的理论逻辑发展而言，具有前提性和根本性的地位和意义。从本质上来说，这种方法论前提就是注重了马克思主义实践哲学思维方式，不是那种思辨的“历史哲学”式的思维方式，而是一种批判的“历史科学”式的思维方式，这种思维方式是贯彻于毛泽东国家观、邓小平国家观和习近平有关国家问题的重要论述等中国化马克思主义国家理论的始终，是中国化马克思主义国家理论之所以做到守正创新的根本方法论。

思维方式是指在观念中把握世界的理论框架和基本方式。马克思哲学本质上是一种实践哲学，从存在论意义上强调实践是一切理论的本源和根据，正如马克思在《关于费尔巴哈的提纲》中所提倡的解释世界是从属于改造世界。因此，理论是生成于实践之中，并构成现实实践的有效成分，而没有独立于实践的纯理论之依据。这种马克思主义实践哲学所内蕴的思维方式就是马克思主义实践哲学思维方式，这种思维方式注重时间、空间和主体等实践的整体性，因而也就呈现出实践的历史性和发展性。马克思主义实践哲学思维方式就反对那种理论哲学思维方式，马克思本人就对此进行过深刻批判。他说：“他一定要把我关于西欧资本主义起源的历史概述彻底变成一般发展道路的历史哲学理论，一切民族，不管它们所处的历史环境如何，都注定要走这条道路……他这样做，会给我过多的荣誉，同时也会给我过多的侮辱。”① 马克思的这一声明本质上揭示了其思想是遵循“历史科学”原则的，而不是遵循“历史哲学”原则的“适应于各个历史时代的药方或公式”②，也就是抽象出的理论离不开现实的历史。正如毛泽东所说：“马克思主义者走路，走到哪个地方走不通就要转弯，因为那个地方走不过去。”③ 因此，马克思主义本质上是实践哲学思维方式的，一切理论都是置于鲜活的现实实践之中的。

---

① 《马克思恩格斯选集》第 3 卷，人民出版社 1995 年版，第 341—342 页。

② 《马克思恩格斯选集》第 1 卷，人民出版社 1995 年版，第 74 页。

③ 《毛泽东文集》第 3 卷，人民出版社 1996 年版，第 332 页。

马克思主义国家学说中国化百年行程中形成的中国化马克思主义国家理论本质上坚持的就是马克思主义实践哲学思维方式。一是从中国化马克思主义国家理论的逻辑主题变迁来看，就深刻凸显了这种马克思主义实践哲学思维方式。毛泽东国家观以革命性逻辑为主题，邓小平国家观以建设性逻辑为主题，习近平有关国家问题的重要论述以强国逻辑为主题，这种从革命性逻辑、建设性逻辑到强国逻辑主题的变迁的根本依据在于中国历史现实。正是由于中国历史现实的变化才导致国家理论的逻辑主题的变化，国家理论的逻辑主题的变迁并非是脱离中国历史现实的，这种逻辑主题的变迁恰恰反映了历史与逻辑的一致。这是中国共产党对处于一定时空的中国历史现实政治生活的哲学反思和总结抽象的理论结果。二是从中国化马克思主义国家理论的个性来看，也深刻凸显了这种马克思主义实践哲学思维方式。毛泽东国家观凸显了革命性底色，这是因为中国共产党领导中国人民“站起来”的伟大历史活动是在“革命与战争”时代主题下展开的，也是在打碎旧世界建设新世界的条件下展开的，因而，这种历史现实必然内蕴着革命性和阶级性，也就必然会成为毛泽东国家观的特色。邓小平国家理论之所以呈现出建设性逻辑主题，是由于中国历史现实是在从“革命与战争”时代主题变换为“和平与发展”时代主题条件下展开的，是在总结苏东剧变的历史经验教训条件下展开的，是在对社会主义本质形成新认识条件下展开的，特别是在现代化大局条件下展开的，因此，邓小平国家观呈现出建设性特质也就是必然的。习近平国家理论凸显以强国逻辑为主题，同样也是对中国特色社会主义进入新时代这一社会现实的一种深刻反思和抽象。因此，马克思主义国家学说中国化百年行程中依次出现的三种国家理论本质上都遵循了马克思主义实践哲学思维方式。在一定意义上说，由于中国共产党人遵循了马克思主义实践哲学思维方式，所以实现了中国化马克思主义国家理论的守正创新。

第三，注重时代和国情分析是实现马克思主义国家学说中国化的实践基础。

理论创新的首要因素在于精准认知社会历史现实，从社会历史现实的矛盾发展中抽象出概念来并提出理论的解决之道，这实质上也是马克思主义实践哲学思维方式的必然要求。如果缺乏对现实生活的精准认知和抽象，那么，理论创新就会难以实现。

实现中国化马克思主义国家理论的创新，同样需要精准认知和抽象社会历史现实，这种社会历史现实一般表现为对时代和国情的精准把握和认知。从历史经验来看，马克思主义国家学说中国化百年行程的理论逻辑发展就是建基于对时代和国情的精准把握和认知。

中国共产党人对中国国情和时代特点的认知是一个逐步深化的过程，这也导致中国共产党人对国家问题的认识呈现出发展性和阶段性的特点。如何认识中国国情，这是中国革命进行的关键问题。19 世纪 20 年代末到 30 年代初中国展开了一场延续 10 年的关于中国社会性质的论战，最终以 1939 年毛泽东发表的《中国革命与中国共产党》做出了最为全面、最为深刻的阐述，指出中国社会的性质是半殖民地半封建社会，其根源在于“帝国主义和中华民族的矛盾，封建主义和人民大众的矛盾”，“而帝国主义和中华民族的矛盾，乃是各种矛盾中的最主要的矛盾。这些矛盾的斗争及其尖锐化，就不能不造成日益发展的革命运动”。正是因为近代中国社会主要矛盾的揭示，才使得革命性和阶级性成为决定“中国走向何处”的关键性因素，因而，在毛泽东国家理论中也就必然呈现出革命性逻辑来。邓小平对在经济文化落后的东方大国如何建设社会主义国家问题的思考是从对中国国情的精准认识开始的。一方面是对时代特点的认识，强调和平与发展已经成为新的时代主题；另一方面是对中国社会主义国家的发展方向进行了重新定位，提出了社会主义初级阶段这个“最大的实际”，强调“一切从社会主义初级阶段的实际出发”。由此他认为“贫穷不是社会主义”，社会主义是建立在高度发达的生产力基础之上的，现代化是中国社会主义国家建设的大局。因此，邓小平国家观就凸显了这种建设性特质。习近平有关国家问题的重要论述的生成逻辑也离不开对新时代中国国情的深刻把握，在统筹百年未有之大变局和中华民族伟大复兴全局的基础上，准确判定了中国特色社会主义发展的历史新方位即中国进入了新时代。新时代中国特色社会主义出现的根本原因就是社会主要矛盾的变化，从而提出了坚持和完善中国特色社会主义制度、推进国家治理体系和治理能力现代化建设，实现建设中国特色社会主义现代化强国的历史使命。这本质上是要解决发展起来之后的问题，也就是要实现从站起来、富起来到强起来的历史性飞跃。因而，习近平国家理论正是在对新时代中国国情的精准认知的基础上凸显了强国逻辑的主题。总之，中国化马克思主义国家理论的守正创新是基于对时代和国情精准分析的基础之上的。

第四，注重“老祖宗的书”和“创造新的理论”相结合是实现马克思主义国家学说中国化的根本原则。

马克思主义国家学说中国化问题实质上是指向“什么是马克思主义国家学说、怎样对待马克思主义国家学说”问题，即对待马克思主义国家学说的科学态度问题。马克思主义国家学说中国化不仅强调马克思主义国家学说基本原理的普遍性，即马克思主义国家学说基本原理与中国具体实际相结合以及将这种结合产物以一种民族化语言表述，这本质上是强调了中国化马克思主义国家理论与马克思主义国家学说基本原理的一脉相承性和基因纯正性；而且强调中国化马克思主义国家理论的特殊性，即坚持马克思主义国家学说的“中国化”，坚持马克思主义国家学说基本原理在中国革命、建设和改革的社会现实问题中所提出的新的理论解决思路，也就是实现马克思主义国家学说的深度中国化。因此，马克思主义国家学说中国化是普遍性和特殊性的辩证统一，其中要特别注重马克思主义国家学说中国化的特殊性内蕴。这才是科学对待马克思主义国家学说中国化的态度。毛泽东对此形象地表述为，既要坚持“老祖宗的书”，也要“创造新的理论”，要实现二者的辩证统一。毛泽东在1959年指出：“马克思这些老祖宗的书，必须读，他们的基本原理必须遵守，这是第一。但是，任何国家的共产党，任何国家的思想界，都需要创造新的理论，写出新的著作，产生自己的理论家，来为当前的政治服务，单靠老祖宗是不行的。”① 从本质上而言，这种科学态度是马克思主义实践哲学思维方式的内在要求。

从历史来看，这种注重“老祖宗的书”和“创造新的理论”相结合的科学态度是始终贯彻于马克思主义国家学说中国化百年行程的理论逻辑发展之中的。一是就毛泽东国家观而言，它既坚守了马克思主义国家学说基本原理，又创造了新的中国化的马克思主义国家理论。前者表现在毛泽东坚持了马克思主义国家学说的阶级性本质、无产阶级专政、中国共产党对国家政权的领导等；后者表现在毛泽东创新地提出了新民主主义国家理论、社会主义国家理论等，创新地提出了人民民主专政、人民代表大会制度、中国共产党领导的多党合作制度等根本政治制度以及其他具体制度，这些新的理论与制度可以说是富有中国化的马克思主义国家理论，且是极具马克思主义国家学说的中国化的理论特质。二是就邓小平国家观而言，邓小平立基于社会主义初级阶段之上的中国社会主义现代化国家建设，强调“老祖宗不能丢”②，同时主张要根据“自己的特点去继承和发展马克思主义，离开自己国家的实际谈马克思主义，没有意义”③。如邓小平提出了要搞清楚“什么是社会主义，如何建设社会主义”这一根本性问题，创新性地提出了社会主义本质论和社会主义初级阶段论，从而提出了

① 《毛泽东文集》第8卷，人民出版社1999年版，第109页。
② 《邓小平文选》第3卷，人民出版社1993年版，第369页。
③ 《邓小平文选》第3卷，人民出版社1993年版，第191页。

中国特色社会主义国家的本质和职能等问题，确立了从生产力发展角度去理解和把握马克思主义国家学说中国化问题。三是就习近平国家理论而言，其首次提出了坚持和完善中国特色社会主义制度、推进国家治理体系和治理能力现代化建设命题，这是对马克思主义国家学说的重大发展。习近平说："马克思、恩格斯没有遇到全面治理一个社会主义国家的实践，他们关于未来社会的原理很多是预测性的，而列宁在俄国十月革命后不久就过世了，没来得及深入探索这个问题；苏联在这个问题上进行了探索，取得了一些实践经验，但也犯下了严重错误，没有解决这个问题。"① 因此，关于社会主义国家的本质属性及其治理问题是中国共产党面临的一个全新问题。结合中国实际情况，习近平在十八届三中全会提出了"国家治理体系和治理能力现代化"的全新概念，这是对国家性质和国家职能的全新理解。如对国家性质的理解，就突出了国家的阶级性和公共性的统一，突破了毛泽东对国家本质的阶级性的理解和邓小平对国家本质的生产力性质的理解；如对国家职能的理解，就突出了改革开放所导致的深刻利益格局调整产生的国家统治体系转化为国家治理体系；如对国家消亡的理解，国家治理现代化注重国家回归社会，强调社会化的国家，这与马克思所提倡的"社会共和国"本质上是一致的；等等。总之，马克思主义国家学说中国化百年行程中所产生的中国化马克思主义国家理论的守正创新之所以实现，一个很重要的规律就是"老祖宗的书"和"创造新的理论"的结合。

第五，注重中国传统文化的创造性转化与创新性发展是实现马克思主义国家学说中国化的重要特点。

文化实情是实现马克思主义国家学说中国化必须面对的客观现实，而这种客观现实深刻反映着中国人的独特精神世界和思维方式。

---

① 《习近平谈治国理政》第1卷，外文出版社2018年版，第91页。

马克思主义国家学说基本原理必然需要与这种文化实情结合起来，也就是需要从中国人的传统哲学思维方式出发来对马克思主义国家学说基本原理进行理解和阐释，这样才能够做到马克思主义国家学说的深度中国化，而不仅仅是马克思主义国家学说基本原理在中国的运用和民族化语言的陈述。当然，注重中国文化实情，并非是毫不批判地全盘接受中国文化实情，而是需要对中国传统文化进行“双创”工作。实现马克思主义国家学说中国化要注重文化实情，本质上就是马克思主义实践哲学思维方式的内在要求，因为文化实情就是中国人的实践活动，因此，要实现马克思主义国家学说的深度中国化必然需要从中国传统哲学思维方式着手，必然需要从中国文化实情入手。

马克思主义国家学说中国化百年行程的理论逻辑发展和理论创新成果本质上就体现了对中国传统文化的创新性发展和创造性转化。毛泽东国家理论本质上是一种政治哲学，既然作为哲学形式也就必然内蕴着一种哲学思维方式。毛泽东的哲学思维方式不仅是马克思主义哲学思维方式，而且也渗透着中国传统哲学思维方式，比如对矛盾的特殊性和矛盾转化思想，汪澍白就指出：“这种观点同我国古代辩证法家将矛盾双方地位转化加以普遍化的倾向有某种继承性关系。”[①] 雍涛教授也认为，毛泽东哲学思想具有马克思主义性质和中国传统文化性质的双重文化性格，理解毛泽东思想需要兼顾这双重文化性格。因此，我们说中国传统哲学思维方式本质上也深刻影响到毛泽东对国家问题的理解和思考。例如，毛泽东国家观中最具创新意义的人民民主专政理论就是如此。中国传统文化中的民本思想就与人民民主专政思想相契合，当然这也促进了传统民本思想向现代的转型。邓小平国家理论也渗透着中国传统文化思想。如邓小平国家理论借鉴了古代思想家“以德治国”的思想，他说：“没有共产主义思想，没有共产主义

① 汪澍白：《试论毛泽东哲学思想与中国传统哲学的继承关系》，《求索》1982 年第 6 期。

道德，怎么能建设社会主义？党和政府愈是实行各项经济改革和对外开放的政策，党员尤其是党的高级负责干部，就愈要高度重视、愈要身体力行共产主义思想和共产主义道德。”① 他强调道德在国家治理中的重要地位和作用。还有如邓小平的人民民主专政思想中借鉴了中国传统德政思想，他说：“对于这一切反社会主义的分子仍然必须实行专政。”② 还指出：“要讲人道主义，我们保护最大多数人的安全，这就是最大的人道主义！”③ 邓小平既强调专政的职能，也强调道德在国家治理中的积极作用。当然，邓小平对法治在国家治理中的作用也是高度重视的，这是对中国传统德治思想的超越。习近平国家治理现代化思想中提出了“以德治国”与“依法治国”的有机统一，这是对儒家“德主刑辅”的治国模式的创造性转化和创新性发展。还有习近平就国家的价值基础问题提出了社会主义核心价值观，而国家、社会和个人三个层面的价值观实质上是与中国传统文化紧密联系的。总之，我们可以说马克思主义国家学说中国化的百年行程所形成的中国化马克思主义国家理论创新是离不开对中国传统文化的创造性转化和创新性发展的。

第六，注重“走自己的道路”的主体性自觉是实现马克思主义国家学说中国化的最基本规律。

理论创新的原因不外乎主客观因素。一方面，客观社会现实及其矛盾发生了巨大变化需要理论且能够产生理论，这为理论创新的可能性提供了客观因素；另一方面，主体对客观社会现实及其矛盾的精准认识，且具有进行理论上解决问题的主体自觉性，这为理论创新从可能性变成现实性提供了关键性因素。这种理论创新的主体自觉性，本质上也是马克思主义实践哲学思维方式的内在要求，因为实践本质上

---

① 《邓小平文选》第2卷，人民出版社1994年版，第367页。

② 《邓小平文选》第2卷，人民出版社1994年版，第169页。

③ 《邓小平文选》第3卷，人民出版社1993年版，第34页。

内在地就要求实践主体的能动性和自觉性。这种主体性自觉的直接表现就是“走自己的路”，不照搬其他国家、其他民族、其他政党和其他文明国家的现成模式和国家发展道路，这是实现马克思主义国家学说中国化的基本规律之一。

马克思主义国家学说中国化百年行程的理论逻辑发展就深刻体现了中国共产党人“走自己路”的主体性自觉。其一，就中国化马克思主义国家理论逻辑主题的变迁来看，从革命性逻辑、建设性逻辑到强国逻辑的国家理论的发展，就深刻体现了中国共产党人对马克思主义国家学说中国化的主体自觉性，体现了中国共产党人用自己的国家理论来解决中国客观社会现实及其矛盾。很显然，如果没有这种主体自觉性，没有“走自己的路”的自我意识，是很难去从纷繁复杂的客观社会现实中发现规律并提出解决矛盾的新的理论的，只会照搬照抄“他者”的道路和模式。其二，就中国化马克思主义国家理论的具体内容来看，也凸显着这种“走自己的路”的主体自觉性。就毛泽东国家理论而言，毛泽东提出的新民主主义国家理论、人民民主专政、从国体和政体来论述社会主义国家形式和从社会主义向共产主义过渡的思想等，都是把马克思主义国家学说基本原理与中国具体实情相结合的产物，都是具有中国特殊性的国家理论。如人民民主专政理论，它不简单等同于无产阶级专政，也并非是苏维埃制度的翻版，更不是资产阶级专政，而是具有深厚中国传统文化底蕴的体现了马克思主义性质的国家理论。就邓小平国家观而言，其中最突出的就是“一国两制”理论，这一理论是马克思主义国家学说基本原理同中国具体实际相结合的产物，是具有中国特色的国家理论。就习近平国家理论而言，坚持和完善中国特色社会主义制度、推进国家治理体系和治理能力现代化建设的提出就深刻体现了中国共产党人的主体自觉性。社会主义国家治理在马克思主义发展史上实际是缺乏成熟经验的，以习近平为代表的中国共产党人在马克思主义国家学说基本原理的指导下，结合中国实际创新地提出了国家治理现代化概念，很显然是走出了中国特色社会主义国家治理的新路。这条路，既不同于苏联模式的社会主义国家治理，也根本区别于资本主义国家治理。总而言之，马克思主义国家学说中国化百年行程的理论逻辑发展的一个基本规律就是坚持了“走自己的路”的主体性自觉。

综上所述，我们回答了马克思国家观与时代的关系问题。时代变迁，这给马克思国家观和马克思主义国家学说造成了时代困惑。但是，这种时代变迁却也揭示了马克思国家观和马克思主义国家学说重心迁移的意义，即从革命主题下的马克思主义国家学说到建设主题下的马克思主义国家学说的迁移。因此，我们不得不面临以建设主题下的马克思国家观和马克思主义国家学说为重心来构建中国化范式马克思主义国家理论当代形态的问题。这一问题意识的提出反映了中国特色社会主义的自信和理论自觉。

第五章

当代中国马克思主义国家理论的内容与逻辑结构

时代变迁导致了建设性逻辑主题成为马克思国家观和马克思主义国家学说的重心。因此，如何以此重心为理论指导，并立足于中国特色实践来探索当代中国马克思主义国家理论建构就是一个迫切和重要的理论任务。这一理论实质上是马克思国家观和马克思主义国家理论在当代中国的理论表达，是以马克思国家观和马克思主义国家学说的建设性逻辑主题为重心而展开的，彰显了一种建设性逻辑。这种建设性逻辑形塑了当代中国马克思主义国家理论的性质及其独特内涵。

第一节　当代中国马克思主义国家理论的内容

当代中国马克思主义国家理论内涵丰富，涉及面广，主要包括国家基础论、国家价值论、国家性质论、国家职能论、国家治理论、国家制度论、国家发展论和国家动力论八个方面内容，这些内容深刻回答了中国特色社会主义国家是什么以及怎样建设中国特色社会主义国家这一重大问题。

一　国家基础论

要理解中国特色社会主义国家理论，就需要厘清其所处的历史方位及其决定的国家与社会关系的独特性。因为马克思国家观实质上就是对近代社会的国家与社会之间关系的这一时代问题给出的历史唯物主义的解答，从而超越了近代政治哲学。故此，国家与社会之间的关系问题构成了马克思国家观的中心问题。那么，作为马克思国家观和马克思主义国家理论的发展的中国特色社会主义国家理论也就必然需要把握其存在的根据和基础，即国家与社会之间的关系问题，而这一关系问题实质上是与中国特色社会主义所处的发展方位相关的。

（一）社会主义初级阶段是中国特色社会主义国家立论的基础

党的十三大报告明确指出，中国社会主义就是初级阶段的社会主义。邓小平反复强调，社会主义建设所采取的规划和措施都必须“一切都要从这个实际出发”①。实际上，以江泽民和胡锦涛等为核心的中央领导集体都强调社会主义初级阶段的基石作用，习近平将其概括为中国特色社会主义建设的“总依据”②。党的十九大报告提出了中国特色社会主义进入了新时代，也就是说新时代是中国特色社会主义发展的新的历史方位。但是，新时代的历史新方位并没有改变我国社会主义初级阶段的性质。只能说社会主义初级阶段作为一个发展过程，其内部由于社会主要矛盾的改变而导致经济社会进入了新发展阶段而已。因此，中国特色社会主义国家问题实质上就是社会主义初级阶段国家问题。但是，马克思主义经典作家对此问题涉及较少。我们可以把建基于生产资料私有制上的政治国家称为“原来意义上的国家”，从资本主义社会向社会主义社会过渡时期的无产阶级专政国家

---

① 《邓小平文选》第3卷，人民出版社1993年版，第252页。

② 胡锦涛：《坚定不移沿着中国特色社会主义道路前进　为全面建成小康社会而奋斗》，《人民日报》2012年11月18日第1版。

称为“半国家”，社会主义社会中存在的强制性统治政权的国家称为“非政治国家”，而共产主义社会则随着阶级消亡变成了“无国家”。社会主义初级阶段国家与上述四种类型的国家形式都有差别，其不是过渡时期的无产阶级革命专政国家，而属于社会主义国家，但却依然需要无产阶级专政来“保卫社会主义制度，这是马克思主义的一个基本观点”①。这也就是说，阶级斗争在一定程度和范围内还是存在的，只不过不是主要矛盾了，因此，构成社会政治生活的主要内容是如何认识和处理人民内部矛盾。故此，我国社会主义初级阶段的国家是处于从“半国家”转化为非政治国家的初始环节，也就是说它还不是经典意义上成熟的社会主义国家，依然存在着各种“过渡时期”的特点。因此，社会主义初级阶段国家是一个具有其独特性的复杂的国家形式，故而，中国特色社会主义国家是有区别于其他国家形式的独特之处的，这也是我们理解和把握中国特色社会主义国家理论形态立论的关键点。

（二）国家与社会之间的关系是社会主义初级阶段的核心

中国特色社会主义国家实质上是根源于其独特的国家与社会之间关系问题的国家。包括国家理论在内的近代政治哲学要处理的一个核心问题就是国家与社会之间的关系问题，对于如何处理这一关系问题，人们形成了不同的国家理论和观念。马克思运用唯物史观在批判黑格尔国家观的基础上超越了国家与社会的二元分立思维方式，找到了一条从政治解放到人类解放的共产主义之路。因此，对于社会主义初级阶段的国家与社会之间关系的独特性理解是我们理解当代中国马克思主义国家理论的关键。从历史上来看，中国传统社会是国家与社的统一，并没有像西方近代社会那样呈现出国家与社会的二元分立状态，即公域和私域的分离状态。中华人民共和国成立之后，在苏联模

① 《邓小平文选》第3卷，人民出版社1993年版，第379页。

式社会主义影响下，我国通过建立高度公有化的所有制结构、高度集中的计划经济体制和高度行政化的单位体制等手段又形塑了国家与社会的同一，社会消融于国家之中，这实质上把私域消解了，或者说把私域消融于公域中了。这种国家与社会关系在社会主义国家的“非常时期”确实发挥了巨大作用，但是，也造成了一些消极影响，比如说泯灭了个人应有的独立人格和公权力的独大等，这实质上是与国家现代化相左的。随着我国十一届三中全会胜利召开，确立了解放思想、实事求是的思想路线，重新认识了国情，确认我国依然处于社会主义初级阶段，实现了工作重心的转移，大力推进改革开放，特别是提出了社会主义市场经济理论。这一切造成了我国国家与社会之间关系的根本性变革。社会主义初级阶段的国家与社会之间的关系呈现出适度分离的特点，这种分离要求我们改变邓小平所言的“大而全”政府以及“我们的各级领导机关”把该管和不该管的事情都管了的弊端，而应该把有些事情简政放权给社会。① 导致这种分离的根本原因在于我们的现代化建设。但是，社会主义初级阶段的国家与社会之间关系的分离不是根本性对立的，不是西方资本主义社会中那种国家与社会之间关系的根本性对立且不可调和的，这种分离和对立是非根本性的。在国家层面，这主要是因为我们确立了社会主义基本制度和人民民主专政，从而使国家利益和社会利益达到了高度一致；在社会层面，这主要是因为我们建立的市场经济是社会主义性质的，从而可以避免产生私有制条件下的各种异化现象。因此，社会主义初级阶段的国家与社会之间的关系虽然存在着差异性和对立性，但是，从性质上来看这种关系是和谐共生的，而且是符合中国国情的，并且在社会主义性质主导下国家将逐渐消融于社会，也就是说国家将走向社会国家，从而实现马克思所言的国家回归社会。因此，社会主义初级阶段

① 《邓小平文选》第 2 卷，人民出版社 1994 年版，第 328 页。

的国家与社会之间的关系决定了我国必须坚持无产阶级专政，还需要创造条件来促进社会性国家的发展，必须把重心置于国家的社会性拓展上面，其中，党的领导是决定性因素。故此，我们可以说社会主义初级阶段的国家与社会之间关系的特点决定了当代中国马克思主义国家理论的逻辑发展。

二 国家价值论

一般来说，价值是指客体对主体需要的满足和意义，它表达的是主客体之间的一种关系、性质和状态。国家作为一种社会政治现象，它也表现出对人的价值和意义，当然，这种价值和意义需要置于国家与社会之间关系的特定社会历史条件下来考量。国家的价值实质上就是国家作为政治现象诉求的政治伦理价值，也就是对国家的一种价值判断。在专制国家，由于国家与社会的同一，这导致国家吞噬了社会，从而国家成为人的异化之物，因此，人的个性自由完全泯灭。马克思在谈到希腊人时说“市民社会是政治社会的奴隶”①，谈到中世纪时讲“中世纪的各等级的全部存在是政治的存在，他们的存在是国家的存在”②。因此，专制国家凸显的是人对人的依赖性和人直接依附于国家。在资本主义国家，由于国家与社会的分离，一定程度上促进了“个人关系和个人能力的普遍性和全面性”，但是导致了“个人同自己和同别人的普遍异化”③，因此，这实质上是人的本质的“二元化”和“异化”，国家是人的异化的产物，这表现为一个阶级对另一个阶级的剥削和压迫。马克思对这两种国家是持批判态度的，由此，马克思确立了一种消亡国家的形式即共产主义社会。马克思认为，在共产主义社会和社会主义社会中，国家将“向人的存在即社会

① 《马克思恩格斯全集》第3卷，人民出版社2002年版，第91页。
② 《马克思恩格斯全集》第3卷，人民出版社2002年版，第91页。
③ 《马克思恩格斯全集》第46卷（上），人民出版社1979年版，第109页。

的存在的复归"[①]。因此，社会主义国家的价值诉求就是人的自由全面发展。

马克思的这一相关论述对当代中国马克思主义国家理论的价值阐发具有重要意义。马克思所阐发的国家价值要置于国家与社会之间的关系中来理解。同时，马克思还阐发了要把人的自由全面发展作为最终价值诉求等思想。我们要把这些思想与中国社会主义初级阶段的国家现实结合起来，特别是要与社会主义初级阶段的国家与社会之间的关系特点结合起来。因此，我们把马克思关于人的自由全面发展价值具体化为社会主义初级阶段国家的价值，为此，我们要做到普遍性和特殊性的辩证统一。这种价值的体现就是社会主义核心价值观，而社会主义核心价值观本质上是以建设性逻辑为主题的国家观来建构的，彰显的也是国家的建设性意义。

（一）社会主义核心价值观的实质是以人为本和以人民发展为中心的，凸显了人的自由全面发展价值

社会主义核心价值观的提出是与社会主义初级阶段的国家与社会关系紧密相关的。马克思在论述巴黎公社时就指出，人民是国家的"真正代表"，巴黎公社是"真正的国民政府"，所有措施"只能显示出走向属于人民、由人民掌权的政府的趋势"[②]。马克思也指出，"只有当现实的个人把抽象的公民复归于自身"，并且认识到政治力量和社会力量的统一，那么，人类实现解放才有可能成功。[③] 因此，马克思政治哲学本身就蕴含了人民的历史主体地位和促进人的自由全面发展。当代中国马克思主义国家理论实质上也彰显了人民的主体地位和以人民发展为中心的价值诉求，它是社会主义初级阶段国家与社会之间关系的反映。在社会主义初级阶段，由于国家与社会在一定程度上

---

① 马克思：《1844 年经济学哲学手稿》，人民出版社 2000 年版，第 82 页。

② 《马克思恩格斯选集》第 3 卷，人民出版社 2012 年版，第 107 页。

③ 《马克思恩格斯全集》第 3 卷，人民出版社 2002 年版，第 189 页。

处于分离阶段，也就是实现了公和私的领域分离。市场经济的发展促进了以公有制经济为主体的各类经济组织的发展，因此也促进了“现实的个人”在一定历史条件下的独立和自由发展，而这种个体经济地位的发展必然要充分反映在政治地位上，也就是需要政治层面来保障，所以，中国特色社会主义民主政治建设就是必然。这是对我国以往只强调国家与社会的同一所导致的各种偏差的一种纠偏。社会主义初级阶段国家主要涉及国家、社会和公民三个层面的价值诉求，因此，人的自由全面发展价值落实到社会主义初级阶段也就必然表现为国家、社会和公民的价值要求。国家层面的价值追求是富强、民主、文明、和谐，社会层面的价值追求是自由、平等、公正、法治，公民层面的价值追求是爱国、敬业、诚信、友善，这三者是辩证统一的，实质上体现的是以人为本和以人民发展为中心的价值诉求，凸显了人的自由全面发展。它深刻反映了当代中国的国家与社会之间关系的特点。

（二）社会主义核心价值观是当代中国马克思主义国家理论的价值核心

一个时代有其时代精神和时代价值观念。对于当代中国，同样需要解决坚守一个什么样的核心价值观问题。习近平就强调，在核心价值观上无法达成一致，那么，这个民族和国家“就无法前进”①。当代中国马克思主义国家理论的价值观就是社会主义核心价值观。习近平认为，国家治理现代化要推进建设，就必须对“社会主义核心价值体系和核心价值观”进行大力培育。② 为此，我们必须把这种核心价值观贯彻于中国特色社会主义国家理论和实践之中，这可以充分体现在我国的国体和政体上面。就国体而言，人民民主专政是我国的国体。人民民主专政国家政权的建立充分体现了国家性质的人民性，彰

① 习近平：《习近平谈治国理政》第1卷，外文出版社2018年版，第168页。
② 习近平：《习近平谈治国理政》第1卷，外文出版社2018年版，第106页。

显的是人民主体的价值理念。坚持人民民主专政就是要把国家一切权力归属于人民，扩大公民有序参与政治活动，共同维护国家社会的稳定和发展，充分彰显人民的知情权、参与权、表达权、监督权。就政体而言，中国社会主义根本政治制度和具体制度的落实也充分彰显了人民主体的价值理念。例如，协商民主制度实质上就充分彰显了人民当家作主，这一制度是我国特有的民主政治形式，在实践中展示出了独特优势。就治国理政的指导思想而言，包括习近平新时代中国特色社会主义思想在内的中国特色社会主义理论体系始终都强调以人民为中心的发展理念，注重建设中国特色社会主义民主政治制度。就党的执政理念而言，我党实现了从革命党到执政党的转变，从国家的统治、管理到治理的转变，这些转变都是根本观念和理念上的转变，表明了我党的执政理念深刻体现了立党为公和执政为民。因此，当代中国马克思主义国家理论深刻表现了以人为本和以民为本的价值诉求，特别是表现了在社会主义初级阶段的国家与社会之间关系中所体现出的特定历史条件下的社会主义核心价值观。

（三）人类共同价值是当代中国马克思主义国家理论的价值意蕴

人类共同价值实质上是社会主义核心价值观在世界历史中的现实性展开，它构成了当代中国马克思主义国家理论的普遍性价值意蕴。习近平总书记在2020年第七十五届联合国大会一般性辩论会上论述了“和平、发展、公平、正义、民主、自由的全人类共同价值”思想①。全人类共同价值是超越于西方普世价值的，是基于全球化时代人类公共实践活动的价值抽象。全人类共同价值本质上也是社会主义核心价值观在世界历史条件下的普遍性价值诉求的表达，也可以说是中国特色社会主义国家道路所呈现出的世界性意义或普遍性价值的表达。虽然当代中国马克思主义国家理论建基于社会主义初级阶段，但

① 《习近平在第七十五届联合国大会一般性辩论上发表重要讲话》，《人民日报》2020年9月23日第1版。

其处理的社会与国家关系问题不仅具有特殊性意义，也具有普遍性意义。因而，人类共同价值也是当代中国马克思主义国家理论的重要价值意蕴。我们不能因这一国家理论的特殊性，而忽视这一国家理论在特殊性中所透显出的普遍性意义。这恰恰是中国道路为世界贡献中国方案、中国智慧的具体体现，是中国式现代化新道路和人类文明新形态的具体体现。全人类共同价值作为当代中国马克思主义国家理论的普遍性价值意蕴，也充分体现了和平与发展时代主题条件下的国家的建设性逻辑主题。

三 国家性质论

马克思认为，国家性质是二重性的，即阶级性和社会性的，也就是说国家是阶级统治的工具，也是进行社会公共事业管理的工具。国家性质的二重性根源于国家起源的二重性，即阶级根源和阶级利益之根源以及公共社会生活之需要。国家的阶级性和社会性是辩证统一的。由于在不同的时代国家具有不同的任务和重心，因此，对马克思国家性质的强调重心也表现出了不同。在国家与革命时代，国家的阶级性是强调的重心，这是因为进行无产阶级革命必然需要凸显阶级矛盾以及国家所体现出的压迫性和剥削性，为此，国家的阶级性是充分渗透在一切政治活动之中的。但是在国家与建设时代，国家的社会性则是强调的重心，这是因为被统治阶级在夺取国家政权之后，面临着一个重大任务：砸碎旧国家机器之后，建设新国家并创造一切历史条件使得国家回归社会。为此，国家的社会性充分渗透在一切政治活动之中。当然，国家的革命和建设两个时期是紧密相连的，不是相互否定的，只是强调的重心有所差异而已。从本质上来看，国家性质是与国家与社会之间的关系联系在一起的，处于一定历史条件下的国家与社会之间关系的特点影响了对国家性质重心的理解。

中国特色社会主义国家还处于初级阶段，因而面临着重大的发展任务。因此，虽然国家性质呈现出阶级性和社会性的二重性，但其强调的重心则是对国家的社会性。这是与时代变迁、与马克思国家观的建设主题重心的转变紧密相关的。改革开放之前，社会主义国家性质虽然也呈现出阶级性和社会性，但是对阶级性强调得多些，这是与当时一定历史条件相关的，然而，这种对国家阶级性的强调也导致了阶级斗争思维盛行，甚至产生了“文化大革命”等错误。十一届三中全会之后，我们党实现了工作重心的转移，实现了由以阶级斗争为纲到以经济建设为中心、由革命党到执政党和由计划经济到社会主义市场经济的转变，这必然要求对国家性质的理解有一个新境界和新思路。因此，当代中国马克思主义国家理论实质上实现了国家性质的新理解。

（一）阶级性是中国特色社会主义国家基本性质

马克思在《1848 年至 1850 年的法兰西阶级斗争》一文中强调，无产阶级专政是一种过渡阶段，它就是要消灭一切阶级差别及建基于其上的一切生产关系、社会关系和观念。① 国家的阶级性在过渡阶段是具有根本性质的，因为还存在阶级存在的生产关系和观念等，而且无产阶级专政存在的目的是消灭阶级。中国特色社会主义国家还处于初级阶段，此时的社会主义是不够成熟和完善的社会主义，因此，实质上还是存在过渡阶段所具有的那种异化的生产关系、社会关系和观念。同时，中国特色社会主义国家还处于资本主义国家包围之中，虽然社会主义制度具有强大的生命力，而且社会主义因素在整个世界发展中是逐步增长的，但是，社会主义制度和资本主义制度将长期并存，这也是不争的事实。因此，就世界范围来看，国家阶级性依然是世界各国的一个主要特征。故此，坚持国家的阶级性就极为必要，坚持无产阶级革命专政也极为必要。邓小平于 1992 年南方谈话中明确

---

① 《马克思恩格斯选集》第 1 卷，人民出版社 2012 年版，第 532 页。

指出，马克思主义的一个基本观点是要依靠无产阶级专政“保卫社会主义制度”[①]。这表明我们无论是在夺取国家政权，还是在保卫和建设国家政权，都需要坚持国家的阶级性和无产阶级专政。虽然，我们实现了工作重心的转移，强调了以现代化建设为中心，根本上改变了压迫和剥削性质的社会生产关系，但是，我们不能就此否认国家的阶级性，甚至否认无产阶级专政。邓小平实际上在谈到整个社会主义时期是否始终存在某种阶级斗争问题时说，这包括许多理论上和实践上复杂和困难的问题，这需要根据具体情况去研究，决不能遵从教条主义。[②] 江泽民、胡锦涛和习近平等都坚持国家的阶级性认识。习近平反复强调，中国特色社会主义绝不是属于其他什么主义的，而只能是社会主义的。[③] 治国理政的根本，就是要坚持中国共产党领导和社会主义制度。因此，国家的阶级性实质上是中国特色社会主义国家的根本性原则，在这一点上我们不能犯根本性错误，否则，会犯下历史性错误。但是，坚持国家阶级性是在确立社会主义制度的历史条件下坚持的，这是为了巩固和发展社会主义制度的，是为了发展而建立稳定的社会秩序和国家安全的，而不能把其无限扩大化。因此，其深刻体现了国家的建设性逻辑。

（二）社会性是中国特色社会主义国家根本性质

十一届三中全会之后，我们实际上打破了国家与社会一体化模式，确立了国家与社会的适度分离模式。这本质上形成了国家与社会之间关系的新性质，也造成了社会主义初级阶段国家性质理解的可能性空间。造成这种可能性空间的根本原因是计划经济转变为市场经济以及革命党转变为执政党。就第一个转变来看，这意味着以公有制为主体的多种经济所有制的存在，意味着个人经济利益的凸显，意味着

---

① 《邓小平文选》第 3 卷，人民出版社 1993 年版，第 379 页。

② 《邓小平文选》第 2 卷，人民出版社 1994 年版，第 182 页。

③ 习近平：《习近平谈治国理政》第 1 卷，外文出版社 2018 年版，第 22 页。

建基于个人经济利益上的民主权利意识的萌发。总的来说就是市场经济发展导致了私域的产生，这必然要求我们党去处理和应对私域的开发所导致的各种利益和权利诉求。但是，我们也要看到私域的开发有利于个人自由的全面发展，这恰恰是马克思强调的国家消亡必须建立在社会的充分发达之上的观点。国家要回归社会，前提是社会要获得极大发展，那就是“现实的个人”应该获得自由而全面的发展，这是社会主义前提下的发展，是在真实的共同体中的发展，而不是异化为西方资本主义国家的那种个人主义和自由主义。因此，中国特色社会主义国家应该促进国家社会性的发展，这正是国家消亡的必然逻辑要求。实际上，这种国家与社会之间关系的新模式必然需要我们确立规范的国家制度，特别是建设中国特色社会主义法治国家来处理和规范国家与社会的关系。邓小平就反复强调建立民主法治的重要性。党的十五大报告提出了“依法治国”概念。党的十八大报告中也指出，要“更加注重发挥法治在国家治理和社会管理中的重要作用”①。党的十八届四中全会进一步把建设法治国家、法治政府和法治社会作为中国特色社会主义民主政治建设的重要目标。这实质上就是要把国家与社会之间的关系纳入一种制度规范之中来运作，实现良性互动。因此，这必然要求中国特色社会主义国家积极促进国家社会性的发展可能性空间。就第二转变来看，这意味着党的执政理念和执政方式等发生根本性变革，意味着要正确处理党和政府的关系、党和人民的关系、党和阶级的关系和党的自身建设等问题，总而言之就是要坚持和完善党的领导和中国特色社会主义制度。马克思认为，共产党始终代表的是整个无产阶级及其运动的利益。② 列宁对无产阶级政党学说作出了充分的阐释，他认为，在无产阶级上升为统治阶级、争取民主的

---

① 胡锦涛：《坚定不移沿着中国特色社会主义道路前进　为全面建成小康社会而奋斗》，《人民日报》2012 年 11 月 18 日第 1 版。

② 《马克思恩格斯选集》第 1 卷，人民出版社 2012 年版，第 413 页。

过程中，各阶级之间的“各政党的斗争”是最严整、完全和明显的，[①]“在通常情况下，在多数场合，至少在现代的文明国家内阶级是由政党来领导的”[②]。同样，对于建设时期来说，政党建设也是一个重要问题。在中国特色社会主义国家与社会关系中，存在一个领导核心因素，那就是坚持和完善中国共产党的领导。因此，政党、国家与社会之间的关系就是一个非常重要的问题。实质上，无论从历史还是现实来看，中国共产党都是国家与社会之间关系中的核心和领导因素，中国特色社会主义国家建立的是“政党推动型政体建构模式”[③]。这主要表现为：一是中国共产党的领导是中国特色社会主义国家的最大优势和特点。邓小平提出的“四项基本原则”中的一个原则就是要坚持党的领导，他明确强调，动摇了这一原则，那么，中国的现代化不可能完成。[④]习近平进一步指出，中国共产党的领导是中国特色社会主义最本质的特征，也是我国制度的最大优势。二是要完善党的领导。这要求重视党的制度建设，确立马克思主义新型政党制度，特别是要解决领导组织制度这一根本性问题。因此，我们在党与政府的关系上，要实行党政职能分开，但是职能分开并非是削弱党的领导，而是要加强和改善党的领导，党政都必须在宪法下活动；在党与人民的关系上，要坚持走群众路线，坚决反对脱离群众；在党与无产阶级的关系上，阶级利益的实现总是要通过本阶级的政党执政来完成，因为，党和阶级利益本质上是一致的，而非党超越于阶级之上。因此，这就需要坚持民主集中制，全面从严治党，保证党在宪法和法律范围下活动，加强党的监督，坚决防止党的肌体出现变质；在党与民主党派的关系上，强调党领导下的团结和合作关系等。所有这些关系，在

① 《列宁全集》第12卷，人民出版社2017年版，第127页。

② 《列宁全集》第39卷，人民出版社1986年版，第21页。

③ 参见罗许成《全球化与当代中国马克思主义国家理论的新发展》，浙江人民出版社2009年版，第105—137页。

④ 《邓小平文选》第2卷，人民出版社1994年版，第267—268页。

一定意义上都是中国共产党为适应中国特色社会主义国家建设性逻辑的需要而实现的执政方式和理念的转变，也是社会主义初级阶段特殊的国家与社会之间关系的反映。这实质上也体现了中国共产党促进国家的社会性发展，创造一切历史条件实现国家回归社会。这两个转变是紧密相连的，前一个转变是后一个转变的前提和条件。因为市场经济的形成必然会导致国家与社会之间关系的变迁，而国家与社会之间关系的变迁也必然会导致国家性质理解上的新变化，这一变化实质上是围绕国家的建设性逻辑而展开的。因此，在一定程度上讲，国家的社会性是我们国家的根本性质。

中国特色社会主义国家的阶级性和社会性不是分离的，而是统一的，这是由中国特色社会主义的总依据即社会主义初级阶段决定的。中国特色社会主义作为向共产主义发展的一个阶段和重要环节，它逻辑地必然地要趋向于共产主义。因此，在坚持国家阶级性的前提下，中国特色社会主义要创造条件实现“现实的个人”的自由而全面发展，实质上就是要努力促进国家回归社会。只有国家的社会性得到充分发展，那么，以阶级差别为基础的国家才能够逐渐消亡。故此，国家的社会性在以社会主义初级阶段为总依据的中国特色社会主义上具有根本性意义，而这恰恰也是马克思国家观和马克思主义国家学说的建设意义的体现。

四　国家职能论

国家职能，从根本上来看是由国家性质决定的。它主要是指国家承担什么样的职责和功能去实现国家的目标以及把国家的价值落实为现实，它主要解决的就是国家“干什么”的问题。马克思国家观认为，国家性质具有阶级性和社会性的二重性，那么，国家职能也表现为政治职能和社会职能的统一。但是，由于时代变迁导致了马克思国家观和马克思主义国家学说重心的迁移，国家职能也发生了重心的迁移，那就是在强调国家的基本政治职能前提下更加注重国家的社会职能。这种变化在中国特色社会主义国家职能中表现得极为突出，而这种国家职能的变迁是围绕国家的建设性逻辑而展开的。当然，中国特色社会主义国家职能也是与社会主义初级阶段国家与社会之间的关系紧密相关的。因此，中国特色社会主义国家建构了以建设性逻辑为核心的职能理论。

（一）政治职能

这是基本职能。政治职能实质上就是无产阶级专政职能，或者叫人民民主专政职能。政治职能的特点是强制性和压迫性。新中国成立之后的很长一段时间，由于国内外特殊的历史条件，我们对政治职能更注重。这一方面对巩固无产阶级国家政权、保卫社会主义国家和社会秩序的稳定和安全以及维护人民争取的权利等发挥了重要作用，但是另一方面对政治职能的过分强调导致忽视了国家的社会职能，从而导致了阶级斗争扩大化和常态化等错误。在当代中国，国家的政治职能围绕国家的建设性逻辑而展开。一是确保政权安全和社会稳定。改革开放之后，现代化建设成为国家建设的核心主题，它的有效开展需要走中国特色道路和坚持党的领导，需要坚持无产阶级专政的国家政权。没有社会主义国家政权的稳定和中国共产党的坚强领导，社会主义现代化建设是不可能实现的。因此，确保国家政权安全和社会秩序稳定是国家建设性逻辑展开的必要条件。邓小平反复强调，稳定是压倒一切的。[①] 因此，稳定成为邓小平之后的历代领导人关注的重点。如习近平曾经指出，党和国家的一项基础性工作就是要确保“国家安全和社会安定”[②]。而要完成这项工作，必然需要政治职能，需要动用包括军队在内的国家机器所具有的一切暴力工具实施专政和镇压职能。二是维护社会主体参与经济政治活动的正当合法权利，这是国家

① 《邓小平文选》第 3 卷，人民出版社 1993 年版，第 284 页。

② 习近平：《习近平谈治国理政》第 1 卷，外文出版社 2018 年版，第 202 页。

的建设性逻辑展开的重要条件。如果没有对社会主体权利的维护，那么社会活力是无法激发的。因此，对敌人的专政，实质上就是对人民的民主，这是一个事物的两个方面。社会主义初级阶段国家与社会之间关系是适度分离的，这意味着个人的现实的社会性权利是获得张扬的，而个人的社会性权利的张扬恰恰促进了中国特色社会主义国家的发展，因此，这必然要求国家行使政治职能去维护个人的现实的社会性权利。三是积极开展民主政治建设。政治职能的实践并非只强调压迫性和镇压性职能，这只是其中的一个方面。还有另外一个方面，就是政治职能的实践更重要的是促进民主政治发展。邓小平认为，没有民主就没有社会主义，也不会有社会主义现代化，[①] 这是国家的政治职能的一个重要内容，就是要发展民主。习近平也明确指出，“人民民主是中国共产党始终高举的旗帜”[②]。因此，不能一谈国家的政治职能，就否认民主；我们也不能一谈民主政治，就削弱国家的政治职能。这两种错误观点都是对国家政治职能理解的偏差。因此，我们要全面地、准确地去理解它。

（二）社会职能

这是根本职能。由于中国特色社会主义国家还不是高度发达的社会主义国家，国家并没有实现马克思所言的真正回归社会，国家与社会之间依然存在着各种分离。因此，中国特色社会主义国家的一个重要任务就是要积极促进国家的政治职能逐渐削弱，让国家的一切权力回归社会。故此，对当代马克思主义国家理论而言，对国家的社会职能重视就具有极为重要的意义。中国特色社会主义国家职能实质上就是以国家的建设性逻辑来建构的，具体表现在以下几个方面：一是经济建设职能。社会主义国家是建立在高度发达的生产力基础上的，没有物质财富极大涌现很难说是实现了社会主义。邓小平对社会主义本

---

① 《邓小平文选》第2卷，人民出版社1994年版，第168页。

② 《十八大以来重要文献选编》中，中央文献出版社2016年版，第59页。

质的界定中就突出了生产力的标准。[①] 因而，他认为，贫穷不是社会主义。此后，我们提出了实现“两个一百年”等目标，这些目标的实现很显然需要生产力发展。因此，经济建设职能可以说是国家的社会职能的重心。二是文化建设职能。社会主义国家不仅需要高度发达的物质文明，而且也需要高度发达的精神文明，也就是需要满足人民群众不断增长的精神文化需要。正如习近平在中共十九大报告中指出的，“文化是一个国家、一个民族的灵魂”，因此，坚持中国特色社会主义文化发展道路和建设社会主义文化强国就成为必然要求。为此，要坚持马克思主义在我国意识形态中的指导地位，确保我国意识形态安全，防范资本主义意识形态的渗透；要在各个领域和层面积极培育社会主义核心价值观，大力推进文化建设以有效实现社会主义现代化建设。三是社会治理职能。如何管理社会主义国家问题，马克思主义经典作家由于缺乏实践经验，因而阐释不多。但是，他们留下了原则性论述。马克思就指出，国家职能中存在公共社会管理职能。在社会主义初级阶段国家与社会之间处于适度分离状态下，如何协调和处理国家与社会之间的关系，实质上就是如何处理党和政府的权力与社会个体的权利关系，这是一个非常重要的问题。我们经历了从统治、管理到治理方式的转变，这种转变实质上是我们党对国家的社会职能认识的变化。国家统治是革命时期的主要特点，国家管理则是“除了统治阶级利益的需要之外，它还是社会发展的需要，它担负着维持社会正常运转的功能，在表面上看来是为了社会的公共利益服务”[②]，国家治理体系和治理能力现代化则是习近平在十八届三中全会上提出的新理念。国家治理实质上是要求马克思所言的“社会共和国”理念的一种体现，也就是主张在党政主导下的国家、社会、公民等协同治理，打破了以往的单一治理主体思维方式。国家治理的主体

---

① 《邓小平文选》第3卷，人民出版社1993年版，第373页。

② 王浦劬：《政治学基础》，北京大学出版社2001年版，第186—187页。

是党政主导下的多元化主体，目标是要将政治统治转变为社会自治，最终实现社会的自主治理，从而消除国家这个“祸害”。如马克思在评价巴黎公社时指出的那样，人民把“国家政权重新收回”，消除压迫性的力量，从而实现自己的社会解放。[①] 四是生态文明建设职能。人与自然之间的关系处理得恰当与否，这深刻关涉到人类命运和发展前途。生态文明建设则是对人类处理人与自然关系历史经验教训的理论总结和理论表达。马克思恩格斯等经典作家其实对生态文明建设有大量的论述，这些论述是站在历史唯物主义高度来阐释的。党的十八大报告把生态文明建设表述为中国特色社会主义建设总体布局中的重要一环。因此，生态文明建设也就成了中国特色社会主义国家的重要职能。这也是社会性职能的重要内容。

（三）全球发展职能

政治职能和社会职能，在一定角度上都是从中国特色社会主义国家职能的特殊性意义上探讨的。但是，我们还需要从中国特色社会主义国家职能的一般性意义上来探讨。所谓国家职能的一般性意义，是指从世界历史角度来探究中国特色社会主义国家职能，也就是说中国特色社会主义国家是中国历史转变为世界历史的重要推动环节和中介，应该具有全球发展职能。因此，中国特色社会主义国家职能本身就内蕴着解放人类和世界的历史使命和责任，负有推动全球发展的职能。之所以如此，第一，实现人类解放是马克思主义的内在本质要求。马克思主义创造了唯物史观和剩余价值学说，深刻揭示了人类社会发展规律，指明了“人类探索历史规律和寻求自身解放的道路”[②]。马克思主义作为中国特色社会主义国家的指导思想，除了实现自身的发展职能之外，实质上也负有实现马克思主义的人类解放的历史使命。第二，人类命运共同体理念的提出实质上是对马克思世界历史思

---

① 《马克思恩格斯选集》第 3 卷，人民出版社 2012 年版，第 140 页。

② 习近平：《在纪念马克思诞辰 200 周年大会上的讲话》，《求是》2018 年第 10 期。

想和人类解放思想的具体表达。习近平总书记提出了人类命运共同体理念，强调要把“世界各国人民对美好生活的向往变成现实”[①]。为此，中国提出了“一带一路”、全球发展倡议等各项促进全球发展、落实人类命运共同体理念的具体举措。第三，中国共产党的历史使命是着眼于胸怀天下。习近平总书记在中国共产党与世界政党高层对话会上的主旨讲话中就明确指出，“中国共产党是为中国人民谋幸福的党，也是为人类进步事业而奋斗的党”，“中国共产党所做的一切，就是为中国人民谋幸福、为中华民族谋复兴、为人类谋和平与发展”。[②] 中国共产党百年奋斗的历史经验之一就是“坚持胸怀天下”，强调“大道之行，天下为公”[③]。因此，全球发展职能是中国共产党执政的重要职能。第四，中国式现代化新道路和人类文明新形态的创造本质上也是中国特色社会主义国家职能对人类社会所做的普遍性意义表现。总之，把握中国特色社会主义国家职能不能忽略全球发展职能，这是国家职能在世界历史向度上的普遍性意义。

五　国家发展论

国家发展理论是马克思主义国家学说的重要组成部分。马克思在《论犹太人问题》中就谈到了从传统到现代的国家发展思想。马克思把国家发展与人的解放联系起来，并把人的解放区分为政治解放和人类解放的依次递进的两个阶段。后来马克思在论述从资本主义社会转变为共产主义社会期间存在一个过渡时期即无产阶级革命专政阶段，并指明了无产阶级革命专政国家的基本原则。马克思认为，无产阶级首先要争取民主，使自己成为统治阶级，建立无产阶级专政国家，在

① 习近平：《习近平谈治国理政》第 3 卷，外文出版社 2020 年版，第 433 页。

② 习近平：《习近平谈治国理政》第 3 卷，外文出版社 2020 年版，第 436 页。

③《中共中央关于党的百年奋斗重大成就和历史经验的决议》，人民出版社 2021 年版，第 68 页。

此基础上进一步发展生产力，进而为过渡到共产主义社会创造历史条件。马克思不仅对西欧发达资本主义国家发展为共产主义社会进行了研究，而且也对落后的亚洲东方国家如俄国如何从一个经济文化落后国家“跨越”式发展并过渡到共产主义社会提出了自己的独特看法。实际上，马克思的历史唯物主义揭示了人类社会发展本质及其规律，不论是“三形态说”还是“五形态说”，都可以说是广义的国家发展理论，当然，马克思的国家发展理论最终是要趋向于消亡国家并建立自由人联合体。马克思的国家发展思想在此后的马克思主义者中得到继承和发展。列宁的“一国胜利论”以及“直接过渡”和“迂回过渡”思想，实质上就是对马克思国家发展理论与俄国革命和建设实际相结合的产物。此后，中国的社会主义革命、建设和改革的理论等都是对马克思主义国家发展理论与中国具体实际相结合的产物。总结从理论和实践来看，我们可以发现国家发展理论的实质就是要回答如何建立社会主义和怎样建设社会主义这一重大问题。那么，中国特色社会主义国家发展理论实质上也是要回答这一问题。马克思主义国家发展的核心价值就是要消亡阶级，从而消亡国家，达成人的自由而全面发展的最终目标。那么，对于中国特色社会主义国家发展理论的核心来说，也应该是人的自由而全面发展，实质上也就是以人民为中心的国家发展。由于当代中国面临的历史任务，中国特色社会主义国家发展必然把重心置于建设性逻辑基础之上，而不是像中国社会主义没有确立之前那样把重心置于革命性逻辑基础之上。

（一）中国特色社会主义国家发展的依据

要理解任何一个民族和国家发展，都必须把握其所处的历史方位和国情。只有理解自己所处的历史方位和国情，才可以真正把握国家发展的实质和依据。中国的国家发展是基于社会主义初级阶段的科学判断之上的。由于我国社会主义是在经济文化比较落后的半封建半殖民地基础上建立起来的，因此，中国社会主义与马克思所言的社会主义发展水平相比存在很大差距。故此，中国实质上是不合格的社会主义，还处于社会主义的初级阶段，而且还是最大的发展中国家。此后党的中央领导集体都始终认为社会主义初级阶段是我国的最大国情，也是我们考虑治国理政的依据。党的十八大报告认为，中国特色社会主义的总依据是社会主义初级阶段。党的十九大报告进一步指出，虽然社会主要矛盾发生了变化，中国特色社会主义进入新时代，我国处于实现第二个百年奋斗目标即实现中华民族伟大复兴的新发展阶段，但是，中国社会主义初级阶段和最大的发展中国家的地位并没有发生改变。因此，中国特色社会主义国家发展的依据应该是社会主义初级阶段。

（二）中国特色社会主义国家发展的理念

我国改革开放之前主要强调把阶级斗争与发展联系起来，虽然也提出了“向大自然开战”的号召，但总体上而言阶级斗争意味要浓些。改革开放之后，邓小平确立了中国特色社会主义道路，强调以经济建设为中心来展开工作，并把实现社会主义现代化作为主要目标。所以，发展是硬道理实际上就是国家发展的理念。此后中国经济社会呈现出快速发展的局面，但是，也出现了城乡差距扩大、生态环境破坏严重、发展重物轻人等问题。因此，以胡锦涛同志为总书记的党中央提出，科学发展才是硬道理，这实际上是国家发展理念的新提升。党的十八大以来，以习近平同志为核心的党中央提出了新发展理念。这一发展理念深刻回答了国家发展什么及其怎样发展等问题。共享发展理念回答了国家发展的目的，创新发展理念回答了国家发展的动力问题，协调、绿色、开放发展理念回答了国家发展的方法论问题。因此，新发展理念实质上是中国特色社会主义国家发展理念的一次重大创新，是关系着中国特色社会主义国家发展全局的一场深刻变革，是对人类社会发展本质及其规律的深刻揭示和认识深化，也可以说是对以往我国发展理念的承继和发展。故此，我国的国家发展理念可以说越来越趋于成熟，但是，其依然将随着实践的创新而进行理论的创新。

（三）中国特色社会主义国家发展的战略

国家发展不仅表现为理念，而且还表现为具体的发展战略安排。这里的国家发展战略可以表现为时间和空间两个维度。就时间维度来看，中国特色社会主义国家发展战略表现为发展阶段的战略规划。邓小平最先提出了“三步走”战略，这一战略的第一步和第二步我们已经完成，也就是已经解决了温饱和基本小康问题。江泽民在党的十五大上进一步对这一战略的第三步进行了细化，形成了21世纪中国国家发展战略的“新三步走”战略，这一战略分为21世纪的头十年、建党一百年以及建国一百年三个阶段，并规定了各阶段的历史任务。[①]习近平在十九大报告中对2020年到21世纪中叶的国家发展战略作出了划分两个阶段的战略安排：第一个阶段是从2020年到2035年，基本实现社会主义现代化；第二个阶段是从2035年到本世纪中叶时，把我国建成社会主义现代化强国。就空间维度来看，中国特色社会主义国家发展战略表现为内容上的扩展和深化。邓小平提出了实现社会主义现代化的国家发展战略目标，这个目标包含了物质文明和精神文明等内容。胡锦涛提出了建设经济、政治、文化和社会等“四位一体”的国家发展战略布局。习近平在党的十八大上进一步把“四位一体”国家发展战略布局扩展为“五位一体”，其中增加了生态文明建设。实际上，党的十八大以来既形成了宏观方面的“四个全面”战略布局以及“四个伟大”战略布局等，也形成了微观方面的乡村振兴战略、创新发展战略、区域协调发展战略等，这些实质上都是对国家发展战略的丰富和发展。时间维度和空间维度的国家发展战略是紧密相连的，它们共同建构成中国特色社会主义国家发展战略，促进

---

① 中共中央党校教务部编：《十一届三中全会以来党和国家重要文献选编》（一九七八年十二月——二〇〇七年十月），中共中央党校出版社2008年版，第338页。

了国家发展。

（四）中国特色社会主义国家发展的道路

国家发展还包括如何发展的问题，也就是道路问题。很显然，这条道路只能是坚持和发展中国特色社会主义道路，因为只有走这条道路，才能真正发展中国。事实也充分证明，当代中国取得一切进步的根本就在于坚持和发展了这条道路。这条道路包含了制度、理论体系和文化三个方面的内容，我们必须始终要坚持对这条道路的自信和自觉。另外，还有一个最重要的方面就是要坚持中国共产党的领导，因为中国共产党的领导是中国特色社会主义的本质特征和最大优势。

总之，国家发展依据回答了中国特色社会主义国家发展的必然性，国家发展理念和国家发展战略回答了中国特色社会主义国家发展的内容，而国家发展道路回答了中国特色社会主义国家发展的方法。故而，国家发展的依据、理念、战略和道路是一个有机的整体，具有内在的逻辑关系。当然，这一国家发展理论是开放的，不是封闭的。但究其实质而言，这一国家发展理论实质上是马克思主义国家发展理论与当代中国实践和时代要求相结合的产物，它也充分体现了国家的建设性逻辑。

六　国家动力论

对于“什么是中国特色社会主义，怎样建设中国特色社会主义”问题的回答，必然要落实到国家的发展动力问题上来。对“什么是中国特色社会主义”这一问题的回答必然要涉及以生产力为核心的发展，没有生产力的高度发达，很难说清楚中国特色社会主义的性质。因此，“搞社会主义，中心任务是发展社会生产力”①。“怎样建设中国特色社会主义”问题表明了目标已经确定，那么必然要回答“从

① 《邓小平文选》第3卷，人民出版社1993年版，第130页。

何处着手”这一问题。邓小平说，目标明确了，从何处着手呢？那么，关键是要“尊重社会经济发展规律”，并实行对内改革和对外开放。[①] 因此，改革开放成为发展生产力的动力，也是国家发展进步的动力。这种观点是对马克思主义国家学说中国化的重要成果。马克思的唯物史观认为，生产力的发展是最根本动力。而实现解放生产力和发展生产力的最根本的动力是社会革命，也就是生产关系和上层建筑的革命性变革，即采用革命手段推翻旧秩序和建立新秩序。但是，马克思的社会基本矛盾实际上还蕴含着另一个方面，那就是对生产力和生产关系以及经济基础和上层建筑之间矛盾的调适和调整，并使得两对基本矛盾相互适应，其实也是解放和发展生产力。由于马克思所处时代的限制以及实践的短缺，因此，对解放和发展生产力的后一方面含义阐发不多，但是，这一思想却对推动国家的发展进步具有重要意义。后来，列宁所实践的“新经济政策”等实质上就是在保持社会主义性质的前提下，对两对社会基本矛盾的调适和调整，从而促进了国家发展。因此，改革开放成为推动中国特色社会主义国家发展进步的动力。

（一）改革开放是当代中国人民进行的一场新的革命

革命不仅仅表现为生产关系和上层建筑的根本性变革，或者阶级斗争式的暴力革命（这当然对推动社会形态的转变和上升具有重大意义）。但是，革命本身只是手段，其目的在于解放和发展生产力，从而促进人类社会国家的发展。因此，我们可以把扫除阻碍生产力发展的各种创新、变革、改革和革新等都称为革命，只是这里的革命是广义的革命，这种革命不是暴力的阶级斗争方式，而是通过改革开放的方式进行的。在社会主义条件下，生产力和生产关系以及经济基础和上层建筑之间是基本相适应的，但是它们之间也存在不适应和矛盾的

---

① 《邓小平文选》第3卷，人民出版社1993年版，第117页。

地方，因此，通过改革，可以解决这些矛盾，激发社会活力，从而促进国家发展。邓小平认为，发展生产力是非常重要的革命方式之一，其中，改革上层建筑和体制就是革命，其目的是铲除社会生产力发展的各种障碍。为此，邓小平把改革开放称为中国的第二次革命，而且认为这是一场广泛而深刻的革命，是一场新的革命。此后的中央领导集体都继承和发展了邓小平关于改革是革命的思想。如习近平就认为，改革开放是新的伟大革命，而且是当代中国的“最鲜明的特色”以及我们党的“最鲜明的旗帜”①。由此，习近平提出了全面深化改革的历史性任务，强调改革要具有“自我革新的勇气和胸怀”。习近平还直接把改革作为破解发展难题、挑战和风险的动力，以及把当代中国发展进步取得的一切成就归因为改革开放。实践证明，只有改革开放，才能发展中国、社会主义和马克思主义。② 因此，改革开放是推动我国社会发展进步的根本途径和动力。

（二）改革开放实质上是社会主义制度的自我完善和发展

这表明了改革开放的两个方面的内涵。一是改革开放是社会主义性质的，不是其他什么主义性质的。为此，我们需要坚持正确的方向。邓小平强调，社会主义性质决定了我们要坚持公有制为主体以及不搞两极分化。③ 以江泽民和胡锦涛为代表的中央领导集体都强调改革开放方向是社会主义性质的，强调绝不走“邪路”和“老路”。习近平也指出，我们必须对方向问题保持头脑清醒，这一方向只能是“社会主义制度自我完善和发展”，而非对这一制度的“改弦易张”④。习近平认为，最关键和核心的就是要坚持和完善党的领导以及中国特色社会主义制度。⑤ 当然，我们讲“完善和发展”并不是就否认局部

① 习近平：《习近平谈治国理政》第1卷，外文出版社2018年版，第86页。
② 习近平：《习近平谈治国理政》第1卷，外文出版社2018年版，第71页。
③ 《邓小平年谱》，中央文献出版社2004年版，第1069页。
④ 《习近平关于全面深化改革论述摘编》，中央文献出版社2014年版，第15页。
⑤ 《习近平关于全面深化改革论述摘编》，中央文献出版社2014年版，第18页。

的革命性变革。邓小平就承认，一定程度的革命性变革在一定范围内发生是可以的。① 在根本方向和性质上，我们决不能犯颠覆性错误。二是改革开放的内涵。由于改革开放是对社会主义制度的完善和发展，因此，改革开放的内涵应该说是非常丰富的。对此，邓小平曾经指出过，改革开放的内容就是对内改革，对外开放。邓小平之后的中央领导集体对改革开放的内容实践是极为广泛和丰富的，涉及经济、政治、文化、社会、生态以及党建等各个领域和方面，并且呈现出系统性、综合性的特点。故此，习近平在第十八届三中全会中就提出了全面深化改革的新理念和国家治理现代化的新论断。因此，改革开放实质上也可以说完善和发展了中国特色社会主义国家制度。

（三）改革开放的重大意义

改革开放是促进国家发展的基本途径和根本动力。因此，它具有重大意义。其一，改革开放是决定当代中国命运的关键一招。当代中国所取得的巨大成就必然要归功于改革开放，没有改革开放，当代中国的发展绝没有今天的成就。因此，邓小平强调，改革开放要坚持一百年不动摇，如果放弃了改革开放，回到十一届三中全会以前的状态，中国根本就没有出路。改革开放对当代中国命运的决定性意义在此后的中央领导集体中得到不断强调。十八大以来，我们党提出了高举改革开放大旗的新概念，并进一步指出，改革开放是实现中华民族伟大复兴的关键一招。其二，改革开放开辟了发展中国家向发达国家转变的新途径、新道路。传统国家向现代国家，或者经济文化落后国家向发达国家的转变，往往通过暴力手段来实现，这种国家发展方式实质上是建立在对别国的剥削和压迫基础之上的。通过改革开放，中国从一个经济文化相对落后的发展中国家做到了巨大发展和进步，综合国力、经济实力和科技实力等各方面大幅度跃进，中国人民正在逐

---

① 《邓小平文选》第3卷，人民出版社1993年版，第142页。

步实现自己对美好生活的期望。这实质上创造了一条有别于资本主义发达国家成长历史的新路。因此，改革开放作为国家发展动力，对发展中国家发展进步具有极为重要的启示和价值。其三，改革开放“提供了治国理政、解决国内社会矛盾的新模式、新经验”①。如何治理国家问题，是古今中外的国家管理者面临的共同问题，特别是对社会主义国家的治理。由于缺乏足够的实践经验，包括中国在内的社会主义国家治理问题是一个难题。西方国家的治理危机不断，造成了各种严重的社会和国家问题。但是，中国通过改革来变革各种体制机制，进一步完善和发展各种基本制度，从而形成了比较有效的国家治理机制。改革开放四十多年的事实充分证明了这一点。在总结我们以往治国理政经验的基础上，十八届三中全会提出了完善和发展中国特色社会主义制度、推进国家治理体系和治理能力现代化建设的全面深化改革总目标，强调从社会主义治理角度来化解社会矛盾和促进经济社会发展，可以说提供了治国理政的新模式和新经验。

总之，改革开放是国家发展进步的动力，而它实质上是围绕国家的建设性逻辑展开的，也就是说开掘了如何建设的动力机制。故此，改革开放对当代中国马克思主义国家理论具有极为重要的意义，它实质上揭示了当代中国马克思主义国家理论的动力理论。

七 国家制度论

当代中国马克思主义国家理论的价值、性质、职能和治理等都必须转化为具体的国家制度，因为制度才是管“根本性、全局性、稳定性和长期性”② 的东西。国家制度是对调整各种生产关系、利益关系和社会关系等规则的规范化、程序化、法制化，揭示了生产力与生产

① 余品华：《试论我国改革开放的重大意义及影响》，《思想理论教育导刊》2016年第7期。

② 《邓小平文选》第2卷，人民出版社1994年版，第333页。

关系、经济基础与上层建筑的辩证统一关系。中国特色社会主义制度实质上指的就是国家制度，它是马克思主义国家理论与当代中国实践相结合的产物，它也是人类社会国家制度发展的重要组成部分。经过改革开放几十年的发展，中国特色社会主义制度已经大致形成，但实际上与邓小平所要求的“在各方面形成一整套更加成熟更加定型的制度”要求还存在一定差距。因此，习近平提出了“国家治理体系和治理能力现代化”的概念，并指明其根本目的在于完善和发展中国特色社会主义制度。总结我国制度建设取得的成果，就会发现其实质上主要是围绕国家的建设性逻辑而展开的，并非是侧重于国家的革命性逻辑而展开的。

（一）中国特色社会主义制度的生成逻辑

党的十八大报告中指出，中国特色社会主义制度是坚持和发展中国特色社会主义的根本保障。习近平认为，中国特色社会主义制度尽管还“不是尽善尽美、成熟定型的”，但却是“特色鲜明、富有成效的”①。那么，中国特色社会主义制度是如何形成的呢？中国特色社会主义制度绝不是“飞来峰”，它的生成具有内在的逻辑。就合规律性而言，这一制度的生成是符合规律和符合实际的。习近平认为，这一制度的生命力是从中国的“社会土壤中生长起来”的。② 中国特色社会主义制度的生成有其理论基础，最直接的理论基础就是马克思主义和科学社会主义，而中国传统社会的治国理政思想也是这一制度的重要思想渊源，这一制度也是对中国社会主义革命、建设和改革实践的抽象和概括。中国特色社会主义制度的形成大概经过了以下几个阶段：一是初步探索阶段。这一阶段，以毛泽东为代表，我国确立了社会主义基本制度及其框架，例如人民民主专政的国体和人民代表大会

① 习近平：《习近平谈治国理政》第 1 卷，外文出版社 2018 年版，第 10 页。

② 习近平：《在庆祝中国人民政治协商会议成立 65 周年大会上的讲话》，《人民日报》2014 年 9 月 22 日第 2 版。

制度的政体等。这一阶段的探索和实践给中国特色社会主义制度奠定了政治前提。二是基本框架形成阶段。以邓小平为代表，我国确立了中国特色社会主义，并明确了以经济建设为中心来开展社会主义现代化建设，因此，围绕现代化建设主题建构了一系列经济政治等体制。三是制度的深化和发展阶段。以江泽民和胡锦涛为核心的中央领导集体确立了社会主义市场经济体制，建立了社会主义基本经济制度等。四是体系化阶段。这一阶段主要是指“十八大”以来的时期。党的十八大报告明确把中国特色社会主义制度概括为坚持和发展中国特色社会主义的根本保障。十八届三中全会提出了国家治理现代化新概念。通过党和人民的艰苦努力，我国已经建成了“特色鲜明、富有成效”的中国特色社会主义制度。当然，这一制度还需要进一步丰富和发展。从上述中国特色社会主义制度的历史发展来看，这一制度的形成实质上是马克思主义中国化的必然结果，它是切合中国社会现实的。就合目的性而言，中国特色社会主义制度是符合人民的意愿和人民的利益的，也是中国人民主动选择的结果。习近平对此有过“鞋子论”① 说明，就深刻地表明了这一点。中国特色社会主义道路和制度是历史和人民选择的结果，因为只有中国特色社会主义才能够发展中国。改革开放四十多年来，中国经济实力和综合国力得到大幅提升，人民生活水平得到大幅提升，中国国际地位得到大幅提升。其中，特别是党的十八大以来中国取得的历史性成就使得中国特色社会主义进入了新时代，我们距中华民族伟大复兴的距离越来越近。因此，中国特色社会主义制度实质上是符合最广大人民群众的根本利益的，因而，合规律性和合目的性的统一构成了这一制度的生成逻辑。

（二）中国特色社会主义制度的内容逻辑

在探究了生成逻辑之后，我们还需要深入研究这一制度的内容体

---

① 习近平：《习近平谈治国理政》第1卷，外文出版社2018年版，第273页。

系，而它的内容体系的建构很显然是围绕一个核心逻辑而展开的。这一核心逻辑表现为中国特色社会主义制度的建设性逻辑主题，而内容体系则表现为经济、政治、文化、社会、生态和党建“六位一体”的中国特色社会主义制度体系，另外还包括实现建设性逻辑的强大制度执行力。第一，中国特色社会主义制度的建设性逻辑主题。这一主题的确立主要基于以下原因。一是党和国家中心工作的转移。十一届三中全会之后，我们党和国家确立了以经济建设为中心的指导思想，提出主要任务是进行现代化建设，这促进了中国经济社会的发展和进步。进入新时代之后，党和国家的新使命就是要实现中华民族的伟大复兴。因此，建设性逻辑也必然是我们党和国家的主题。二是中国特色社会主义制度的生成逻辑实质上也表明了中国特色社会主义是基于建设性逻辑的，而非是基于革命性逻辑的。三是党从革命党到执政党的转变。中国共产党从从事阶级斗争夺取国家政权的党转变为执掌政权的党，那么，作为执政党的实践活动和理论活动必然也要围绕如何建设中国特色社会主义国家而展开。因为只有建设好国家，才可以更好地实现党的使命。四是从国家与时代的关系来看，国家实质上也是以建设性逻辑为重心的。第二，以建设性逻辑为主题而展开的“六位一体”的制度内容体系。一是经济制度体系，主要包括以公有制为主体、多种所有制经济共同发展的社会主义基本经济制度和社会主义市场经济体制等，通过这些制度建设来促进解放生产力和发展生产力，从而建设一个富裕中国。二是政治制度体系，主要包括人民民主专政、人民代表大会制度、民族区域自治制度、中国共产党领导的多党合作和政治协商制度、基层群众自治制度以及“一国两制”等制度，也包括具体的行政管理体制等。这一政治制度体系实质上就是要建立人民当家作主制度体系的社会主义民主政治，从而建设一个民主中国。三是文化制度体系，其根本目标就是要建设社会主义文化强国，增强国家文化软实力，从而建设一个文化中国。四是社会制度体系，其根本目标就是要建设社会主义和谐社会，建设一个活力中国，促进社会公平正义和建构有效的社会治理体系以及良好社会秩序，从而建设一个和谐中国。五是生态文明制度体系，其主要目标是推进人和自然的和谐共处，建设一个美丽中国。六是党的建设制度体系，深化全面从严治党，使得中国共产党成为实现“两个一百年”的坚强领导核心，从而建设一个廉洁中国。实际上，我们可以对“六位一体”的中国特色社会主义制度进一步划分为国家制度体系和国家治理体系两个层面。国家制度体系强调的是关于社会生产关系、国家权力及其结构和国家组织等宏观层面的制度安排，解决的是“组织国家、建构制度、协调人与自然、人与国家、人与社会以及人与人的基本关系”等的内在协调与统一；而国家治理体系强调的是推动经济社会发展的具体体制机制等中观和微观层面的“制度安排和制度运行”，体现为“各治理主体合作与共治”。国家制度体系是根本性的和基础性的，但是，国家治理体系是决定性的和关键性的。如果没有国家治理体系，则国家制度体系亦很难达到成效。[①] 因此，上述六个方面的制度是紧密相连的，形成了一个有机整体。第三，实践建设性逻辑的中国特色社会主义制度能力。一个民族和国家不仅要有国家制度，还需要国家制度的执行能力，而不是让制度仅仅成为国家的“橡皮图章”式东西，否则国家制度就会失效，国家也将失效。学者福山在分析“失败国家”的原因基础时认为，国家能力或者制度能力对于国家发展具有至关重要的作用，弱国家或者弱制度实质上是很多国家失败的根本原因。[②] 从世界各国历史发展来看，福山的观点是有一定道理的。制度能力也是中国特色社会主义制度的本质属性，而从实践所取得的

---

① 参见赵宇峰、林尚立《国家制度与国家治理：中国的逻辑》，《中国行政管理》2015 年第 5 期。

② 参见［美］福山《国家建构：21 世纪的国家治理与世界秩序》，黄胜强、许铭原译，中国社会科学出版社 2007 年版。

成就来看，我们不得不承认中国的制度是强大和富有成效的。这种制度能力主要表现为中国共产党执政能力的强大，也表现为中国特色社会主义制度符合国情民意，符合实际和规律。

（三）中国特色社会主义制度的特点和优势

中国的制度具有有别于其他国家制度的特点和优势。就这一制度的特点而言，社会主义性质和中国特色是其主要特点。一是社会主义性质是中国特色社会主义制度的根本性质。习近平反复强调，中国特色社会主义制度是社会主义性质的制度，而绝不是自由主义性质的国家制度，或者其他什么性质的国家制度。一个民族和国家选择什么性质的国家制度，这是由这个国家所面临的历史性课题决定的。我们的历史性课题就是民族独立和人民解放以及国家富强和人民富裕两大历史性任务，前一历史任务已经完成，后一历史任务正在完成中并且只能依靠中国特色社会主义来完成。二是中国特色是中国特色社会主义制度的基本特点。任何一个民族和国家的制度都是立足于本民族实际的。因此，中国特色社会主义制度也是在“我国历史传承、文化传统、经济社会发展的基础”① 上长期进步演化的必然结果，故而，民族性必然是这一制度的特点之一。就其优势而言，中国共产党的领导、制度的先进性和制度的生命力是其主要优势。一是中国共产党的领导。习近平就指出，中国共产党的领导就是中国特色社会主义的最大优势和特点。这是实践得出的结论。二是制度的先进性。中国特色社会主义制度是以揭示了人类社会发展规律的马克思主义作为指导思想的，它也借鉴了中外各种国家制度的经验。因此，中国特色社会主义制度有着比其他制度更好的先进性。三是制度的生命力。一个制度的生命力如何，主要取决于其实践的成效和推进国家所面临的历史性任务的效果。实践证明，中国取得了巨大的成就，并且有效推进了发

① 习近平：《习近平谈治国理政》第 1 卷，外文出版社 2018 年版，第 105 页。

展中国的重大历史任务。因此，实践充分证明了这一制度的生命力是旺盛的。正是基于这一制度的特点和优势，我们必须坚持中国特色社会主义制度自信。

总之，中国特色社会主义制度构成了当代中国马克思主义国家理论的国家制度。当然，这一制度不是封闭的，而是开放的；不是建成性的，而是建构性的。因此，我们要坚持中国特色社会主义制度自信，在实践创新和理论创新的良性互动中进一步发展中国特色社会主义制度。

八 国家治理论

“完善和发展中国特色社会主义，推进国家治理体系和治理能力现代化”是党的十八届三中全会提出的全面深化改革的总目标，其关键词就是国家治理。这一总目标是马克思国家观、马克思主义国家学说与当代中国实践和时代要求相结合的产物，是马克思主义国家理论的一次重大创新，是对共产党执政规律、社会主义建设规律、人类社会发展规律的认识推进的一个新境界。因此，可以说前述的国家基础论、国家价值论、国家性质论、国家职能论、国家制度论、国家发展论和国家动力论等都是对国家治理现代化的阐释，都是要落脚于国家治理现代化的。这是从国家治理现代化的宏观视角来考察的。但是，国家治理现代化也包括政治国家治理的运行机制等内容。因此，本书在此处则试图从国家治理的运行机制层面来探究。我们说，中国特色社会主义国家性质决定了其国家职能，那么，国家职能背后的权力和权利是如何良性互动和运动的呢？因此，这就需要我们继续探究中国特色社会主义国家权力和权利的工作机制和基本原则。这要求我们探究中国特色社会主义国家治理理论，而这种治理理论与社会主义初级阶段国家和社会之间的关系是紧密相关的。可以说正是社会主义初级阶段国家与社会之间的关系决定了中国特色社会主义国家治理的根本原则。从中国特色社会主义治理实践来看，民主原则、法治原则和治党原则是根本性原则，三者的良性互动共同推进了国家治理。

（一）国家治理形成的基础

中国社会主义国家治理发展经过了四个阶段：一是新中国成立之后的国家统治阶段，二是十一届三中全会之后的党政主导下的以经济建设为中心的国家管理阶段，三是党的十六大后形成的服务型政府阶段，四是党的十八大后形成的国家治理现代化阶段。这四个发展阶段的逐渐演变是与中国社会发展紧密相关的，特别是与国家和社会之间的关系由同一到分离的演变相关联的。改革开放以来的社会发展给中国特色社会主义国家治理形成了良好基础，如市场基础、社会基础和法治基础等。正如习近平在十八届三中全会报告中指出的那样，改革开放三十五年来，中国在各个领域的体制和制度建设取得了巨大成绩，并且还首次强调了市场在配置资源中起到的“决定性作用”的理念，这表明我们形成了国家与社会关系的新判断和新认识。就市场基础而言，社会主义市场经济体制已经初步建立，中国市场化程度大幅度提高，这意味着市场经济活动的主体性得到激发。就社会基础而言，市场经济的发展必然导致整个社会出现转型升级，也就是说市场经济所彰显的主体意识觉醒，这必然导致整个社会发展的多元化而要求社会治理水平的提高，特别是要求社会公共性职能增多，而要求政府权力由无限变为有限。就法治基础而言，市场经济天然就是法治经济，没有法治和契约精神，市场经济是无法建立的。因此，社会主义法治国家建设在改革开放之后的中国特色社会主义国家建设中获得了极大发展。公民和社会的法治意识和法治思维得到了较为充分的发展。就党建基础而言，党的伟大工程建设始终是我党关注的重点，这要求坚持和改善党的领导，建构中国特色社会主义党建理论体系。比如江泽民提出的“三个代表”重要思想、习近平提出的全面从严治党思想等。这里谈到的市场基础、社会基础、法治基础和党建基础等实质上都是从国家与社会关系中生发出来的。因此，我们可以说中国特色社会主义国家治理实质上是根源于它的国家与社会之间的关系。

（二）民主是国家治理的根本保障

其一，实现人民民主是中国特色社会主义国家的价值诉求。民主和专政是统一的，不能只讲专政而忽视了民主，实质上而言，人民民主是中国特色社会主义的本质属性。邓小平曾经说过，对多数人实行高度民主，才能够真正做到对少数人进行有效专政。① 这表明民主与专政并不是冲突的，而是相互作用的。党的十七大报告指出，人民民主是“社会主义的生命”，我们应该把其作为奋斗的目标。② 党的十九大报告把人民当家作主视为“社会主义民主政治的本质特征”③。因此，实现人民民主是国家治理的价值目的。其二，由于公私领域分离，这就造成了经济利益多元化、社会主体意识的觉醒等，这必然导致以往传统的党政统治主体之外出现了其他非政府组织和公民等主体。因此，这种多元主体的存在必然需要一种民主化机制来调节各主体之间的利益、权利差别和矛盾。这其中党政主体是占据主导地位的。其三，国家治理主体的多元化必然需要有别于以往的党政主导的统治和管理模式，而应该采取民主协商方式，也就是说民主必然成为国家治理的重要方式。其四，中国特色社会主义国家是在国家的建设性逻辑之下展开的，因此，民主实质上是实现社会主义现代化建设的重要保障。邓小平就深刻指出过，没有民主，实际上就没有现代化。④ 邓小平甚至还强调过，政治体制改革的成败直接影响到我们改革事业能否成功。⑤ 习近平进一步指出，没有民主，实际上也就不可能有中

① 《邓小平文选》第2卷，人民出版社1994年版，第373页。

② 中共中央党校教务部编：《十一届三中全会以来党和国家重要文献选编》（一九七八年十二月——二〇〇七年十月），中共中央党校出版社2008年版，第742页。

③ 习近平：《决胜全面建成小康社会　夺取新时代中国特色社会主义伟大胜利》，《人民日报》2017年10月28日第1版。

④ 《邓小平文选》第2卷，人民出版社1994年版，第168页。

⑤ 《邓小平文选》第3卷，人民出版社1993年版，第164页。

华民族伟大的复兴。[①] 所以，民主实质上是促进社会主义现代化建设的，更是实现中国梦的重要保障。其五，民主的实质是实现人民当家作主，维护最广大人民的根本利益。这是人民民主专政的题中应有之义，也是毛泽东政治哲学的核心价值追求。邓小平继承了毛泽东的思想，他指出，应该把制定一切政策的“出发点和归宿”立足于“最广大人民的利益和愿望”[②]。习近平也认为，人民当家作主必须贯彻到社会政治生活的一切方面，而绝不是口号或空话。[③] 当然，这种民主形式可以是丰富多样的，既可以是选举和投票等直接民主，也可以是协商民主，这是我国民主的两种重要形式。[④] 在这里，还涉及党内民主和人民民主之间的关系，我们党大力提倡党内民主，并以党内民主带动人民民主。总之，上述论述实质上是围绕国家的建设性逻辑而展开的民主建设。

（三）法治是国家治理的必然要求

民主是中国特色社会主义国家的本质属性，那么，如何确保民主得到有效落实呢？很显然，法治是民主的保障，民主是法治的必然要求。对于国家治理来说，法治是其必然的要求。新中国成立之后，有很长一段时间对于法治是轻视的，把法律作为资产阶级法权排斥掉了。改革开放之后，民主法治建设获得大力发展。邓小平认为，要保障人民民主就必须加强“法制”，而且要达至民主的制度化和法律化。[⑤] 习近平提出了建设法治国家、法治政府和法治社会的目标。十八届四中全会决定提出了全面依法治国的理念。从“法制”到“法

---

① 转引自中共中央宣传部《习近平总书记系列重要讲话读本》（2016 年版），学习出版社、人民出版社 2016 年版，第 163 页。

② 中共中央宣传部编：《讲学习讲政治讲正气》，学习出版社 1996 年版，第 296 页。

③ 转引自中共中央宣传部《习近平总书记系列重要讲话读本》（2016 年版），学习出版社、人民出版社 2016 年版，第 170 页。

④ 转引自中共中央宣传部《习近平总书记系列重要讲话读本》（2016 年版），学习出版社、人民出版社 2016 年版，第 171 页。

⑤ 《邓小平文选》第 2 卷，人民出版社 1994 年版，第 146 页。

治”的变化，本身也就表明党的执政理念的提升。因此，社会主义法治建设成为国家治理的主题和内在要求。其一，法治原则是社会主义市场经济运行的内在要求。市场经济天然就是法治经济，没有法治的市场经济，只能成为野蛮和混乱的场所。其实，国家、市场和社会的分离，本身就要求对各种社会关系和经济利益关系进行规范，很显然，这种规范化必然表现为法治化，而且只有法治化才可以真正实现国家和社会之间关系的稳定和有序。其二，民主与法治的一致性。社会主义民主和社会主义法治本质上是一致的，二者不可分离。邓小平认为，过去我们在民主和法制方面是做得不足的，现在对这两个方面“都应该加强”①。实际上，民主与法治是一个硬币的两面。其三，法律面前人人平等。公平和平等是法律的基本精神，任何人在法律面前都没有特权，都是普通的公民，必须坚持立法、执法、司法、守法各个方面的平等。这里的平等实质上也包括任何政党和政府也没有特权，都必须在宪法和法律范围内活动。党和政府必须做到依法执政和依法行政。习近平就反复强调党员领导干部要遵从宪法和确立法律权威，培养法治思维方式。其四，法治最终目的是要实现国家长治久安，推进中华民族伟大复兴的中国梦。邓小平认为，从整个大局来看，必须加强法制建设。② 习近平把全面依法治国与全面建成小康社会、社会主义现代化建设和中华民族伟大复兴的中国梦等联系起来。当然，社会主义法治建设还包括党内法规建设，党内法规与国家法律是紧密联系在一起的，二者共同构成了社会主义法治建设的重要内容。同时，我们也要深刻把握法治原则与坚持党的领导和人民当家作主之间的辩证关系，三者实质上是统一的，不可偏废。总之，法治是实现中国特色社会主义国家治理的必然要求。

---

① 《邓小平文选》第2卷，人民出版社1994年版，第189页。

② 《邓小平文选》第3卷，人民出版社1993年版，第163页。

（四）治党原则是国家治理的核心

中国特色社会主义国家是无产阶级专政性质的国家。中国共产党的领导是中国特色社会主义的最大优势和特点。因此，国家治理必须坚持中国共产党的领导核心和地位，也需要治国必先全面从严治党。其一，要正确处理党和政府、市场、社会的关系。政府代表的是公权力，市场和社会代表的是私权利，而党实质上是无产阶级的先锋队组织。但是，在中国特色社会主义国家中，中国共产党是领导和组织公权力的，因此，中国共产党始终是处于领导核心地位和主导地位的。我们不可以因为私权利的张扬而否认党的领导核心，当然，我们也不可以党取代政府，而要实行党政职能的分开。其二，要正确处理人民当家作主、依法治国和坚持党的领导之间的关系，这三者之间是有机统一的。其三，要改善党的领导。因为社会主义市场经济体系的不完善，各种体制机制还没有健全，因此，这会导致资本逻辑对公权力的侵蚀和公权力的异化，故此，我们要努力提高执政能力和水平，保持党的先进性和纯洁性。其中关键就是要全面从严治党，全面从严治党重在“全面”和“严”二字，要建立治党的长效机制。当然，实现国家治理的关键是要提高党的治理能力现代化水平。

总之，中国特色社会主义国家治理必须坚持民主、法治和治国必先全面从严治党的原则，必须始终坚持中国共产党的领导核心作用，实质上是中国共产党领导下社会主义民主法治建设的有序推进。

第二节　当代中国马克思主义国家理论的内在逻辑结构

当代中国马克思主义国家理论的内涵是极为丰富和广博的，而且它也将随着实践的发展而发展。但是，我们可以把当代中国马克思思主义国家理论主要概括为国家基础论、国家价值论、国家性质论、国家职能论、国家发展论、国家动力论、国家制度论和国家治理论八论，这八个方面内容是紧密联系的，也是有机统一的。可以说，这八个方面内容建构了当代中国马克思主义国家理论的整体性。那么，我们必然需要进一步追问当代中国马克思主义国家理论究竟具有什么样的内在逻辑结构。从结构学视角来看，任何一个理论体系必然具有一个逻辑主题，由此逻辑主题的内在矛盾发展推动并生发出其他诸多概念、范畴和原理的思想系列，在这些思想系列中建构出具有严密逻辑的整个理论体系。同样，从结构学考察当代中国马克思主义国家理论的具体内涵，也必然表现为一种内在逻辑结构。当代中国马克思主义国家理论的主题是建设性逻辑，它制约和支配着当代中国马克思主义国家理论逻辑结构中的诸因素和诸内容，而这些因素和内容则是围绕建设性逻辑主题展开阐发和论述的，从而建构了当代中国马克思主义国家理论的内在逻辑结构。

一　当代中国马克思主义国家理论的核心范畴

当代中国马克思主义国家理论的核心范畴是什么呢？要回答这一问题，我们就必然需要理解当代中国马克思主义国家理论是在什么样的逻辑主题下展开的，从而才能够精准把握其核心范畴。当代中国马克思主义国家理论是在中国特色社会主义伟大实践中形成的，实质上是马克思主义国家学说中国化的产物，它深刻体现了马克思国家观在时代变迁条件下从革命主题重心迁移至建设主题重心。从一定程度上来说，当代中国马克思主义国家理论本质上就是建设主题的马克思国家观和马克思主义国家理论在当代中国的理论表达。因此，当代中国马克思主义国家理论的逻辑主题应该是建设性逻辑，而绝不是革命性逻辑。当代中国马克思主义国家理论是从国家与建设之间的关系来建构当代中国国家理论的，而绝不是从国家与革命之间的关系来建构当代中国国家理论的。当然，国家与建设之间的关系是从国家与革命之间的关系基础上发展起来的，因此，国家与建设之间的关系实质上蕴含了国家与革命之间的关系。但是，国家与建设之间的关系超越和发展了国家与革命之间的关系，也就是说建设性逻辑是革命性逻辑的深化和发展。因此，当代中国马克思主义国家理论必然说明的是中国建设性逻辑。1941 年，毛泽东在《改造我们的学习》一文中就提出要研究中国革命的逻辑的历史任务，反对那种理论脱离实际的非马克思主义学风。[①] 那么，随着时代变迁，研究中国建设的逻辑也就必然成为建构当代中国马克思主义国家理论的主题。

但是，建设性逻辑主题并非就是核心范畴。如果把当代中国马克思主义国家理论的建设性逻辑主题当成核心范畴，这实质上是混淆了逻辑主题和核心范畴。因为当代中国马克思主义国家理论是从中国社会现实性中抽象出来的，必然蕴含着社会实践主体的内在目的性。而对美好生活的向往则体现出了当代中国马克思主义国家理论的实质和价值诉求，这才是其核心范畴。习近平总书记在十八届中央政治局常委同中外记者见面时鲜明地揭示了这一点，“人民对美好生活的向往，就是我们的奋斗目标”[②]。“美好生活”的含义极为丰富和深刻。其一，从中华民族和中国人民来看，美好生活是我们的始终追求和不懈努力的方向。然而，由于中国近代社会沦落为半殖民地半封建社会，中国人民实际上是生活于水深火热之中，过着的是屈辱的生活。所以，中国共产党带领中国人民经过艰辛努力，探索了一条实现美好生活的社会主义道路。正是对美好生活的追求和向往，才促使中国人民克服了一个又一个难以想象的困难，夺取了一个又一个胜利的奇迹。其二，从马克思主义来看，马克思主义的根本目的就是实现无产阶级解放和人类解放，最终达至每个人的自由发展是一切人自由发展的前

---

① 《毛泽东选集》第 3 卷，人民出版社 1991 年版，第 798 页。

② 习近平：《习近平谈治国理政》，外文出版社 2014 年版，第 3 页。

提的“自由人联合体”，这显然是美好生活的最高境界。其三，从党的奋斗来看，中国共产党成立的初心就是为了解救人民和民族于水火之中，实现国家富强、民族振兴、人民幸福，实质就是要实现人民的美好生活和达至共同富裕。这是中国共产党人的初心，也是中国共产党人奋力前行的“核心动力”。“美好生活”的实现需要经过革命性逻辑和建设性逻辑才能实现，这恰恰反映了“美好生活”与时代的关系。革命性逻辑确立了“美好生活”的基本政治前提、制度前提和物质基础，而建设性逻辑则关乎“美好生活”的落实。当代中国马克思主义国家理论则是“美好生活”这一核心范畴在建设性逻辑的开展下的铺展。

二 当代中国马克思主义国家理论的内在逻辑

既然当代中国马克思主义国家理论的核心范畴是美好生活，那么，其是如何通过建设性逻辑来实现美好生活的呢？具体而言，国家基础论回答了当代中国马克思主义国家理论在当代中国实现美好生活的依据，也可以说是回答了“为什么”问题；国家价值论、国家性质论、国家职能论、国家发展论、国家动力论和国家制度论回答了当代中国马克思主义国家理论在当代中国实现美好生活的内容，也可以说是回答了“是什么”问题；国家治理论则回答了当代中国马克思主义国家理论在当代中国实现美好生活的方法论，也可以说是回答了“怎么样实现”问题。这三者构成了一个具有内在联系的逻辑整体。

第一，依据。当代中国马克思主义国家理论开展的依据必然是社会主义初级阶段，这是其立论的基础和前提，也是我们建设美好生活的逻辑前提和基础。对于社会主义初级阶段的性质和地位，十一届三中全会以来的一切方针、政策和路线可以说都是基于此；十一届三中全会以来形成的中国特色社会主义理论体系也是基于此；当代中国取得的一切进步的前提也是基于此。社会主义初级阶段是我们党和国家贯彻国家的建设性逻辑的前提。但是，有种观点认为，党的十八大以来我们国家取得历史性成就，这使得社会主要矛盾发生了转变，从而使得中国特色社会主义进入新时代。因此，这种观点认为中国特色社会主义建设的基点发生了变化。这是一种错误的观点。新时代中国特色社会主义依然处于社会主义初级阶段发展的大逻辑之中，“新时代”只是表明中国特色社会主义处于由不同发展阶段构成的社会主义初级阶段中的较高阶段而已，并没有表明新时代中国特色社会主义就脱离了这一大逻辑，这本身也表明新时代的国家建设性逻辑并不是能随意跨越发展的历史条件的。实际上，党的十八大和十九大都是对社会主义初级阶段的总依据具有高度自觉意识的，也是高度强调的。因此，社会主义初级阶段作为中国特色社会主义的总依据，也是当代中国马克思主义国家理论开展美好生活的建设性逻辑的依据。

第二，内涵。美好生活的内涵是极为丰富的，它需要建设性逻辑在各方面展开和拓展。国家价值论、国家性质论、国家职能论、国家发展论、国家动力论和国家制度论等构成了当代中国马克思主义国家理论的具体内容，实质上也揭示了美好生活的国家建设性逻辑的各层面展开，但是其内涵又可以分为两个层次，即基础理论内涵和应用理论内涵。就基础理论内涵而言，国家价值论和国家性质论等建构了国家的基础理论。社会主义核心价值观决定了当代中国马克思主义国家理论的价值论基础，实质上揭示了“应当”问题，或者是理想的当代中国问题。国家的阶级性和社会性的辩证统一则深刻反映了基于社会主义初级阶段国家与社会之间关系之上的中国特色社会主义国家的性质，国家性质实质上决定和支配着中国特色社会主义国家的其他要素。然而，实际上国家价值论和国家性质论是紧密相连的，它们分别从价值层面和性质层面规定了国家建设性逻辑。就应用理论内涵而言，国家职能论、国家发展论、国家动力论和国家制度论则是在国家价值论和国家性质论前提下的具体展开，也可以说是国家建设性逻辑在国家的应用理论层面的铺展，也揭示了美好生活核心范畴在国家建设性逻辑上的具体展开。当代中国马克思主义国家理论的基础理论层面和应用理论层面是紧密相连的，这两方面共同建构了当代中国马克思主义国家理论的具体建设性逻辑，但是，这种建设性逻辑的具体展开则是美好生活核心范畴的国家层面的显示。

第三，方法。建设美好生活涉及如何建设问题，那么，这就涉及了国家治理论。国家治理论的核心就是要实现国家治理体系和治理能力现代化建设，它深刻揭示了中国特色社会主义现代化强国建设的方法。当代中国所取得的巨大成就和进步，除了得益于改革开放，还有就是我们形成的一套中国社会主义国家治理体系。没有国家治理体系和治理能力上的发展，很显然，中国特色社会主义国家不可能取得如此大的成就，建设性逻辑的开展则会遇到迟滞。因此，无论是从理论和实践来看，还是从历史和现实来看，国家治理体系和治理能力现代化所建构的国家治理论都是当代中国马克思主义国家理论的重要部分，这是当代中国马克思主义国家理论的鲜明的创新和发展之处。

总之，当代中国马克思主义国家理论是在建设性逻辑主导下的以美好生活为核心范畴的辩证推展，从其八个方面共同形塑了当代中国马克思主义国家理论。

第六章

当代中国马克思主义国家理论的特征

当代中国马克思主义国家理论是在面向“中国问题”的过程中形成的，体现了时代发展和实践需要。它是具有中国化范式特质的。作为指导实践的理论指南，它拥有比其他国家理论更鲜明的理论特点，具体而言表现为：现实性维度的理论视域、建设性逻辑的理论主题、走向社会国家的理论内容、政治经济学的理论方法和综合创新性的理论资源五个方面。

第一节　现实性的理论视域

当代中国马克思主义国家理论的鲜明特点，首先体现在国家理论视域上正从理想性维度迁移至现实性维度。所谓现实性维度就是当代中国马克思主义国家理论注重立足于社会政治生活的现实性规范，强调从现在来看未来和过去；而理想性维度则是当代中国马克思主义国家理论注重立足于社会政治生活的理想性建构，强调从未来看现在和过去。当然，当代中国马克思主义国家理论不是不讲理想性维度，只是相较而言，当代中国马克思主义国家理论更关注现实性维度。

一 理想性国家理论视域的困境

马克思国家观是事实性和价值性的辩证统一。但是，由于历史发展条件的限制，马克思更多的是在对资本主义国家的批判性中建构其国家理论。我们可以从马克思文本中处处看到批判性。由此，这造成了一种印象，那就是马克思所建构的国家理论是理想性的。因此，后来的实践者在很大程度上是以马克思理想性的国家理论规范现实国家的，这必然造成了一种困境。理论上而言，理想性的国家理论就是让现实性屈服于理想性，让理想性成为国家建构的主导原则，这必然导致一种教条主义和形式主义。就实践上而言，这种理想性国家理论建构原则在实践上往往表现为超越社会现实的国家实践。例如新中国成立之后出现的那种“一大二公”以及大跃进等现象，还有以阶级斗争为纲的“文化大革命”。苏联东欧社会主义国家之所以瓦解，一个很重要的原因就是它们建立了一种超越自身社会现实的高度集权的经济政治体制，也就是说在一定程度上它们的国家观实质上是以理想性原则来建构的。究其根本原因，它们困于抽象思辨的世界，囿于历史唯心主义。马克思实质上对抽象思辨的哲学是极力批判的，特别对那种观念理论体系鞭挞有力。困于抽象思辨的世界，必然导致世界与人的脱离，世界成为没有人的生活的虚假和空洞世界。以一种观念来建构现实，必然会消解掉活生生的社会现实中的人。马克思认为，人并非是“抽象蛰居”的存在物，人实质上就是“人的世界，就是国家，社会”[①]。这表明，抽象思辨的世界实质上远离了人，当然也远离了国家和社会的实质。因此，理想性原则建构的国家实质上是历史唯心主义的表现。实际上，马克思也强调国家理论建构的理想性，但是，他所注重的是基于社会现实的理想性，而不是一种脱离现实的理想性

① 《马克思恩格斯选集》第1卷，人民出版社2012年版，第1页。

或者对资本主义国家批判性上的理想性。共产主义社会是一种高远的理想性原则生成的，但是，这种共产主义社会是基于对人类社会发展规律的认识和把握之上的，也就是基于科学和真理之上的。这与单纯以理想性原则来建构国家理论是有本质区别的。

二　现实性的维度的建构

当代中国马克思主义国家理论是以现实性原则来建构的。这里的现实性原则，主要表现就是以中国问题为核心展开的中国理论。从理论上来看，马克思实际上对以现实性原则建构社会主义国家是有充分阐释的。马克思在《哥达纲领批判》中就论及了共产主义社会的第一阶段。他认为，这一阶段是带有资本主义社会的“旧痕迹”的。但是，在这个社会通行的依然是“调节商品交换（就它是等价的交换而言）的同一原则”，而这一原则是属于资产阶级的原则。可是，这一原则在共产主义社会第一阶段则在“内容和形式都改变了”“原则和实践在这里已不再互相矛盾”了。因此，马克思认为，共产主义社会第一阶段所具有的“弊病”将是“不可避免的”，因为权利不可能超越于一定历史发展条件。[①] 马克思的论述，实质上揭示了一种以现实性原则建构社会主义国家的理论，而不是用高远的共产主义社会原则来建构现实国家。但是，马克思认为，共产主义社会第一阶段是趋向于共产主义社会高级阶段的。当代中国马克思主义国家理论则恰恰是依据社会主义初级阶段的社会现实来建构的。因为经济文化落后，即中国社会主义国家的基础和前提并没有与马克思所认为的建立共产主义的条件相当。因此，这也就决定了当代中国马克思主义国家理论不可能超越社会现实来建构，而需要基于一种现实性原则来展开。正是由于此，邓小平明确指出，中国社会主义处于社会主义的初

---

① 《马克思恩格斯选集》第3卷，人民出版社2012年版，第364页。

级阶段，实现现代化是我们的最大政治。由于处于初级阶段，所以，社会基本矛盾在总体上没有根本矛盾的基础上依然存在许多不协调和矛盾之处，这只能通过改革和建设来解决。因此，当代中国马克思主义国家理论的建构强调的是现实性原则，是以中国问题为核心的。如果脱离了现实性原则来建构中国国家理论，那么必然会造成各种不可避免的灾难。当然，当代中国马克思主义国家理论的建构并没有否认理想性原则，也就是说当代中国马克思主义国家理论本质上是马克思主义的和社会主义的，因此，马克思主义的最终价值诉求即人的自由而全面发展作为一种理想性目标，可以对社会现实中的国家的各种缺陷和不足加以范导和指引。因此，我们可以说理想性原则构成了当代中国马克思主义国家理论的一种补充性原则。如果说我们仅仅关注了现实性原则，而忽视了理想性原则，那么，当代中国马克思主义国家理论的建构就有可能变质；如果仅有理想性原则，而没有现实性原则，那么，当代中国马克思主义国家理论的建构就有可能成为一种纯客观主义。因此，现实性原则和理想性原则在当代中国马克思主义国家理论建构中是统一的，但是，理想性原则一定是现实性的，也就是说由现实性原则来赋予过去和未来以意义。理想性原则的意义和价值，在一定程度上是取决于其对现实生活具有何种意义和价值。因此，我们在建构当代中国马克思主义国家理论时，就不可拿那种远离了中国社会现实，或者是超越了初级阶段的理想原则来建构。中国特色社会主义国家的理论和实践是紧紧围绕社会主义初级阶段这一个现实而展开的，同时，在此基础上张扬社会主义性质。

第二节　建设性逻辑的理论主题

当代中国马克思主义国家理论的主题是建设性逻辑，这一主题贯彻于中国特色社会主义伟大实践的始终。当然，这种建设性逻辑是在革命性逻辑基础上发展起来的，与革命性逻辑是一种承继关系，但却超越了革命性逻辑，其实质上反映了国家与时代的关系。建设性逻辑的理论主题实际上也是现实性维度的理论视域所必然导致的，因为中国社会主义国家处于初级阶段，而要达至真正意义上的社会主义和共产主义，很显然，在通过革命确立社会主义制度之后，必然需要通过建设性逻辑来创造实现真正意义上的社会主义和共产主义所需要的一切历史条件。

一　“最大政治”与建设主题的确立

当代中国马克思主义国家理论无疑是肇始于十一届三中全会以来的中国特色社会主义实践的。建设性逻辑主题的确立，实质上取决于三个主要判断。第一，时代主题的判断。邓小平对战后世界发展形势做出了和平和发展是时代主题，革命和战争不再是时代的主流的认识。这一认识具有重大意义。和平和发展的时代主题表明，发展和建设国家是世界各国的主要任务和重要使命。实际上，我们从战后世界各国发展状况来看也是如此。经过惨烈的二战之后，世界各国人民期盼和平、稳定和发展成为一种主流，当然，这并不是否认在局部地区仍存在战争和革命。国际无产阶级革命运动在这种和平和发展的时代主题之下也进入了高潮期前的相对缓和阶段。第二，历史方位的判断。这里的方位是指中国社会主义发展处于何种阶段上。对此，邓小平创新性地指出，中国社会主义处于社会主义初级阶段，还是不合格的社会主义，与西方发达资本主义国家比较起来在很多方面还是存在差距的。因此，我们要充分发挥社会主义制度的优越性，促进生产力的发展，而这一制度的优越性恰恰就在于比资本主义国家能够促进更高生产力的发展。第三，中国大局的判断。社会主义现代化建设是我们的“大局”，就是“最大政治”。邓小平说，现在有个大局要多讲，就是要把我国建成现代化的社会主义强国，[①] 这就是“我们当前最大的政治”[②]。如果抓不住这个大局，邓小平说，“不从这个实际出发，就是脱离马克思主义，就是空谈马克思主义”[③]。邓小平这一大局观的确立实质上揭示了改革开放之后党和国家工作的中心和重心。后一个判断实质上是建基于前两个判断基础上的，也是前两个判断的逻辑发展的必然。因此，社会主义现代化建设这一“最大政治”的实现必然需要有别于通过革命夺取政权（革命性逻辑主题）的建设性逻辑主题，这一主题也是实现中华民族伟大复兴的内在要求，是实现真正意义上的社会主义社会的内在要求，它深刻反映了最广大人民的根本利益。

二　改革开放以来中国人民对建设性逻辑的探索和实践

建设性逻辑确立之后，中国人民进行了一系列探索和实践。中国特色社会主义理论体系深入开拓了邓小平开创的国家建设性逻辑，建构了当代中国的国家理论。第一，“三个代表”重要思想对当代中国马克思主义国家理论的探索。这主要表现在以下几个方面：一是强调了无产阶级政党在中国社会主义建设中的地位和作用。江泽民强调，办好中国事情的关键取决于党自身。这实质上揭示了中国特色社会主义国家理论的一个最大特点。党的坚强领导是国家建设性逻辑展开的强有力保障。二是提出了建设社会主义政治文明，强调“依法治国”和“以德治国”相结合。这表明了建设性逻辑在社会主义国家建设的方略出现了重大变化。三是逐步实现国家回归社会的思想。马克思主张，国家是异化于社会的，那么，最终国家是要回归于社会的。“三个代表”重要思想实质上阐明了党和国家的一切方针、路线和政

---

① 《邓小平文选》第 2 卷，人民出版社 1994 年版，第 4 页。
② 《邓小平文选》第 2 卷，人民出版社 1994 年版，第 163 页。
③ 《邓小平文选》第 2 卷，人民出版社 1994 年版，第 163 页。

策都要代表人民的最根本利益以及要立足于社会公共性。这本质上就是要把国家的建设性逻辑奠基于社会性之上，反对国家权力超越于社会之上。由此，“三个代表”重要思想对国家职能、国家权力、国家制度和国家发展等始终坚持以人民为主体，当然，以人民为主体与坚持党的领导并不矛盾。因此，“三个代表”重要思想是“党在探索中国特色社会主义建设的时代主题下，实践马克思国家观关于具体国家如何通过无产阶级专政的国家形式，从不发达社会主义国家过渡到发达社会主义国家的基本理论创新，也是当代中国无产阶级政党在治理和建构现代国家的实践中的指导思想上的创新”①。第二，科学发展观对当代中国马克思主义国家理论的探索。科学发展观深刻洞察了国家发展的根本性问题，是建设性逻辑在新时期中的进一步展开：一是揭示了社会主义国家发展的本质是以人为本。人的自由而全面发展是马克思国家观的最终价值诉求。只有实现人的自由而全面发展，马克思所倡导的人类解放才可以实现。以人为本的科学发展观表明我们党对“三大规律”的认识达到了一个新的高度。二是拓展了社会主义现代化建设的内涵。例如，生态文明建设拓展了现代化的具体内容。社会主义和谐社会的提出，更是表明了马克思关于国家回归社会思想在中国的实践，这具有重大的理论和实践意义。“人民民主是社会主义的生命”论断的提出，表明我国现代化政治建设的内涵进一步拓展，由此，我们党把实现人民民主作为完善和发展中国特色社会主义国家制度的根本价值所在。三是拓展了建设性逻辑的方法论。建设性逻辑的展开需要一种方法论，也就是中国特色社会主义国家治理如何开展的问题。科学发展观实质上揭示了统筹兼顾的方法论，这是对我们党治国理政实践的总结和提升。当然，科学发展观对马克思主义国家理论的新视野是各方面的，这里只就其主要方面而言。第三，习近

① 罗许成：《全球化与当代中国马克思主义国家理论的新发展——一种国家治理的视角》，浙江人民出版社 2009 年版，第 36—37 页。

平新时代中国特色社会主义思想对当代中国马克思主义国家理论的探索。这一思想深刻阐明了中国特色社会主义国家建设的各个方面，其中突出的就是提出了国家治理现代化的新概念，这是马克思主义国家理论的重大创新。习近平认为，“国家治理体系和治理能力是一个国家制度和制度执行力的集中体现”。国家治理体系和治理能力这二者是紧密相连的。国家治理表明了中国特色社会主义国家性质的阶级性和公共性的辩证统一，也表明了对国家职能从统治、管理到治理的新的理解。因此，这实质上是建设性逻辑在新时代中国特色社会主义中的新拓展。

总之，当代中国马克思主义国家理论实质上是以建设主题为重心的马克思国家观中国化的产物，其凸显的理论主题是建设性逻辑。

第三节　走向“社会国家”的理论内容

社会主义性质决定了当代中国马克思主义国家理论性质和发展趋势。社会主义是以人的自由而全面发展为价值诉求的，最终是要消亡阶级，并进一步消亡国家，从而实现国家回归社会，也就是实行国家社会化，或者说是建成“社会国家”。因此，当代中国马克思主义国家理论实质上也是要实现走向“社会国家”或国家社会化，这才与社会主义的本质和目标相一致。走向“社会国家”需要一个漫长的过程，但其国家社会化的趋势是不变的。

一　关于“社会国家”

要把握走向“社会国家”，我们首先需要理解何谓“社会国家”。“社会国家”是指资本主义社会之后的一种国家社会化的状态。在这种状态中，在阶级消亡和国家消亡的条件下，凌驾于社会之上的国家权力归还给了社会，实现每个人的自由全面发展的联合体。这种“社会国家”是与“国家社会”相对的。“国家社会”是国家侵蚀社会一切领域，实质上是泯灭了现实的个人的特性，而且是具有剥削性和压迫性的，可以说就是阶级国家；“社会国家”则是无阶级的社会，也可以说就是社会主义社会和共产主义社会。根据唯物史观的观点，“国家社会”一定会走向“社会国家”，这是人类社会历史发展的必然。第一，“社会国家”的起源。在古希腊，国家与社会是同一的，如亚里士多德的城邦国家。但是，随着罗马帝国的兴起、个人意识的觉醒，国家与社会不再是同一的，而是出现了分离，分离的实质就是人的二元性。但是，我们可以看到此后西方近代政治哲学家们几乎都从政治国家视角来看待国家与社会的关系。黑格尔把这些理论观点归结为“无形式的内容”和“无内容的形式”的国家观，并进行批判。黑格尔自己提出了“绝对伦理性”的国家观。但是，所有的这些国家观都是基于阶级分化和对立之上的，对于无阶级的国家是什么状态则很少论及。马克思在研究摩尔根的《古代社会》的基础上提出了史前社会实际上是没有国家的，或者也可以说是一种社会国家。实际上，马克思在《哥达纲领批判》以及对巴黎公社原则的研究中也论述了无阶级之后的国家状态。恩格斯在马克思的研究基础上进一步阐释了这一问题，后来的列宁等马克思主义者在社会主义实践中实际上也在一定程度上实践了“社会国家”的理念。第二，“社会国家”的实质。马克思主义认为，“社会国家”实质上就是把生发于社会并且是异化于社会的政治国家回归于社会，把国家的力量重新组织成社会的力量，使社会充满活力。“社会国家”就是要实现现实的个人的自由全面发展，实际上就是要达到马克思关于人的发展的“三形态”论述中的第三种形态，也可以称之为共产主义社会。这种“社会国家”消亡了一切阶级和阶级斗争，消亡了一切剥削和压迫的社会关系。当然，这是在生产力高度发达条件下的，故而，这是一个逐步演进的历史过程。第三，“社会国家”的方法论。这种方法论只能是唯物史观。正是由于马克思实现了历史观的革命，创立了唯物史观，才真正实现了国家观革命，也才真正揭示了国家的本质及其发展规律。在西方学者中，存在着从实证主义视角来研究政治国家的一些学者，他们把社会视为有机整体，但是，他们忽视了政治国家背后的各种阶级关系。他们往往从抽象的和一般的社会关系来看待国家，当然得出的结论就是国家也是抽象的和一般的。因此，虽然西方学者也高度强调国家的社会化，比如说管理的公共化等运动，但我们要善于抓住从唯物史观方法论来研究“社会国家”的方法，而不可以坠入西方学界的话语陷阱中。

二 走向“社会国家”的依据

中国特色社会主义国家将走向“社会国家”的依据，主要表现为：第一，马克思国家观的逻辑演变必然导致走向“社会国家”。国家与社会之间的关系是国家理论中的重大问题。在黑格尔之前的政治哲学家，往往把国家与社会视为同一物，而没有把国家从社会中区别开来。黑格尔正确地指出了国家与市民社会之间的分离并作出了界定。在黑格尔看来，市民社会关注的是社会成员个人之间的特殊利益和特殊需要，而个人要与共同体统一起来，就需要借助国家的力量。因此，现代国家实质上就是“普遍物是同特殊性的完全自由和私人福利相结合的”①。但是，黑格尔把国家视为决定性因素，而把市民社会视为是派生的，故此，黑格尔国家观必然倒入历史唯心主义怀抱之中。其实，这也深刻反映了资产阶级的根本利益，因此，黑格尔的国家观依然是一种阶级国家，国家是异化于社会的，成为对社会的现实的个人的一种压迫性力量。马克思在批判黑格尔国家观的基础上，超

---

① ［德］黑格尔：《法哲学原理》，范扬等译，商务印书馆1961年版，第261页。

越了这种国家与社会的二元分离，主张从市民社会出发来理解国家，最终消灭阶级等一切压迫性和剥削性的社会关系，从而实现国家权力回归于社会，达至自由人联合体。但是，马克思也深刻认识到从资本主义社会转变为共产主义社会有一个过渡期，马克思称这一过渡期为无产阶级专政。这一过渡期的国家往往带有旧社会的痕迹，也保留着资产阶级法权和市场价值交换原则等，而且这一过渡期将是较为漫长的，但是，过渡期的国家必将是趋向于无阶级，或者说是实现国家的社会化的国家。因此，这点可以说是国家走向“社会国家”的理论依据和思想前提。第二，中国特色社会主义国家是社会主义性质的国家，它不是其他什么性质的国家，这就决定了我国必将趋向社会主义的最终目标即国家社会化。我国虽然是奠基于社会主义初级阶段的，但是，其必然将由初级到高级地发展，最终要趋向于真正意义的社会主义国家，因此，走向“社会国家”也就是逻辑发展的必然。然而，我们要认识到社会主义初级阶段的长期性和复杂性，从而充分理解走向“社会国家”的艰巨性和困难性。因此，我们一方面不能把马克思的“社会国家”思想简单套在现实中国特色社会主义国家建设上，另一方面也不能把社会主义初级阶段出现的国家视为恒久不变的东西。故此，无论从理论还是实践上来看，中国特色社会主义国家走向“社会国家”是具有其理由和依据的。

三　走向“社会国家”的道路

当代中国马克思主义国家理论内涵实质上就揭示了走向“社会国家”的性质。国家价值论、国家性质论、国家职能论、国家治理论、国家制度论和国家发展论等具体内容都揭示了走向“社会国家”的性质。就国家价值论而言，国家价值论是人的自由而全面发展价值在社会主义初级阶段上的具体化，社会主义核心价值观本质上是普遍性和特殊性相结合的产物。就国家性质论而言，中国特色社会主义国家是阶级性和社会性的统一，这种国家的社会性是建基于阶级性之上的，但是，国家的社会性是中国特色社会主义国家凸显的重要方面。例如社会主义和谐社会的构建，国家治理的提出，人类命运共同体的倡导以及社会主义协商民主制度的深化等，这些无疑都是把国家的社会性置于首位的。就国家职能论而言，中国特色社会主义国家职能从以阶级统治为主的职能转变为以经济社会建设为主的职能，主要包括经济、政治、文化、社会、生态和党建建设等各个方面，也包括治党、治国、治军以及内政外交等各个层面。中国特色社会主义国家职能凸显的是国家的社会性功能。就国家的治理论而言，中国特色社会主义国家实现了从统治、管理到治理的转变。治理本质上就是一种社会性的治理，也就是要发挥公共性力量来参与治国理政，达至共建共享共治的社会状态。就国家的制度论而言，中国特色社会主义国家制度是由其国家性质所决定的，也就是说是由其凸显的社会性所规约的。实际上，我们可以从中国特色社会主义国家的国体和政体来看，其强调的是要实现人民当家作主，或者说国家制度是人民的权力和权利的凝结和抽象。就国家的发展论而言，中国特色社会主义国家是强调促进社会力量的前进和进步，努力使得国家权力回归社会的国家。就国家的动力论而言，改革开放实质上就是解放生产力和释放社会的活力，很显然，社会性的张扬必然是改革开放的内在要求。如果是国家管控一切，而没有社会活动的余地，那么，中国特色社会主义国家是很难发展起来的，也是没有前进的动力的。因此，改革开放的一个重大意义就是激发了社会活力，把市场力量释放了，也把人的主体性有效张扬了。因此，当代中国马克思主义国家理论的内涵实质上揭示了走向“社会国家”的性质。当然，当代中国马克思主义国家理论依然是处于社会主义初级阶段的国家理论，走向真正的“社会国家”还需要漫长的道路，但其无疑是体现了“社会国家”性质的。

总之，当代中国马克思主义国家理论既显示了走向“社会国家”

的理由，又显示了理论内容走向“社会国家”的性质。当代中国马克思主义国家理论的这一性质恰恰表明了其与自由主义国家观等的区别，因为自由主义国家观本质上依然注重的是国家的阶级性，而且实质上体现的也是资产阶级的根本利益，故而，其并非走向消亡阶级和消亡国家，在一定程度上，反而固化了阶级和国家。例如西方的福利制度国家，或者杰索普的制度策略性国家，在表面上来看好像是国家退居于社会之后，但实质上则是通过更为巧妙的方式来维护资产阶级的根本利益。

第四节　综合创新的理论资源

任何一种理论的产生，总是有其思想理论资源、有其一定的社会土壤的。当代中国马克思主义国家理论构建需要按照“立足中国、借鉴国外，挖掘历史、把握当代，关怀人类、面向未来”的思路展开，为此，就需要对古今中外的理论资源进行综合创新，形成国家理论的中国个性。这些理论资源包括马克思主义的理论资源、中华优秀传统文化的宝贵资源、国外马克思主义的理论启示和人类政治文明的积极成果等，其中理论资源的主体内容是马克思主义。

一　马克思主义的理论基础

马克思主义是当代中国马克思主义国家理论构建的主体内容的理论资源。这里的马克思主义理论资源是指包括马克思主义基本原理、马克思主义中国化形成的成果及其理论形态的。实际上，能否坚持把马克思主义国家理论作为当代中国马克思主义国家理论的思想前提，其关键在于“人们是否相信其真理性，在社会主义初级阶段能否坚持，又在于人们是否坚信马克思主义国家学说在社会主义初级阶段仍然不失其真理性”①。因此，我们必须坚持对马克思主义的守正创新。具体对于马克思主义的理论资源而言，第一，要坚持马克思国家观和马克思主义国家学说基本原理，它们揭示了国家的本质及其发展规律。一方面，马克思主义国家理论的科学性离不开其科学的唯物史观，而唯物史观是对人类社会历史发展规律的揭示，特别是其澄明了人类社会发展的基本矛盾。因此，正如恩格斯所说，唯物史观的发现是马克思发现剩余价值规律贡献之外的另一重大历史性贡献。而国家现象作为一种社会历史现象，也需要遵循唯物史观来分析和研究。马克思主义国家理论实质上就是运用唯物史观来分析和研究国家问题所得出的逻辑结论，基于此，我们才说这一国家理论是科学的真理。另一方面，当代中国马克思主义国家理论是建基于社会主义初级阶段的，而这一初级阶段依然是社会主义性质的，马克思主义国家理论也是适应社会主义初级阶段的。例如无产阶级革命专政理论。它是马克思关于过渡时期的国家形式，也就是从资本主义社会过渡至共产主义社会阶段的国家形式的理论。这一过渡阶段的特点实质上是与中国社会主义初级阶段极为相似的，概括地说，它们都不是合格的社会主义或者真正意义上的社会主义。故此，无产阶级革命专政所体现出的民主和专政的统一对于社会主义初级阶段就是适应的。因为在社会主义初级阶段存在着各种落后的思想观念以及旧势力等，那么，这也就必然需要无产阶级的新型民主来激发社会活力和解放生产力等，也需要无产阶级专政来保护人民已经取得的各项权力和权利。当然，无产阶级民主和专政是一体两面，是统一的。我们不可以单独提一方面，而忽视另一方面，否则就会脱离社会实际，从而造成如“文化大革命”一样的错误。因此，马克思主义国家理论实质上对于社会主义初级阶段

---

① 邹永贤主编：《马克思主义国家学说概论》，厦门大学出版社1990年版，第246页。

是适应的，也是真理，这已经得到了中国特色社会主义伟大实践所取得的伟大成就的证明。要实现中国社会主义现代化强国建设就必然需要坚持和发展马克思主义国家理论。第二，要坚持马克思主义国家学说基本原理与中国具体实际、时代特征相结合，与中华民族优秀传统文化相结合的中国化马克思主义国家理论。这些理论资源是当代中国马克思主义国家理论构建的直接理论资源。如毛泽东国家观、邓小平国家观和习近平有关国家问题的重要论述等。例如，毛泽东国家理论应该成为当代中国马克思主义国家理论构建的直接理论资源。其一，当代中国马克思主义国家理论承继了毛泽东的国体思想。毛泽东在具体分析中国国情以及中国社会各阶级状况的基础上提出了建立人民民主专政性质的国家。人民民主专政是把民主和专政辩证地统一起来，是一个事物的两个方面。毛泽东在社会主义建设时期进一步探索了民主和专政相结合的状态。毛泽东区分了敌我矛盾和人民内部矛盾两种性质的矛盾，并提出了不同的解决方式。人民民主专政思想强调了中国共产党作为执政党的领导地位。因为工人阶级是“最有远见，大公无私，最富有革命的彻底性”①的，所以，工人阶级应该成为领导阶级。但是，工人阶级作为领导阶级是通过中国共产党这一政党组织来实现的，因为“共产党是无产阶级的先进部队”②。毛泽东说：“领导我们事业的核心力量是中国共产党。”③毛泽东关于人民民主专政的思想实际上构成了当代中国马克思主义国家理论的重要内容。其二，当代中国马克思主义国家理论承继了毛泽东的政体思想。人民代表大会制度是我国人民民主专政的政权基本组织形式，充分体现了人民民主专政性质。人民代表大会制度强调以民主集中制为组织原则，其核心就是要保证人

① 《毛泽东选集》第4卷，人民出版社1991年版，第1479页。

② 《毛泽东著作选读》下册，人民出版社1986年版，第823页。

③ 《毛泽东著作选读》下册，人民出版社1986年版，第715页。

民当家作主。此外还包括中国共产党领导下的多党合作制度、政治协商制度和民族区域自治制度等。这些政权的组织形式和制度都是属于人民民主专政性质的。毛泽东国家观中的国体和政体思想构成了当代中国马克思主义国家理论的重要内容。可以说，当代中国马克思主义国家理论就是在毛泽东国家观基础上“接着说”。

二 国外马克思主义的理论启示

国外马克思主义的兴起有其复杂的理论和现实原因，但是，它总体上而言是对一战后出现的资本主义新情况、新变化的应答，即试图依据新的历史条件为无产阶级革命运动或人类解放运动制定新的革命策略。国外马克思主义虽然在一定程度上背离了马克思主义的精神实质，但是，它依然是对马克思主义精神的某种继承和发展。国外马克思主义者对国家理论进行了广泛探讨和研究，形成了诸多的理论成果。从本质上而言，国外马克思主义国家理论是对资本主义国家进行的现代性批判，揭示了现代国家的本质及其发展规律。因此，这对当代中国马克思主义国家理论构建可以提供重要的理论启示。第一，国外马克思主义国家理论对现代资本主义国家的现代性批判给予了我们重要启示。现代性是现代化的本质，而现代性自身虽然带来了对人类社会发展的积极效应，但也存在各种理论缺陷和不足，这对现代化实践带来了诸多影响。我们需要辩证地来看待现代性。中国特色社会主义现代化强国建设，本质上而言，依然受到现代性逻辑的影响和制约，因此，对当代中国马克思主义国家理论构建来说，对于如何辩证地看待现代性，西方马克思主义国家理论提供了重要理论启示。第二，西方马克思主义国家理论对坚定中国式现代化新道路可以给予理论启示。西方马克思主义国家理论对资本主义国家发展道路的批判性认识，从另外一个方面可以更好地证明中国式现代化道路的科学性和真理性，从而使我们看清楚西方资本主义国家发展道路与中国特色社会主义国家发展道路的本质区别。第三，西方马克思主义国家理论对资本主义国家文明的批判，实质上揭示了人类文明发展的统一性和多样性的辩证关系，这可以让我们更好地理解中国道路所创造的人类文明新形态等。上述西方马克思主义国家理论的理论启示仅仅是部分方面，但是，我们对西方马克思主义必须持批判性的态度，积极吸取其有益的东西。

三　中国传统治国理政智慧的宝贵资源

习近平曾经说过，中国特色社会主义制度之所以有生命力，就在于其是“从中国社会土壤中生长起来的”[①]。中华优秀传统文化就是中国社会土壤，而中华优秀传统文化中蕴含了丰富的治国理政思想，这些思想对当代中国马克思主义国家理论具有重要启示和意义。第一，民本思想。“民为邦本”和“政得其民”观念是中国古代国家思想的重要观念。比如说孔子就强调人在政治活动中的重要性。著名学者萧公权把孔子的政治思想认定为“人本主义的政治观”，他说：“孔子的全部政治学说，从根本到枝节，都以‘人’为其最高、最后和最直接的对象和目的。在他的学说当中，政治生活是人性的表现，是人性发展的过程，是人类活动的结果，是满足人类要求的努力。”萧公权甚至把孔子政治观与美国著名总统林肯的“人治、人享、人有”的政治观相提并论。[②] 当然，萧先生的观点是否精当暂且不论，但是萧先生却指明了人民在政治国家生活的核心地位。孔子的这种民本观念实际上是贯彻于中国政治思想史中的。这种民本思想对植根于中华传统文化中的中国特色社会主义国家具有极为重要的影响。第二，德法兼治思想。礼法合治和德主刑

---

① 习近平：《在庆祝中国人民政治协商会议成立65周年大会上的讲话》，《人民日报》2014年9月22日第2版。

② 萧公权：《中国政治思想史》下册，商务印书馆2011年版，第978页。

辅观念也是中国传统治国理政思想的重要内容。中国传统文化实质上是儒法结合的，因此，法家的法治思想与儒家的德治思想在治国理政中是紧密结合在一起的。德法兼治思想可以说是中国特色社会主义国家的“依法治国”和“以德治国”相结合的重要思想渊源。第三，廉政思想。中国古代讲究“为政之要莫先于得人，治国先治吏”。不论是记载国家大事的史书，还是记载家事的家书，都强调要为官以廉，反对为官以贪，弘扬和歌颂的都是廉吏。这种廉是君臣的。《白氏长庆集·策林（二）》中说：“臣窃观前代人庶之贫困者，由官吏之纵欲也；官吏之纵欲者，由君上之不能节俭也。”君臣不廉，则可导致国家衰败。古代廉政文化对于提高党员干部的清廉意识和行为能够起到积极作用。第四，修身思想。中国古代强调为政以德和正己修身。在古人看来，修身齐家治国平天下中修身是最基本、最根本的。只有自己的道德水平和品格提高了，才有能力去治理国家和天下。这种修身思想对于提高党员干部的党性修养以及加强社会主义核心价值观的培育都具有重要意义。第五，与时变异观念。中国古人主张要善于居安思危和改易更化。如中国哲学的源头之一《周易》就强调变易，强调发展变化，“天地之道，恒久而不已也”。当然，《周易》的变易思想实质上反映了人事变化即社会政治生活。这种与时变异观念，实质上要求我们要根据社会政治生活的变化而变化，而不是僵化不前。因此，治国思想也要随着实践的发展而发展，顺时应势。当然，中国传统治国理政智慧远不止上述几点，而是极为丰富的。中国传统治国理政智慧实质上构成了当代中国马克思主义国家理论的一个重要理论酵素。

当代中国马克思主义国家理论是对马克思主义、中国传统治国理政智慧和西方马克思主义的理论资源的综合创新。当代中国马克思主义国家理论是在马克思主义的思想指导下对古今中外各种思想理论资源进行综合创新的理论，因而具有中国特色。

第五节 政治经济学的理论方法

马克思政治哲学的革命性变革关键在于其政治经济批判方法论的确立。马克思正是对政治经济学这一深层动因进行了分析和研究，才最终确立了唯物史观，从而形成了自己的国家观。因此，马克思国家观构建的一个重要理论方法就是政治经济批判方法论。所以，我们理解和构建当代中国马克思主义国家理论也离不开政治经济方法论。

一 国家与马克思主义政治经济学方法论

马克思国家观的科学性，不仅在于它颠倒了黑格尔的政治国家决定市民社会的关系，更在于马克思深入到市民社会的生产方式中去研究。马克思对政治经济学方法论的运用可以说是起着关键性作用。由此，马克思不是把国家现象仅仅作为一个政治问题来探讨，而是对政治问题做出了经济学考量即使用了政治经济学批判方法。故而有观点认为，马克思的《黑格尔法哲学批判》等文本就是马克思确立其政治哲学的标志，这种观点是值得商榷的。实际上，我们讲对黑格尔政治哲学的批判与超越，并非是在直接表明马克思主义立场的确立。马克思在早期著作、活动中表明，这种批判本质上依然处于这种政治国家与市民社会二元对立的思维范式和问题框架之中，他与黑格尔政治哲学的真正决裂是其深入到政治经济学层面来探究国家问题。因此，《德意志意识形态》和《关于费尔巴哈的提纲》等才表明了其马克思主义立场的国家观的确立。马克思正是从物质生产方式的角度分析了现实的个人，阐明了国家等上层建筑是由其生产方式所奠基的经济基础决定并具有反作用。后来，马克思进一步将其概括为生产力和生产关系以及经济基础和上层建筑关系为核心的唯物史观理论解释和分析框架。马克思强调运用政治经济学批判方法或者政治问题的经济学考量来研究和探讨国家问题，因此，才洞察到了国家的本质和发展规律。国家实质上是生产力发展到一定阶段的产物。因此，我们考察政治等上层建筑都需要着眼于生产力和生产方式。马克思所说："对这个社会的各个不同发展阶段可以在经济学中准确地加以探讨。"① 比如说，马克思对"人"的探讨，就不是抽象地谈论人，而是谈的"现实的个人"。"现实的个人"却是立足于一定生产关系之中的，而这种生产关系又与社会关系紧密相关，阶级关系又是社会关系中最基本的。因此，"人"不是启蒙学者所言的那种抽象意义的"人"，而是具有阶级意义的"人"。故此，人的解放也就必然先是一种政治解放。因此，政治经济学的方法论就是马克思政治哲学探讨的基本方法。

二 政治经济学方法与当代中国马克思主义国家理论

当代中国马克思主义国家理论实质上就是中国化的马克思政治哲学，因此，其理论也就突出地表现出了这种政治经济学方法论。例如中国特色社会主义国家职能理论。公共社会生活的管理已经是国家的一个非常重要的职能，这也是全球化背景下国家理论发展的一个新趋势。由于当代中国社会处于转型升级阶段，各种社会矛盾等都有所激发，这就提出了社会治理和国家治理的问题。因此，我们强调了中国特色社会主义国家的社会性职能。但是，我们不可以单就国家的社会性职能探讨问题，而要谈及另外一个方面，就是国家的阶级性职能。国家本质上是一种阶级统治的暴力机器，反映的是统治阶级的根本利益。如果说我们忽视了国家的阶级性职能，那么就有可能使得中国特色社会主义国家职能理论陷入西方政治哲学

---

① 《马克思恩格斯全集》第 42 卷，人民出版社 1979 年版，第 249 页。

话语体系的陷阱中去，而丧失了中国社会主义性质。当然，即使是西方政治哲学关于国家的自主性等理论，也是没有脱离资产阶级根本利益的。因此，我们在谈论国家的公共管理职能时，实际上就不应该从单纯的政治哲学视角切入，还需要提出政治经济学批判的要求。又例如中国特色社会主义民主政治。人民民主是中国特色社会主义的本质要求。对于人民民主的理解，我们也需要一种马克思主义政治经济方法论。人民民主作为一个政治问题，是深植于生产力、生产方式和经济基础之中的。中国特色社会主义的民主是奠基于生产资料公有制占主导地位之上的，这也就决定了其性质和发展方向。同时，中国特色社会主义的民主也是与中国社会主义初级阶段的生产力发展水平紧密相关的，故此，其民主必然展现出社会主义初级阶段的特点，而不是成熟的高级阶段的社会主义民主。但成熟的高级阶段的民主是中国特色社会主义民主发展的方向和趋势。因此，如果我们对民主政治的理解悬置了政治经济学这一基本方法论，那么，中国特色社会主义民主政治就有可能偏离发展方向。所以，我们在探讨中国特色社会主义国家理论的民主时，必然需要在社会主义民主与资产阶级民主之间建立合理的张力，而存在这种张力的一个根本原因就是中国社会现实，分析的利器就是马克思主义政治经济学的方法论。当然对中国特色社会主义的自由和平等观念的理解也是如此。又例如对权力的理解。权力是国家理论的核心内容。中国特色社会主义国家的一切权力都属于人民，这是由社会主义性质所决定的。但是，权力也与一定的生产力紧密相关，与一定的生产方式紧密相关。在中国社会主义初级阶段，由于我们依然需要资本对促进生产力发展的作用，所以，资本逻辑对国家等上层建筑就具有重大影响。这种影响可以表现在资本逻辑所影响的人的日常生活领域中，从而构建出以资本逻辑为核心的日常生活的微观权力网络。很显然，要破解这种微观权力，就需要深入到政治经济学维度去理解和把握。当然，当代中国马克思主义国家理论的诸多内容的把握和理解都需要落实到政治经济学维度，而不是仅仅就国家问题而论国家问题。当代中国马克思主义国家理论就是对中国改革开放以后的基本政治经济问题的回答，特别是处于其当代全球资本主义背景下的回答。那么，坚持政治经济学维度也就是一个基本的方法论。如果缺失了政治经济学维度，就可能造成对现实的无意逃避，还有可能把当代中国马克思主义国家理论视为西方政治哲学的“问题域”的一个分支。

第七章

当代中国马克思主义国家理论的意义

当代中国马克思主义国家理论是马克思主义国家理论与当代中国实践和时代要求相结合的产物，也是对世界上包括社会主义国家在内的各国治国理政的理论和实践经验的总结。因此，无论在理论还是实践层面，当代中国马克思主义国家理论都具有重要的意义。

第一节　拓展马克思国家观开辟道路的内涵逻辑

当代中国马克思主义理论是对当代中国实践经验的理论总结。它不仅促进了马克思主义国家理论的中国化和时代化，而且在内容和形式上都丰富和发展了马克思主义国家理论。

一　促进了马克思主义国家理论的中国化

当代中国马克思主义国家理论是当代中国实践与马克思主义国家理论相结合的产物，是具有中国化范式的马克思主义国家理论，是解决中国特色社会主义国家基本问题的科学理论和行动指南。从理论层面来看，它发展了马克思主义国家理论，提出了包括国家治理体系和治理能力现代化等在内的创新的国家理论；从实践层面来看，它解决了“中国特色社会主义是什么、怎样建设中国特色社会主义”这一重大理论和实践问题，回答了当代中国社会主义建设实践中的诸多问题，因此，它具有明确的中国问题和中国意识；从价值层面来看，它实质上是合规律性和合目的性的辩证统一，深刻反映了人的自由和全面发展的价值理念。第一，作为马克思主义国家理论中国化的产物，它深刻揭示了当代中国国家的本质及其发展规律。在马克思主义国家理论的指导下，中国共产党在九十多年的奋斗历程中形成了新民主主义国家理论和社会主义国家理论，特别是经过改革开放四十多年来的中国特色社会主义实践，我们形成了当代中国马克思主义国家理论。新民主主义国家理论解决了国家与革命的关系问题。新中国成立之后，我们经过了三年社会主义改造，建立了社会主义国家，那么，如何巩固和建设它就成为了我们面临的一个问题。毛泽东进行了艰辛探索并取得了大量成绩，例如《论十大关系》《论正确处理人民内部矛盾问题》以及中共八大报告等都可以说是对马克思主义国家理论的进一步中国化的探索。但是，这种探索过程中也出现了“以阶级斗争为纲”的错误。十一届三中全会之后，邓小平矫正了国家发展航向，明确了社会主义现代化建设是中国最大的政治和大局，提出了社会主义初级阶段理论，从而形成了中国特色社会主义国家的基本框架和发展思路。此后，“三个代表”重要思想进一步丰富和发展了中国特色社会主义国家的理论和实践，科学发展观深刻洞察了以人为本的中国特色社会主义国家的本质。党的十八大之后，中国特色社会主义进入新时代，习近平明确提出了国家治理体系和治理能力现代化的新概念，这可以说是马克思主义国家理论的重大创新和发展。梳理历史之后，我们可以发现当代中国马克思主义国家理论实质上就是马克思主义国家理论的中国化成果。第二，当代中国马克思主义国家理论是马克思主义国家理论时代化的产物。时代与理论是紧密相关的。理论只有把握住时代脉搏和反映了时代精神，才具有生命力。习近平指出，只有立足于时代去解决特定的时代问题，才能推动这个时代的社会进步。当代中国马克思主义国家理论实质上就是为解决当代中国国家发展问题而提出的理论。就社会主义本身来看，什么是社会主义和怎样建设社会主义是中国人民面临的一个重大问题。邓小平开创性地提出了中国特色社会主义新概念，并奠基了中国特色社会主义国家的基本原则。江泽民和胡锦涛在新时期书写了中国特色社会主义这篇大文章，分别解决了“建设什么样的党、怎样建设党”的问题和“实现什么样的发展、怎样发展”的问题，从而形成了“三个代表”重要思想和科学发展观。习近平把马克思主义国家理论与中国特色社会主义新时代结合起来，提出了自己一系列的国家理论创见，这进一步推动了反映时代问题和时代声音的马克思主义国家理论发展。就世界形势来看，全球化、市场化、民主化和信息化可以说是世界发展的潮流。社会主义国家在全球化背景下应该如何发展？社会主义国家与资本主义国家长期并存是客观事实，那么，两种制度之间如何相互影响以及社会主义国家如何在竞争中取胜？这些问题都需要用马克思主义国家理论紧密结合时代的发展来回答。因此，当代中国马克思主义国家理论实质上就是马克思主义国家理论时代化的理论成果。

二　丰富了马克思主义国家理论的内容

当代中国马克思主义国家理论具有中国化范式的特性，其构建的逻辑内容对马克思主义国家理论的理念内涵进行了拓展和深化。第一，当代中国马克思主义国家理论丰富和发展了关于国家发展阶段思想。马克思认为，资本主义社会发展为共产主义社会的过程中有一个过渡阶段，即无产阶级革命专政阶段。他认为，由于这个过渡阶段是从旧社会（资本主义社会）中生长起来的，因而带有旧社会的经济、文化和思想观念等旧痕迹。但是，实际上，马克思所认为的这个过渡阶段是以西欧发达资本主义国家如英法等国为起点的，马克思关于过渡时期国家的论述也是很粗略的。列宁对此方面的理论探索也是不足的，其主要原因是实践还没有充分发展。中国特色社会主义国家是从有别于西方发达资本主义国家的经济文化比较落后的亚洲国家的基础上过渡到共产主义社会的，因此，中国特色社会主义国家处于社会主义的初级阶段，而社会主义又是共产主义的第一阶段。故此，当代中国马克思主义国家理论实际上拓展和深化了马克思关于过渡时期的国家发展思想。第二，当代中国马克思主义国家理论丰富和发展了关于国家价值思想。马克思主义国家理论深刻洞察到了国家与人的关系，揭示了国家的实质就是人的社会关系的异化，因而，随着生产力的发展，国家最终将走向消亡，从而实现人的自由而全面发展。但是，马克思对于具体的国家发展阶段的价值观探究不是很多，特别是对于处于社会主义初级阶段的国家的价值观探究不多。当代中国马克思主义国家理论则依据中国社会主义初级阶段国家的国情与社会关系的特点，提出了社会主义核心价值观。社会主义核心价值观实质上是人的自由而全面发展价值理念在处于社会主义初级阶段的中国特色社会主义国家的具体落实。这丰富和发展了人的自由而全面发展价值理念在不同时空中的具体表现形式。因此，中国特色社会主义国家价值是对马克思关于价值诉求的丰富。第三，当代中国马克思主义国家理论丰富和发展了关于国家性质等思想。虽然，马克思主义国家理论蕴含了国家性质的二重性即阶级性和社会性，但是由于无产阶级革命运动的实践和时代需要，往往过度强调了国家的阶级性，而忽视了国家的社会性。当代中国马克思主义国家理论则凸显了国家的社会性，发展了国家的社会性，当然国家的阶级性依然是其基本前提。正是由于凸显了国家的社会性，因此，当代中国马克思主义国家理论强调了国家的公共社会管理职能，注重了国家治理，建构了系统性的国家制度，创建了国家发展理论，这些国家理论内容的核心就在于进一步促进和发展国家的社会性，以此凸显马克思国家观建设的意义重心。因此，当代中国马克思主义国家理论是对马克思主义国家理论的一种丰富和发展。第四，当代中国马克思主义国家理论丰富和发展了关于国家动力思想。马克思认为，国家进步和发展的最根本动力是生产力，而促进生产力发展的重要方式是社会革命。但是，当代中国马克思主义国家理论提出了改革开放也是革命，而且是一场深刻革命的思想。改革开放是革命的论断实质上丰富了马克思关于国家动力理论。总之，当代中国马克思主义国家理论从理念内涵方面进一步推进了马克思主义国家理论的发展。

三　实现了马克思主义国家理论的方法论创新

理论的新发展关系到方法的创新，方法创新是理论创新的重要基础和前提。实际上，当代中国马克思主义国家理论不仅从理念内涵维度丰富了马克思主义国家理论，也从方法论维度丰富了马克思主义国家理论。第一，问题意识和目标导向相统一。任何理论的产生和形成必然有其现实的问题意识，问题意识牵引和推动着理论产生、完善和发展。马克思国家观的创立也是有其问题意识的，那就是对于《莱茵报》时期的“物质困惑”，这推动了马克思在批判和超越黑格尔法哲学的基础上形成了自己的国家观。马克思在批判资本主义国家基础上也确立了自己共产主义社会的目标，而这一目标与问题意识是辩证统一的。当代中国马克思主义国家理论也是具有其问题意识和目标导向的。改革开放之前，中国社会主义建设遭遇了一定的挫折，特别是“文化大革命”的爆发对中国社会主义建设造成了巨大影响。这就要求中国共产党和中国人民重新思考什么是社会主义和怎样建设社会主义这一根本问题。只有弄清了这一问题，我们才可以更好地推进中国社会主义建设。以邓小平为核心的第二代中央领导集体以巨大的政治勇气和理论勇气开辟了中国特色社会主义道路，并提出了社会主义现代化建设目标。此后，江泽民、胡锦涛和习近平等进一步推进了中国特色社会主义实践，特别是习近平在前人奠定的基础上，进一步提出了什么是中国特色社会主义、怎样建设中国特色社会主义这一根本问题，以及提出了新时代新使命即实现中华民族伟大复兴的中国梦的目标，在此基础上，习近平完善和发展了当代中国马克思主义国家理论。因此，问题意识和目标导向是国家理论构建的重要方法论。第二，合规律性和合目的性的统一。马克思主义认为，国家作为社会历史现象，必须遵循历史唯物主义的客观规律，也就是说国家有其自身的产生、形成、发展和消亡的规律性。国家作为上层建筑必然要受到经济基础的决定，同时上层建筑也可以反作用于经济基础。实际上，国家等上层建筑也受到生产力发展水平以及生产关系特点等的影响和作用。生产力和生产关系、经济基础和上层建筑的理论解释框架是分析国家问题的基本理论范式。中国特色社会主义国家处于社会主义初级阶段，而这一阶段的国家与社会关系具有其自身的性质和特点，而且中国社会主义国家的生产力和生产关系以及经济基础和上层建筑之间的矛盾在根本协调一致基础上也存在着不协调和不合适的方面，故此，改革那些不适应生产力发展水平的生产关系和上层建筑就显得极为必要。当代中国马克思主义国家理论实质上就是要解放和发展生产力，以实现社会主义现代化和中华民族伟大复兴的中国梦。因此，遵循唯物史观揭示的客观规律也是形成当代中国马克思主义国家理论的前提。但是，马克思主义也认为，推动人类社会历史发展的主体是人民群众，人民群众的历史创造性作用对于认识规律和实现规律具有重要作用。中国特色社会主义的形成实质上是中国人民的自我选择，反映了中国人民的意愿和意志。在实践基础上形成的当代中国马克思主义国家理论，恰恰是依靠人民群众，为了人民群众的根本利益，尊重人民群众的首创精神而形成的。从改革开放四十多年的历史实践来看，当代中国马克思主义国家理论始终是以人民为中心的。当然，遵循客观规律和尊重人民的主体性并不矛盾，而是辩证统一的。第三，共性和个性相统一。马克思主义哲学认为，客观事物的矛盾具有共性和个性之别，但是共性和个性又是辩证统一的。当代中国马克思主义国家理论是当代中国的，是具有中国特色的，也是适合中国社会土壤的，因此，其具有鲜明的中国理论的个性和品格。但是，当代中国马克思主义国家理论并没有脱离世界发展的普遍趋势。例如全球化是当今世界发展的潮流，由此导致了经济市场化和政治民主化以及凸显了国家的公共性价值等。当代中国马克思主义国家理论对此进行了批判性鉴别和学习借鉴。其中，特别是对发展中国家如何治国理政进行了卓有成效的探索，也开创了现代化建设的新模式等。因此，可以说当代中国马克思主义国家理论既是中国的，也是世界的，因为其对世界各国发展都具有重要意义和价值。当然，当代中国马克思主义国家理论对马克思主义国家理论的方法论的丰富和发展是多方面的，这里仅简略地论述之。然而，一个肯定的事实就是它丰富和发展了马克思主义国家理论的方法论。

总之，当代中国马克思主义国家理论是马克思主义国家理论中国化的科学理论成果，它开辟了马克思主义国家理论的新境界，因此，它在马克思主义国家理论发展史中具有重要的地位和作用。

第二节　推进中华民族伟大复兴的国家理论

习近平在党的十九大报告中指出，新时代中国共产党的新使命就是要实现中华民族伟大复兴的中国梦。实际上，当代中国马克思主义国家理论就是在中国人民实现这一伟大梦想的实践中产生和形成的科学理论，因此这一科学理论必将成为实现中国梦的强大思想武器。

一 中华民族伟大复兴的历史探索

实现中华民族伟大复兴的中国梦是近代以来中国人民始终不渝的追求。近代以来，曾经为人类做出巨大贡献的伟大的中华民族沦为西方列强任意奴役和宰割的羔羊，中国人民生活在水深火热之中。中国无数仁人志士为此进行了艰难奋斗和各种尝试，但是，中国人民的命运依然没有得到改变。1921 年，中国共产党成立。从此，中国共产党就成为了带领中国人民实现民族复兴伟业的中流砥柱，并进行了卓有成效的斗争。第一，进行了新民主主义革命，确立了人民民主专政的国家政权，从而“实现了中国从几千年封建专制政治向人民民主的伟大飞跃”①。新民主主义革命之前的旧民主主义革命虽然进行了艰苦探索，但是并没有解决中国向何处去的问题，并没有实现民族复兴。只有在中国共产党的领导下，我们才找到了解决“中国向何处去”问题的正确道路。第二，进行了社会主义革命和建设，确立了社会主义基本制度，这为中华民族伟大复兴奠定了坚实的根本政治前提和制度基础，也是对中国向何处去的问题的进一步回答。历史证明，只有马克思主义才能救中国。同样，历史也证明，只有社会主义才能发展中国。走向社会主义国家，这是中国历史发展的必然逻辑结论，也是中国人民的自我选择，这彰显了中国人民鲜明的自觉意识和历史意识。社会主义基本制度的确立是当代中国一切发展进步的前提和基础，也为中华民族伟大复兴奠定了前提和基础，可以说是从根本上扭转了近代中国不断衰落的命运。中国共产党带领中国人民进行了艰苦卓绝的社会主义建设，建立了较为完整的国民经济体系，巩固和完善了人民民主专政国家政权建设。第三，进行了社会主义改革，实行了伟大的改革开放，确立了中国特色社会主义道路。党和人民的艰苦奋

① 习近平：《决胜全面建成小康社会 夺取新时代中国特色社会主义伟大胜利》，《人民日报》2017 年 10 月 28 日第 1 版。

斗取得了历史性成就，这使得中国特色社会主义进入了新时代。中国人民找到了实现民族复兴的历史方位，那就是在社会主义初级阶段，强调以经济建设为中心，大力解放和发展生产力，把实现社会主义现代化作为中国人民奋斗的目标，这意味着党和国家工作重心和发展思路的根本性转变。中国人民找到了解决台湾、香港、澳门和祖国统一问题的办法，那就是“一国两制”。“一国两制”是中国人民的一大创举，具有强大的生命力，它已经实现了香港和澳门的回归，它也必将是实现台湾回归祖国的强大而有力的制度。中国人民提出了建设社会主义市场经济体制，破除了计划经济和市场经济截然对立的思想观念，实践证明这大大促进了解放和发展生产力，中华民族伟大复兴必然需要生产力的高度发达。中国人民找到了促进中华民族伟大复兴的动力，那就是改革开放。改革开放是当代中国最鲜明的旗帜。改革开放不仅是决定当代中国命运的关键一招，也是决定中华民族伟大复兴的关键一招。中国人民还建构了中国特色社会主义建设的“五位一体”的总布局，深化和发展了中国特色社会主义内涵，进一步提出了国家治理体系和治理能力现代化建设等。所有这一切都为走向实现“国家富强、民族振兴和人民幸福”的中华民族伟大复兴做出了努力，而这些努力已取得了巨大成绩。因此，我们离民族复兴的目标更接近了，也更有信心和能力了。

二　中华民族伟大复兴的必由之路

要实现中华民族的伟大复兴，必须走中国特色社会主义道路。第一，从历史来看，走这条道路是历史发展的必然。实现民族复兴是中国人民近代以来的最伟大梦想，而且中国人民为此进行了不懈奋斗。改革开放之前，虽然我们确立了社会主义基本制度，进行社会主义建设取得了大量成绩，但是，中国人民的民族复兴之路还是遇到了很大困难，特别是如“文化大革命”这样的全局性错误。改革开放之后，中国人民找到了一条正确的道路，确立了以社会主义现代化建设为目标，经过改革开放四十多年的发展，我们离“国家富强、民族振兴和人民幸福”的目标越来越近了。这正如习近平所说，中国特色社会主义道路是对改革开放三十多年历史经验的总结，是对中国近代社会一百多年历史的总结，也是对中华民族五千多年文明的总结，因此，这条道路“具有深厚的历史渊源和广泛的现实基础”①。所以，中国特色社会主义道路实质上是从中国历史中走出来的，是历史逻辑发展的必然结果。第二，从理论上来看，走这条道路是马克思主义中国化的必然结果。什么是中华民族伟大复兴、怎样实现中华民族伟大复兴，这一重大理论和实践问题始终是近代社会以来的中国人民苦苦思索的核心。但是，只有在中国人民选择了马克思主义之后，这一重大问题才有了明确而清晰的思路和方向。毛泽东思想为这条道路奠定了基础，邓小平理论为这条道路建构了基本思路和框架，“三个代表”重要思想和科学发展观在21世纪进一步丰富和发展了这条道路，习近平新时代中国特色社会主义思想则把这条道路推进到了新时代。我们也可以简单将其概括为“站起来的理论、富起来的理论和强起来的理论”。毛泽东思想属于站起来的理论，邓小平理论、“三个代表”重要思想和科学发展观属于富起来的理论，习近平新时代中国特色社会主义思想属于强起来的理论。中国人民实现从站起来、富起来再到强起来的根本之路，只能是中国特色社会主义道路。第三，从现实来看，这条道路取得的历史性成就和历史性变革充分证明了这条道路的科学性和正确性。事实充分证明，要实现中华民族伟大复兴必须走中国特色社会主义道路。因此，无论从历史、理论还是现实来看，这条道路深刻反映了科学社会主义的本质规律，反映了中国社会历史发展的本质规律，反映了中国人民的根本利益和热切期盼，还反映了时代

① 习近平：《习近平谈治国理政》第1卷，外文出版社2018年版，第39—40页。

的声音和要求。因此，它是实现中华民族伟大复兴的必由之路。

三　中华民族伟大复兴的国家理论

当代中国马克思主义国家理论就是对当代中国实践从国家理论维度上的概括和总结。中国特色社会主义的总任务就是要实现社会主义现代化强国建设和中华民族伟大复兴的中国梦。因此，从一定意义上讲，中国特色社会主义道路、理论、制度和文化也是实现民族复兴的。当代中国马克思主义国家理论揭示了社会主义现代化强国建设的规律，也洞察了中华民族伟大复兴的内在规律。第一，在一定程度上，坚持和发展中国特色社会主义实质上就是坚持和发展中国特色社会主义国家。中国特色社会主义可以说是对马克思关于过渡时期的无产阶级专政思想的中国化，而过渡时期的国家形式的核心就是要解放和发展生产力，从而促进社会从初级阶段向高级阶段发展，最终消亡国家并建立共产主义社会。但是，在社会主义初级阶段，国家依然是我们巩固和建设无产阶级专政的强有力武器。因此，坚持和发展中国特色社会主义，某种程度而言就是要发展中国特色社会主义国家。故而，我们可以讲中国特色社会主义的道路、理论体系、制度和文化也是属于中国特色社会主义国家的。第二，从实践来看，中国特色社会主义实践实质上就是中国特色社会主义国家建设的实践。中国特色社会主义的总依据、总布局和总任务，在一定程度上也是属于中国特色社会主义国家的，这一国家的治理纲领实质上就是中国特色社会主义理论。当然，中国特色社会主义国家治理纲领也随着实践的发展而发展，这可以表现为马克思主义中国化的一系列理论创新成果。第三，从现实来看，当代中国马克思主义国家理论是当代中国国家建设的强有力的理论武器，而且取得了指导国家建设的巨大成绩。我国的综合国力、科技实力、经济实力和国防实力进入了世界前列，我国的国际地位获得了前所未有的提升，国家的面貌发生了前所未有的变化，这使得中国特色社会主义国家从站起来、富起来根本性地发展到了强起来的阶段，这表明中国特色社会主义国家建设也进入了新时代。

总之，要实现中华民族伟大复兴，必须走中国特色社会主义道路，而当代中国马克思主义国家理论就是对当代中国实践理论的概括和总结，因此，它实质上就是中华民族伟大复兴的国家理论。

第三节　走向现代化国家的中国经验

中国特色社会主义不断取得的巨大成绩，使得中国由经济文化落后的社会主义国家不断走向社会主义现代化强国。这证明了奠基于中国特色社会主义之上的当代中国马克思主义国家理论是中国实现现代化的重要理论武器，而且也表明了它是对发展中国家走向现代化国家有贡献的中国经验和中国智慧。因此，当代中国马克思主义国家理论不仅对于中国具有重要意义，而且对世界发展中国家实现现代化也具有重要意义。

一　现代化内涵及实现现代化国家的基本路径

走向现代化是世界各国人民的一大愿望，也是人类社会发展进步的一大要求。因此，在这里就有必要先弄清何谓现代化，以及从人类社会历史发展来总结世界各国人民实现现代化国家的基本路径。弄清楚这两个问题有助于我们深刻把握中国现代化国家建设的实践和理论的个性和特点，我们才可以明白当代中国马克思主义国家理论这一科学理论对世界所作出的贡献。第一，何谓现代化。对于现代化的定义，学界众说纷纭，莫衷一是。据研究，“现代”一词原初是指时间意义，大约出现于公元4世纪，指代的是相对于古罗马异教徒的完全基督教化的“现今时代”[①]。后来“现代”一词由指代时间意义演变为指代人类社会发展的某一阶段，这一阶段主要是指17世纪以来的社会发展阶段，其特点就是以理性化为根基的社会世俗化、经济工业化和政治民主化等。[②] 据此，有学者把现代化与科学革命[③]、现代化与机械技术[④]或者现代化与社会变革[⑤]等联系起来，但都强调与韦伯相似的观点即现代化实质上就是理性化，也就是从传统社会迁移到现代社会（工业文明）的过程。著名学者塞缪尔·P. 亨廷顿曾经把现代化概括为九个方面的特点，他认为现代化不仅是一个革命的、复杂的、系统的、全球化的过程，而且也是一个长期的、同质化的、不可逆的、进步的过程，这个过程可以划分为不同发展阶段。[⑥] 我国学者罗荣渠则从政治学、经济学、社会学和历史学四个维度归结了现代化的四个定义。[⑦] 根据以往学者对现代化定义的研究，笔者认为，现代化实质上是人类社会进步的一个历史发展阶段，强调以生产力发展为中心，从而推动传统社会（农业文明）转型为现代社会（工业文明），这种转型是全球性的和涉及经济、政治和文化等社会各领域的、有广泛而深刻变革性的。第二，世界各国实现现代化国家的基本路径。目前实现了现代化国家的大部分是西方发达资本主义国家，如英国、法国、美国、德国等，而大部

---

① 参见 Krishan Kumar, *From Post-Industrial to Post-Modern Society*, Oxford: Blackwell, 1995, p. 67。

② 参见谢立中《“现代性”及其相关概念词义辨析》，《北京大学学报》2001年第5期。

③ 参阅［美］C·E·布莱克《现代化的动力》，段小光译，四川人民出版社1988年版，第8—13页。

④ 参阅［美］詹姆斯·奥康内尔《现代化的概念》，载［美］布莱克编《比较现代化》，杨豫、陈祖洲译，上海译文出版社1996年版。

⑤ 参阅［美］贝迪阿·纳思·瓦尔马《现代化问题探索》，周忠德、严炬新编译，知识出版社1983年版。

⑥ ［美］塞缪尔·P. 亨廷顿：《导致变化的变化：现代化，发展和政治》，载［美］布莱克《比较现代化》，杨豫、陈祖洲译，上海译文出版社1996年版，第44—48页。

⑦ 罗荣渠：《现代化新论——世界与中国的现代化进程》，北京大学出版社1993年版，第9—16页。

分的发展中国家实际依然处于实现现代化国家的前期阶段，还没有真正实现现代化国家。从世界各国现代化的历史来看，我们可以将世界各国实现现代化国家的基本路径概括为两种：一种是内生性的现代化，一种是外生性的现代化。内生性的现代化，主要是指从自己传统社会土壤中自发生长起来的现代化，如西方发达资本主义国家（如英国和德国）等。外生性的现代化，主要指不是从自身社会生长出来的现代化，而主要是借助于外来资源和外来压力等促进传统社会向现代社会转型，如广大的亚非拉等发展中国家。但是，已经实现了现代化国家的发达资本主义国家虽然是内生性的现代化，但是它们在实现现代化国家的过程中充满了血腥、压迫和剥削。正如马克思所言，资本主义自从来到人间，每一个毛孔都滴着肮脏的血。马克思在《共产党宣言》中描述了资本主义在实现国家现代化历史中的残酷画面。资本主义国家的现代化把一切社会关系转化为资本关系，这是一种异化的非人性的社会关系。恩格斯在《英国工人阶级状况》一书中对资本主义国家现代化所造成的工人阶级异化和悲惨生活也有着直接而深刻的描述。正是由于西方发达资本主义国家实现了现代化，形成了繁荣的社会生活和丰厚的物质财富。因此，西方资本主义国家的现代化就成为了经济文化落后国家走向现代化的模板和楷模，而西方资本主义国家也把自己现代化的道路、理念和理论视为唯一的科学真理，因此西方资本主义国家认为广大的发展中国家都应该把它们走过的路再走一遍，认为这是实现现代化国家的唯一道路和途径。这就是现代化国家建设中的西方中心主义和西方文化霸权主义。

二　中国现代化国家建设的探索历程

实现国家现代化是中国近代社会以来奋斗的目标。现代化对于中国而言并非舶来品。康有为、梁启超领导的戊戌变法运动就是最早的中国现代化运动。胡适说："三十年前，主张'维新'的人，即是当日主张现代化的人。”[①] 此后，辛亥革命也可以说是中国现代化的运动。五四运动前后，中国知识分子也积极探讨中国现代化运动问题，只是过多地从中西古今文化比较角度来研究中国现代化运动。抗日战争爆发之后，救亡图存成为了中华民族的急迫任务。因此，中国的现代化运动实际上中断了几十年。新中国成立之后，中国人民在中国共产党的领导下重新开始了现代化国家的建设之路。1953 年，党中央提出了社会主义工业化的目标。1956 年，党的八大确立的《党章》中首次提出了“四个现代化”目标。1964 年的第三届人大一次会议正式提出了在 20 世纪内全面实现农业、工业、国防和科学技术现代化的新“四个现代化”。但是，这种中国现代化建设却由于阶级斗争扩大化以致“文化大革命”被迫中止了。十一届三中全会之后，我们确立了党和国家工作重心的转移，从以阶级斗争为纲转变为以经济建设为中心，把实现社会主义现代化作为党和国家奋斗的目标。邓小平为此规划了国家发展战略，认为实现“三步走”战略就可以达至社会主义现代化国家；邓小平还确立了中国社会主义现代化国家建设的逻辑起点，即社会主义初级阶段；明确了中国社会主义现代化国家建设的重心是经济建设；指明了中国社会主义现代化国家建设的道路是中国特色社会主义道路；阐明了中国社会主义现代化国家建设的目标是物质文明和精神文明的协调发展；揭示了中国社会主义现代化国家建设的动力是改革开放，强调改革开放是一场革命等。邓小平理论实质上就是实现中国社会主义现代化国家建设的科学理论。进入 21 世纪，中国现代化国家建设取得了长足进步。党的十六大报告中提出了经济建设、政治建设和文化建设“三位一体”的现代化国家建设总布局。2007 年党的十七大报告进一步提出了增加社会建设的“四位一体”的战略布局。2012 年党的十八大报告在“四位一体”的总布局中增加了生态文明建设，由此，

---

① 胡适：《胡适文集》（政治卷），何卓恩编，长春出版社 2013 年版，第 26 页。

中国现代化建设的总布局从“四位一体”修改为“五位一体”。经过十八大以来的艰辛努力，中国现代化建设取得了巨大成绩，这些成就是历史性的。因此，这使得中国特色社会主义发展到了新阶段，即中国特色社会主义新时代阶段。这证明中国近代社会以来的现代化建设的目标正越来越清晰地而且是现实地呈现在中国人民面前。中国特色社会主义进入新时代，中国现代化建设也从以前的站起来、富起来转变到强起来的阶段。中国社会主义初级阶段和最大的发展中国家地位虽然没有改变，但是，中国社会的主要矛盾已经转变了，这意味着中国现代化建设在科学发展是硬道理的前提之下需要更多地关注共同富裕和公平正义。经过改革开放四十多年的经济社会发展，中国现代化建设也面临着建立“一整套更加成熟更加定型的制度”的历史任务，为此，我们党进一步提出了国家治理现代化的新理念。党的十九大报告中规划了“两步走”战略：第一个阶段是从二〇二〇年到二〇三五年在全面建成小康社会的基础上基本实现社会主义现代化，第二个阶段是从二〇三五年到21世纪中叶即建国一百周年时建成富强民主文明和谐美丽的社会主义现代化强国。从历史和现实来看，中国社会主义现代化建设取得了巨大成就，这证明了中国特色社会主义道路、理论体系、制度和文化的科学性和正确性，也证明了中国走出了一条有别于西方现代化道路的新路子。

三　发展中大国实现现代化的中国经验

基于中国现代化建设实践，我们形成了当代中国马克思主义国家理论。实践证明，这一理论是促进中国现代化建设取得巨大成就的科学理论武器。它开辟了一条发展中国家实现现代化的新途径和建构了一个有别于西方现代化理论的中国理论。因此，它对于发展中国家走向现代化具有重大理论意义。第一，当代中国马克思主义国家理论实现的现代化是社会主义性质的，而不是资本主义性质的。这是当代中国马克思主义国家理论区别于西方现代化国家理论的最根本之处。西方现代化国家理论是自由主义理论性质的，因为，它的实践必然是带有剥削性和压迫性的，特别是对于发展中国家的资源的掠夺和对国内人民的残酷剥削。但是，当代中国马克思主义国家理论的实践却是为了全体中国人民的共同富裕，因而是注重改善民生和实现社会公平正义的，并且中国现代化是以促进世界各国的共同发展为前提的，不是以伤害世界各国发展利益为目标的。故而，当代中国马克思主义国家理论指导下的中国现代化建设打破了那种国强必霸的老路。第二，当代中国马克思主义国家注重人与人之间、人与自然之间以及人与社会之间的和谐发展，因此，现代化国家发展也是一种和谐的科学的发展，而不是单一物质层面的现代化建设。习近平认为，发展必须是遵循经济规律、自然规律的，从而发展也就是科学的、可持续的，[①] 而非是西方现代化那种贫富分化严重，生态代价巨大的模式。西方发达资本主义国家在实现现代化的过程中，往往把发展代价转移至国外，让广大的发展中国家来承担他们的代价。五大发展理念即创新、协调、绿色、开放和共享是中国实现社会主义现代化建设的治国理念，这一治国理念是以人民为中心的发展思想的体现。因此，当代中国马克思主义国家理论所彰显的现代化国家建设之路是一条新路。第三，当代中国马克思主义国家理论彰显了国家治理现代化维度，强调中国共产党领导下多元主体共同协商治理国家和社会，因此，开辟了一条解决国家和社会内部矛盾和利益的新途径，从而不断增进人民团结、社会稳定和国家安定。但是，西方国家现代化过程中，往往伴随着各种不断激发的社会矛盾以及愈演愈烈的经济危机，这造成了国家和社会治理的失效，甚至导致了政府“关门”事件的发生。对此，英国伦敦经济与商业政策署原署长罗思义在论析西方国家治理困境的时候

---

① 习近平：《更好认识和遵循经济发展规律　推动我国经济持续健康发展》，《人民日报》2014 年 7 月 9 日第 1 版。

就指出，美国政治实质上是被资本家所掌控的，实质上是金钱和财富服务。[①] 美国学者弗朗西斯·福山也指出，美国政治体制实质上已经衰败了。[②] 实际上，一些发展中国家模仿西方国家现代化的模式，但最终无一例外地失败了。一个很重要的原因就是国家治理体系出现了大问题。事实恰恰证明了，当代中国马克思主义国家理论的国家治理理论却是卓有成效的。第四，当代中国马克思主义国家理论强调古今中外文化的统一和协调，而不是把传统和现代、中国和外国文化截然对立起来，其中，特别是注重现代化国家建设的中国社会土壤。这点与西方现代化国家建设的那种截然的二元对立文化观念是有别的。因此，这也就要求发展中国家实现现代化国家时要特别注重自己本国的社会文化土壤，对其进行综合创新，而不是简单地与自己的历史进行切割。这些当代中国马克思主义国家理论提出了实现现代化国家建设的新理论和新途径。因此，当代中国马克思主义国家理论实质上为发展中国家走向现代化贡献了中国智慧和中国经验。

总之，当代中国马克思主义国家理论是马克思主义国家理论中国化的科学理论成果，它是对马克思主义国家理论的新发展，也是实现民族复兴强有力的思想武器。当然，它不仅对中国社会主义现代化国家建设具有积极意义，而且也对广大发展中国家走向现代化提供了中国经验，故而，当代中国马克思主义国家理论也表现出了世界意义。

结　　论

马克思开辟的国家观道路实质上批判性地回应和解答了市民社会

---

① 罗思义：《“美式民主”并非真正民主》，《人民日报》2015年7月26日第3版。

② 参见［美］弗朗西斯·福山《政治秩序与政治衰败：从工业革命到民主全球化》，毛俊杰译，广西师范大学出版社2015年版，第4—5页。

与政治国家这一近代社会的时代性问题。马克思超越于其他政治哲学家对这一问题的解答的根本前提在于其实现了哲学观革命，也即创立了唯物史观。正是由于马克思实现了哲学观革命，才真正实现了国家观革命。因此，马克思国家观实质上就是唯物史观在国家问题上的理论表达。马克思开辟的国家观道路呈现出科学理性和价值理性的有机统一。但是，马克思国家观在马克思主义发展史中呈现出不同的历史命运和不同的理论倾向，其中既有对马克思国家观的坚持和发展，也有对马克思国家观的背离和放弃。从根本上而言，这是因为社会实践基础和主体思想条件的差异导致了对市民社会与政治国家之间关系问题的理解偏差，由此导致了对马克思国家观的科学理性和价值理性有机统一性的理解偏差。马克思国家观在时代变迁条件下也发生了重心迁移，也就是从以革命为主题的国家观转变为以建设为主题的国家观。当然，这种转变是社会实践条件的变化所导致的。这种以建设为主题的国家观正是中国特色社会主义国家实践的基本理论倾向，因此，运用以建设为主题的马克思国家观和马克思主义国家学说来构建马克思主义国家理论当代形态就显得极为重要。实现现代化是当代中国的最大政治，中国特色社会主义社会属于社会主义初级阶段，因此，当代中国马克思主义国家理论的构建依然要面对和解答市民社会与政治国家的关系问题，当然，这一解答方式是具有中国特色和中国智慧的。故此，本书所论及的当代中国马克思主义国家理论的“八论”实质上就是市民社会与政治国家的关系问题。当然，这“八论”也坚持和发展了马克思国家观和马克思主义国家学说，也反映了马克思开辟的国家观道路的科学理性和价值理性的有机统一。当代中国马克思主义国家理论基于当代中国社会的实践性呈现出理论的视域、主题、内容、资源和方法等方面的个性来。当代中国马克思主义国家理论还具有重要的意义，一是它对于推进马克思主义国家理论发展起到积极作用，可以丰富和发展马克思主义国家理论的内容和方法论；二是它为促进中华民族伟大复兴起到积极作用。因为中华民族伟大复兴的过程，在一定意义上也是中国特色社会主义国家不断趋向于真正社会主义和共产主义的过程，也就需要正确处理市民社会与政治国家的关系问题。因此，这就需要一个科学的国家理论来作为思想指导，而当代中国马克思主义国家理论也就能够发挥积极作用；三是它为发展中大国走向现代化提供了一种中国智慧，这使得当代中国马克思主义国家理论具有一种世界性意义。然而，我们说要注重以建设为主题的国家观，并非是要轻视以革命为主题的国家观，实际上，这二者是有机统一的，只是在当代中国社会实践条件下，我们需要更注重以建设为主题的国家观。总之，我们要力图沿着马克思的精神继续发展马克思的基本观点从而超越马克思，把马克思国家观和马克思主义国家学说与当代中国实践和时代条件结合起来，构建中国化范式的马克思主义国家理论的当代形态，从而力图为指导和推进我国的国家治理体系和治理能力现代化建设做出有意义的理论工作。

参考文献

一　经典文献

《马克思恩格斯全集》第3卷，人民出版社1956年版。

《马克思恩格斯全集》第4卷，人民出版社1958年版。

《马克思恩格斯全集》第5卷，人民出版社1958年版。

《马克思恩格斯全集》第6卷，人民出版社1961年版。

《马克思恩格斯全集》第11卷，人民出版社1962年版。

《马克思恩格斯全集》第17卷，人民出版社1963年版。

《马克思恩格斯全集》第23卷，人民出版社1973年版。

《马克思恩格斯全集》第25卷，人民出版社1974年版。

《马克思恩格斯全集》第42卷，人民出版社1979年版。

《马克思恩格斯全集》第46卷（上），人民出版社1979年版。

《马克思恩格斯全集》第40卷，人民出版社1982年版。

《马克思恩格斯全集》第10卷，人民出版社1998年版。

《马克思恩格斯全集》第47卷，人民出版社2004年版。

《马克思恩格斯文集》1—10卷，人民出版社2009年版。

《马克思恩格斯选集》1—4卷，人民出版社2012年版。

《马克思古代社会史笔记》，人民出版社1996年版。

《家庭、私有制和国家的起源》，人民出版社1972年版。

《列宁全集》第 31 卷，人民出版社 1985 年版。

《列宁全集》第 33 卷，人民出版社 1985 年版。

《列宁全集》第 32 卷，人民出版社 1958 年版。

《列宁全集》第 36 卷，人民出版社 1985 年版。

《列宁选集》第 1—4 卷，人民出版社 1995 年版。

《列宁专题文集》第 1—5 卷，人民出版社 2009 年版。

《斯大林全集》第 13 卷，人民出版社 1956 年版。

《斯大林全集》第 6 卷，人民出版社 1956 年版。

《斯大林全集》第 5 卷，人民出版社 1957 年版。

斯大林：《列宁主义问题》，人民出版社 1964 年版。

《斯大林选集》上卷，人民出版社 1979 年版。

《斯大林文集》，人民出版社 1985 年版。

《毛泽东著作选读》，人民出版社 1986 年版。

《毛泽东选集》第 1—4 卷，人民出版社 1991 年版。

《毛泽东文集》第 7 卷，人民出版社 1999 年版。

《毛泽东文集》第 8 卷，人民出版社 1999 年版。

《邓小平文选》第 3 卷，人民出版社 1993 年版。

《邓小平文选》第 1—2 卷，人民出版社 1994 年版。

《邓小平年谱》，中央文献出版社 2004 年版。

《江泽民文选》第 1—3 卷，人民出版社 2006 年版。

《胡锦涛文选》第 1—3 卷，人民出版社 2016 年版。

《习近平谈治国理政》第 2 卷，外文出版社 2017 年版。

《习近平谈治国理政》第 1 卷，外文出版社 2018 年版。

中共中央文献研究室编：《十八大以来重要文献选编》中，中央文献出版社 2016 年版。

中共中央宣传部：《习近平总书记系列重要讲话读本（2016 年版）》，学习出版社、人民出版社 2016 年版。

《中共中央关于党的百年奋斗重大成就和历史经验的决议》，人民出版社 2021 年版。

二　中文专著

曹沛霖：《政府和市场》，浙江人民出版社 1998 年版。
曹卫东编：《霍克默尔集》，上海远东出版社 1997 年版。
曹义恒、曹荣湘主编：《后帝国主义》，中央编译出版社 2007 年版。
陈晋：《毛泽东读书笔记解析》上册，广东人民出版社 1996 年版。
程志民：《绝对主体的建构：费希特的哲学》，湖南教育出版社 1990 年版。
戴开尧、胡石其：《斯大林的社会主义观》，湖南师范大学出版社 2002 年版。
樊亢：《资本主义兴衰史》，经济管理出版社 2007 年版。
复旦大学哲学系现代西方哲学研究室编译：《西方学者论〈1844 年经济学哲学手稿〉》，复旦大学出版社 1983 年版。
郭宝宏：《马克思主义国家理论的当代魅力》，人民出版社 2012 年版。
郭忠华、郭台辉：《当代国家理论——基础与前沿》，广东人民出版社 2017 年版。
黄楠森、庄福龄：《马克思主义哲学史教学资料选编》，北京大学出版社 1984 年版。
江红义：《国家自主性理论的逻辑》，知识产权出版社 2011 年版。
李佃来：《马克思的政治哲学：理论与现实》，人民出版社 2015 年版。
李慧斌：《全球化与公民社会》，广西师范大学出版社 2003 年版。
李尚德：《20 世纪马克思主义哲学在苏联》，社会科学文献出版社 2009 年版。
李紫娟：《国家治理理论的马克思主义源流》，浙江人民出版社 2015 年版。

李宗禹：《国外学者论斯大林模式》上，中央编译出版社 1995 年版。
刘军：《国家起源新论》，中央编译局出版社 2008 年版。
罗荣渠：《现代化新论——世界与中国的现代化进程》，北京大学出版社 1993 年版。
罗许成：《全球化与当代中国马克思主义国家理论的新发展》，浙江人民出版社 2009 年版。
马长山：《国家、市民社会和法治》，商务印书馆 2002 年版。
苗力田主编：《亚里士多德全集》第 8 卷，中国人民大学出版社 1994 年版。
时和兴：《关系、限度、制度：政治发展过程中的国家与社会》，北京大学出版社 1996 年版。
孙晓莉：《中国现代化进程中的国家与社会》，中国社会科学出版社 2001 年版。
孙正聿：《理论思维的前提批判》，北京师范大学出版社、北京师范大学出版集团 2017 年版。
唐士其：《国家与社会的关系——社会主义国家的理论与实践比较研究》，北京大学出版社 1998 年版。
陶德麟：《马克思主义哲学研究 · 2008》，湖北人民出版社 2008 年版。
王海明：《公正与人道——国家治理道德原则体系》，商务印书馆 2010 年版。
王海明：《理想国家》，商务印书馆 2014 年版。
王沪宁：《政治的逻辑——马克思主义政治原理》，上海人民出版社 2004 年版。
王南湜：《社会哲学》，云南人民出版社 2002 年版。
王宁、薛晓源：《全球化与后殖民主义批评》，中央编译出版社 1998 年版。
王浦劬：《政治学基础》，北京大学出版社 2001 年版。

王荫庭：《普列汉诺夫哲学新论》，北京出版社 1988 年版。

吴家华、侯衍社等：《马克思恩格斯思想比较研究》，中国人民大学出版社 2015 年版。

萧公权：《中国政治思想史》下册，商务印书馆 2011 年版。

辛向阳：《马克思主义视野下的国家治理》，广西师范大学出版社 2014 年版。

徐崇温：《当代资本主义新变化》，重庆出版社 2004 年版。

徐大同总主编，王乐理主编：《西方政治思想史》第 1 卷，天津人民出版社 2006 年版。

许全兴：《毛泽东与孔夫子：马克思主义中国化个案研究》，人民出版社 2003 年版。

姚介厚：《西方哲学史》第 2 卷下册，凤凰出版社、江苏人民出版社 2005 年版。

叶秀山、王树人总主编，姚介厚著《西方哲学史》第 2 卷下册，凤凰出版社、江苏人民出版社 2005 年版。

俞吾金：《问题域的转换——对马克思和黑格尔关系的当代解读》，人民出版社 2007 年版。

俞吾金：《意识形态论》，人民出版社 2009 年版。

郁建兴：《马克思国家观与现时代》，东方出版社 2007 年版。

张盾等：《黑格尔与马克思政治哲学六论》，学习出版社 2014 年版。

张桂林：《西方政治哲学：从古希腊到当代》，中国政法大学出版社 1999 年版。

张一兵：《当代国外马克思主义哲学思潮》上中下卷，江苏人民出版社 2012 年版。

张勇：《新马克思主义国家自主性理论研究》，中共中央党校出版社 2014 年版。

赵敦华：《基督教 1500 年》，人民出版社 1994 年版。

赵剑英、陈晏清：《马克思主义政治哲学：阐释与创新》，社会科学文献出版社 2007 年版。

中国人民大学马列主义发展史研究所：《马克思主义发展史》第 1—4 卷，人民出版社 1995 年版。

中央编译局国际共运史研究室编：《拉法格文选》上卷，人民出版社 1985 年版。

邹永贤：《马克思主义国家学说概论》，厦门大学出版社 1990 年版。

三 中文译著

［奥］卡尔·考茨基：《考茨基文选》，王学东编，人民出版社 2008 年版。

［波兰］亚当·沙夫：《论共产主义运动的若干问题》，奚戚、齐伍译，人民出版社 1983 年版。

［德］奥特弗利德·赫费：《政治的正义性》，庞学铨、李张林译，上海译文出版社 1998 年版。

［德］汉娜·阿伦特：《马克思与西方政治思想传统》，孙传译，凤凰出版传媒集团、江苏人民出版社 2006 年版。

［德］伯恩斯坦：《社会主义的历史和理论》，马元德译，东方出版社 1989 年版。

［德］伯恩斯坦：《社会主义的前提和社会民主党的任务》，殷叙彝译，生活·读书·新知三联书店 1965 年版。

［德］伯恩斯坦著，殷叙彝编：《伯恩斯坦文选》，人民出版社 2008 年版。

［德］恩斯特·卡西尔：《国家的神话》，范进、杨君游、柯锦华译，华夏出版社 1998 年版。

［德］费希特：《现时代的根本特点》，沈真、梁志学译，辽宁教育出版社 1998 年版。

［德］哈贝马斯：《在事实与规范之间》，童世骏译，生活·读书·新知三联书店 2003 年版。

［德］哈贝马斯等：《全球化与政治》，王学东等译，中央编译局 2000 年版。

［德］黑格尔：《法哲学原理》，张企泰等译，商务印书馆 1961 年版。

［德］黑格尔：《黑格尔早期神学著作》，贺麟译，商务印书馆 1988 年版。

［德］黑格尔：《哲学史讲演录》第 4 卷，贺麟、王太庆译，商务印书馆 1978 年版。

［德］亨利希·库诺：《马克思的历史、社会和国家学说——马克思的社会学的基本要点》，袁志英译，上海译文出版社 2014 年版。

［德］康德：《法的形而上学原理》，沈叔平译，商务印书馆 1991 年版。

［德］康德：《历史理性批判文集》，何兆武译，商务印书馆 1990 年版。

［德］康德：《实践理性批判》，邓晓芒译，人民出版社 2003 年版。

［德］康德：《实践理性批判》，韩水法译，商务印书馆 1960 年版。

［德］考茨基：《考茨基文选》，殷叙彝译，人民出版社 2008 年版。

［德］考茨基：《唯物主义历史观》第 2 分册，《哲学研究》编辑部编，上海人民出版社 1965 年版。

［德］考茨基：《唯物主义历史观》第 4 分册，《哲学研究》编辑部编，上海人民出版社 1964 年版。

［德］考茨基：《唯物主义历史观》第 5 分册，《哲学研究》编辑部编，上海人民出版社 1964 年版。

［德］列奥·施特劳斯：《自然权利与历史》，彭刚译，生活·读书·新知三联书店 2003 年版。

［德］罗莎·卢森堡：《资本积累论》，彭尘舜等译，生活·读书·新知三联书店 1959 年版。

［德］罗莎·卢森堡：《卢森堡文选》，李宗禹编，人民出版社 2012

年版。
[德] 梅林：《保卫马克思主义》，吉洪译，人民出版社 1982 年版。
[德] 乌尔利希·贝克等：《全球政治与全球治理——政治领域的全球化》，张世鹏等译，中国国际广播出版社 2004 年版。
[法] 列菲弗尔：《论国家》，李青宜等译，重庆出版社 1988 年版。
[法] 保尔·拉法格：《财产及其起源》，王子野译，生活·读书·新知三联书店 1978 年版。
[法] 保罗·利科主编：《哲学主要趋向》，李友蒸、徐奕春译，商务印书馆 2004 年版。
[法] 德拉-沃尔佩：《卢梭和马克思》，赵培杰译，重庆出版社 1993 年版。
[法] 卢梭：《社会契约论》，何兆武译，商务印书馆 1987 年版。
[法] 萨特：《辩证理性批判》下册，林骧华等译，安徽文艺出版社 1998 年版。
[法] 托马斯·皮凯蒂：《21 世纪资本论》，巴曙松、陈剑、余江译，中信出版社 2014 年版。
[法] 雅克·阿达：《经济全球化》，何竟、周晓幸译，中央编译局出版社 2000 年版。
[古罗马] 西塞罗：《论共和国　论法律》，王焕生译，中国政法大学出版社 1997 年版。
[古希腊] 柏拉图：《柏拉图全集》，王晓朝译，人民出版社 2003 年版。
[古希腊] 柏拉图：《法律篇》，张智仁、何勤华译，上海人民出版社 2001 年版。
[古希腊] 柏拉图：《理想国》，郭斌和、张竹明译，商务印书馆 1986 年版。
[古希腊] 柏拉图：《政治家》，黄克剑译，北京广播学院出版社 1994

年版。

［古希腊］亚里士多德：《尼各马科伦理学》，苗力田译，中国社会科学出版社 1990 年版。

［古希腊］亚里士多德：《亚里士多德选集——政治学卷》，颜一、秦典华译，中国人民大学出版社 1999 年版。

［古希腊］亚里士多德：《政治学》，吴寿彭译，商务印书馆 1983 年版。

［加］李普斯坦：《强力与自由——康德的法哲学与政治哲学》，毛安翼译，知识产权出版社 2016 年版。

［加］威尔·金里卡：《当代政治哲学》上，刘莘译，上海三联书店 2004 年版。

［美］阿兰·布鲁姆：《巨人与侏儒：布鲁姆文集》，秦露译，华夏出版社 2007 年版。

［美］伊安·夏皮罗：《政治的道德基础》，姚建华、宋国友译，上海三联书店 2006 年版。

［美］詹姆斯·奥康内尔：《现代化的概念》，载西里尔·布莱克编《比较现代化》，杨豫、陈祖洲译，上海译文出版社 1996 年版。

［美］埃尔斯特：《理解马克思》，剑桥大学出版社 1985 年版。

［美］贝迪阿·纳思·瓦尔马：《现代化问题探索》，周忠德、严炬新编译，知识出版社 1983 年版。

［美］福山：《国家建构：21 世纪的国家治理与世界秩序》，黄胜强、许铭原译，中国社会科学出版社 2007 年版。

［美］福山：《政治秩序与政治衰败：从工业革命到民主全球化》，毛俊杰译，广西师范大学出版社 2015 年版。

［美］卡尔·魏特夫：《东方专制主义》，徐式谷译，中国社会科学出版社 1989 年版。

［美］莱斯特·萨拉蒙：《全球公民社会——非营利部门视界》，贾西津、魏玉等译，社会科学文献出版社 2007 年版。

[美] 列奥·施特劳斯、约瑟夫·克罗波西主编：《政治哲学史》上册，李天然等译，河北人民出版社 1993 年版。

[美] 阿拉斯戴尔·麦金太尔：《谁之正义？何种合理性？》，万俊人等译，当代中国出版社 1996 年版。

[美] 麦卡锡：《马克思与古人》，王文扬译，华东师范大学出版社 2011 年版。

[美] 乔尔·S. 米格代尔：《社会中的国家》，李扬、郭一聪译，江苏人民出版社 2013 年版。

[美] 乔治·萨拜因著，托马斯·索尔森修订：《政治学说史》第四版上卷，邓正来译，世纪出版集团、上海人民出版社 2008 年版。

[美] 威廉·J. 罗宾逊：《全球资本主义论》，高明秀译，社会科学文献出版社 2009 年版。

[美] 詹姆斯·罗西瑙：《没有政府的治理》，张胜军、刘小林译，江西人民出版社 2001 年版。

[南斯拉夫] 普勒德拉格·弗兰尼茨基：《马克思主义和社会主义》，杨元恪、陈振华译，人民出版社 1982 年版。

[日] 大前研一：《无国界的世界：民族国家的终结》，黄柏琪译，中信出版社 2007 年版。

[日] 星野昭吉：《全球化时代的世界政治》，刘小林、梁云祥译，社会科学文献出版社 2004 年版。

[希腊] 普兰查斯：《政治权力与社会阶级》，王宏周等译，中国社会科学出版社 1982 年版。

[匈] 赫格居什、赫勒、马尔库什、瓦伊达：《社会主义的人道主义——布达佩斯学派论文集》，衣俊卿等译，黑龙江大学出版社 2015 年版。

[匈] 卢卡奇：《历史与阶级意识》，杜章智、任立、燕宏远译，商务印书馆 1992 年版。

[匈] 瓦伊达:《国家与社会主义:政治论文集》,杜红艳译,黑龙江大学出版社 2015 年版。

[意] 萨尔沃·马斯泰罗内:《欧洲政治思想史——从 15 世纪到 20 世纪》,黄华光译,社会科学文献出版社 1992 年版。

[意] 安·拉布里奥拉:《关于历史唯物主义》,杨启磷等译,人民出版社 1984 年版。

[意] 葛兰西:《狱中杂记》,曹雷雨、姜丽、张跣译,中国社会科学出版社 2000 年版。

[意] 柯尔施:《马克思主义和哲学》,王南湜、荣新海译,重庆出版社 1989 年版。

[意] 尼科洛·马基雅维利:《君主论》,潘汉典译,商务印书馆 1985 年版。

[英] 拉尔夫·密里本德:《资本主义社会的国家》,沈汉、陈祖洲、蔡玲译,商务印书馆 1997 年版。

[英] 安东尼·吉登斯:《第三条道路:社会民主主义的复兴》,郑戈译,北京大学出版社 2000 年版。

[英] 安东尼·吉登斯:《民族-国家与暴力》,胡宗泽、赵力涛译,生活·读书·新知三联书店 1998 年版。

[英] 保罗·史密斯:《一个世界:全球性与总体性》,载《全球化症候》,天津社会科学院出版社 2001 年版。

[英] 霍布斯:《利维坦》,黎思复、黎廷弼译,商务印书馆 1985 年版。

[英] 卡尔·波普:《开放社会及其敌人》,郑一明等译,中国社会科学出版社 1999 年版。

[英] 拉尔夫·密利本德:《马克思主义与政治学》,黄子都译,商务印书馆 1984 年版。

[英] 莱斯特·斯克莱尔:《跨国资本家阶层》,刘欣、朱晓东译,江苏人民出版社 2002 年版。

[英] 罗素：《西方哲学史》上卷，何兆武、李约瑟译，商务印书馆2004年版。

[英] 洛克：《政府论》，杨思派译，中国社会科学出版社2009年版。

[英] 洛克：《自然法论文集》，刘时工译，上海三联书店2012年版。

[英] 迈克尔·莱斯诺夫：《社会契约论》，刘训练、李丽红、张红梅译，江苏人民出版社2009年版。

[英] 帕特里克·邓利维、布伦登·奥利里：《国家理论：自由民主政治学》，欧阳景根等译，浙江人民出版社2007年版。

[英] 佩里·安德森：《西方马克思主义探讨》，高铦等译，人民出版社1981年版。

[英] 苏珊·斯特兰奇：《权力流散——世界经济中的国家与非国家权威》，肖宏宇、耿协峰译，北京大学出版社2005年版。

[英] 乌尔利希·贝克：《什么是全球化》，常和芳译，华东师范大学出版社2008年版。

[美] 西里尔·布莱克：《现代化的动力》，段小光译，四川人民出版社1988年版。

[英] 约翰·基恩：《公共生活与晚期资本主义》，马昔、刘利圭、丁耀林译，社会科学文献出版社1999年版。

[英] 詹姆斯·塔利：《语境中的洛克》，梅雪芹、石楠、张炜等译，华东师范大学出版社2005年版。

四 外文专著

Agnes Heller, *The Theory of Need in Marx*, New York: ST. Martin's Press, 1976.

Antonio Gramsci, *Selections from the Prison Notebookes*, London: Lawrence and Wishart, 1971.

Dennis Gilbert, *The American Class Struchure: In an Age of Growing Ine-*

quality, Wadsworth: Wadsworth Publishing Company, 1998.

Ferenc Fehér, Agnes Heller, Gyorgy Márkus, *Dictatorship over Needs*, Oxford: Basil Blackwell, 1983.

J. H. Burns, *The Cambridge History of Political Thought*, 1450 - 1700, Cambridge: Cambridge University Press, 1991.

James H. Satterwhite, *Varieties of Marxist Humanism: Philofophical Revision in Postwar Eastern Europe*, Washington: University of Washingtonseattle, 1982.

Mihailo Marković, *Democratic Socialism: Theory and Practice*, Sussex: The Harvester Press, 1982.

Nico Poulantzas, *State*, *Power*, *Socialism*, London: New Left Books, 1978.

Otto Gierke, *Political Theories of the MiddleAge*, Cambridge: Cambridge University Press, 1987.

Svetozar Stojanović, *Between Ideals and Reality: A Critique of Socialism and Its Future*, New York: Oxford University Press, 1973.

Theda Skocpol, *States and Social Revolutions: A Comparative Analysis of France*, *Russia*, *and China*, Cambridge: Cambridge University Press, 1979.

五　期刊

习近平:《在纪念马克思诞辰 200 周年大会上的讲话》,《求是》2018 年第 10 期。

习近平:《坚持用马克思主义及其中国化创新理论武装全党》,《求是》2021 年第 22 期。

陈爱萍:《马克思“市民社会”概念的演变》,《安徽师范大学学报》2005 年第 3 期。

陈丽芬、于春洋:《马克思主义国家理论:当代发展与现实解释力——兼谈全球化时代民族国家的历史命运》,《理论与现代化》2016 年第 2 期。

陈跃、熊洁、何玲玲:《关于马克思主义阶级分析方法理论与现实的研究报告》,《马克思主义研究》2011 年第 9 期。

杜建明:《认真对待阶级——转型时期中国法学一个不可或缺的维度》,《法制与社会发展》2010 年第 4 期。

冯仁政:《重返阶级分析?——论中国社会不平等研究的范式转换》,《社会学研究》2008 年第 5 期。

冯新舟、何自力:《马克思主义国家理论的创新与发展》,《山西大学学报》(社会科学版)2010 年第 9 期。

李超、于文杰:《"民族国家消亡论"新解》,《贵州社会科学》2012 年第 7 期。

李风华:《阶级分析与中国马克思主义政治哲学的进路》,《马克思主义研究》2016 年第 2 期。

李淑梅:《马克思〈莱茵报〉时期的政治哲学思想》,《哲学研究》2009 年第 6 期。

李忠伟:《霍布斯鲍姆国家观探析——基于霍布斯鲍姆对马克思国家观的意见与增补》,《江苏师范大学学报》(哲学社会科学版)2015 年第 2 期。

梁宇:《马克思的国家治理思想探析》,《哲学研究》2015 年第 5 期。

林青:《作为中介者的国家——论马克思国家学说的建构意义》,《复旦学报》(社会科学版)2017 年第 2 期。

刘军:《马克思国家观的三大理论创新》,《河北学刊》2006 年第 6 期。

刘娜娜:《恩格斯晚年国家起源理论再研究》,《思想理论教育导刊》2016 年第 3 期。

南丽军：《论马克思的两种国家观》，《学术交流》2005 年第 8 期。

牛先锋：《从“虚幻的共同体”到“自由人联合体”——马克思国家观及其对国家治理现代化的启示》，《天津社会科学》2016 年第 4 期。

祁涛：《论国家的“相对自主性”——马克思国家观中的上层建筑难题》，《复旦学报》（社会科学版）2017 年第 2 期。

荣剑：《马克思的国家和社会理论》，《中国社会科学》2001 年第 3 期。

王代月、万林艳：《从共同体到虚幻的共同体：马克思国家观嬗变的原因探究》，《北京行政学院学报》2011 年第 1 期。

王刚：《马克思国家学说的德国古典哲学渊源》，《信阳师范学院学报》（哲学社会科学版）2015 年第 1 期。

肖扬东、刘卓红：《并不含糊的历史遗产：马克思论国家》，《马克思主义理论学科研究》2017 年第 5 期。

辛向阳：《〈黑格尔法哲学批判〉中的国家观及其现实逻辑》，《教学与研究》2015 年第 9 期。

杨雪冬：《西方马克思主义国家理论简评》，《马克思主义与现实》2004 年第 2 期。

仰海峰：《超越市民社会与国家：从政治解放到社会解放——马克思的国家与市民社会理论探析》，《东岳论丛》2005 年第 2 期。

俞可平：《马克思的市民社会理论及其历史地位》，《中国社会科学》1993 年第 4 期。

郁建兴、周俊：《马克思的国家自主性概念及其当代发展》，《社会科学战线》2002 年第 4 期。

郁建兴：《马克思无产阶级专政和民主学说新论》，《毛泽东邓小平理论研究》2002 年第 1 期。

喻中：《阶级分析：一种法学方法的死亡与再生》，《南京社会科学》

2010 年第 3 期。

张文喜：《论马克思国家概念的遗产》，《华东师范大学学报》（哲学社会科学版）2013 年第 3 期。

张学鹏：《理论逻辑与问题意识：马克思国家观革命》，《哲学动态》2017 年第 4 期。

张严：《马克思恩格斯国家观中的“实然国家”与“应然国家”》，《中央党校学报》2013 年第 4 期。

周建勇：《国家具有相对自主性——对马克思主义国家理论的分析》，《理论月刊》2011 年第 9 期。

左乐平：《马克思“社会”概念的问题、意蕴和价值》，《理论月刊》2017 年第 11 期。

[德] 黑格尔：《论自然法的科学探讨方式》，程志民译，《哲学译丛》1999 年第 1 期。

[德] 海德格尔：《晚期海德格尔的三天谈论班纪要》，费迪耶等辑录，丁耘译，《哲学译丛》2001 年第 3 期。

[英] 杰索普：《国家理论的新进展——各种探讨、争论点和议程》，艾彦译，《世界哲学》2002 年第 1—2 期。

[加] 拉朱・达斯：《资本主义国家理论：批判性分析》，刘娜娜译，《天府新论》2015 年第 4 期。

六　报纸

胡锦涛：《坚定不移沿着中国特色社会主义道路前进　为全面建成小康社会而奋斗》，《人民日报》2012 年 11 月 18 日第 2 版。

《习近平在第七十五届联合国大会一般性辩论上发表重要讲话》，《人民日报》2020 年 9 月 23 日第 1 版。

习近平：《在庆祝中国人民政治协商会议成立 65 周年大会上的讲话》，《人民日报》2014 年 9 月 22 日第 2 版。

习近平：《决胜全面建成小康社会　夺取新时代中国特色社会主义伟大胜利》，《人民日报》2017 年 10 月 28 日第 1 版。

习近平：《更好认识和遵循经济发展规律　推动我国经济持续健康发展》，《人民日报》2014 年 7 月 9 日第 1 版。

后　　记

本书是由我的博士学位论文《马克思国家观与当代中国马克思主义国家理论建构》修改而成的。

当初选择这一选题，主要是想对国家治理体系和治理能力现代化的核心关键词国家进行深入探究，因为只有理解了国家的科学内涵和实质，才能够更好地去理解国家治理体系和治理能力现代化这一概念。而马克思国家观的深入探讨则是一个重要切入点。为此，本书主要围绕“马克思开辟的国家观道路”这个中心来展开，从理论和实践相结合、文献梳理和理论阐释相结合、历史发展和逻辑演变相结合的角度，试图深入探究马克思开辟的国家观道路的革命性变革及其当代价值，特别是把马克思国家观、马克思主义国家学说与当代中国实践相结合，从规范的层面尝试性地探究建构当代中国马克思主义国家理论形态。本书概括和总结了马克思国家观的基本价值，认为其主要表现为事实性和规范性、理想性和现实性、批判性和建设性以及哲学性和科学性相统一的基本价值；概括和总结了马克思国家观开辟的道路上各具特色的国家思想，并明确指出马克思国家观蕴含的革命性逻辑和建设性逻辑的双重逻辑，而建设性逻辑是社会主义国家建设的主题；依据马克思国家观开辟的道路的基本价值和精神，试图结合中国具体实际和中国优秀传统文化，尝试性构建当代中国马克思主义国家理论，并阐释了当代中国马克思主义国家理论的内涵、特征和意义。所有这些理论努力都力图为推进我国的国家治理体系和治理能力现代化建设做出有意义的理论工作，为“建设什么样的社会主义现代化强国、怎样建设社会主义现代化强国”等重大时代课题提供有益启示。

在本书付梓之际，我不禁回想起在中共中央党校攻读博士学位的三年时光，实在是感触颇多。这三年的学习，使我获得了重要的学术体验，收获了真挚的同窗友情，感悟了厚重的京城文化。这三年走来，实属不易，因为家庭、工作和学习都要兼顾，每一样事情都耽搁不起。这三年将是我生命中一段难得的经历，将长久地烙印在我的心中。我之所以能够完成学业，要感谢很多人。首先要感谢的就是我敬爱的导师梁树发教授和师母邱老师。入学之前，我就久闻梁老师道德文章之名，但却无缘面受教诲。此次学习，我有幸被梁老师收留，作为入门弟子，亲受老师教诲，实感幸运。这三年来，我深切地感受到了梁老师深厚的学术功底、优良的学术品德和温润的道德人格，这些都是我以后做人、做事、做学问努力的方向。感谢师母邱老师对我生活上的关心以及学业上的适时点拨。邱老师给人一种温润感，让学生时时处处感受到家的味道。我还要感谢中央党校的各位授课老师，你们的学术大餐让我回味无穷。我要感谢李景源老师和边立新老师在开题报告中对我论文的细心指导，还要感谢鉴传今老师、王善超老师和陈培永老师在预答辩中对我论文提出的各种修改意见，让我的论文能够进一步完善。我还要感谢参加我毕业论文答辩的各位专家，非常感谢他们在百忙之中抽出时间来审阅我的论文，指导和帮助我来提高论文的品质。我还要感谢我班上的各位伙伴。与你们相聚是一种缘分，与你们交流是一种享受，这种缘分和享受已经化为我们之间深厚的友情。我的学业能够顺利完成，还要感谢我单位的领导和同事对我的帮助与理解，使我能够有足够的“闲暇时间”来读书和学习。我还要非常感谢我的家人，他们不仅给予了我足够的“闲暇时间”，而且给予了我继续完成学业的精神动力。

本书的出版得益于中国社会科学出版社刘艳编辑的鼎力支持和关心。在此，衷心感谢中国社会科学出版社和刘女士。

本书对马克思国家观的探究，特别是尝试性对当代中国马克思主义国家理论建构的研究还是初步性的，还存在诸多不妥和不成熟的思考。特别祈望阅读本书的各位专家学者给予批评指正，以助益于我进一步修正完善对此问题的研究。

左乐平

2023 年 2 月 15 日